"十三五"国家重点图书出版规划项目

《中国经济地理》丛书

孙久文　总主编

湖北经济地理

邓宏兵　洪水峰　白永亮　李金滟　等◎著

HUBEI

经济管理出版社

ECONOMY & MANAGEMENT PUBLISHING HOUSE

图书在版编目（CIP）数据

湖北经济地理 / 邓宏兵等著. —北京：经济管理出版社，2017.3
ISBN 978-7-5096-5074-5

Ⅰ.①湖…　Ⅱ.①邓…　Ⅲ.①经济地理—湖北　Ⅳ.①F129.963

中国版本图书馆 CIP 数据核字（2017）第 081704 号

组稿编辑：申桂萍
责任编辑：高　娅
责任印制：黄章平
责任校对：雨　千

出版发行：经济管理出版社
　　　　　（北京市海淀区北蜂窝 8 号中雅大厦 A 座 11 层　100038）
网　　址：www. E-mp. com. cn
电　　话：（010）51915602
印　　刷：玉田县昊达印刷有限公司
经　　销：新华书店
开　　本：720mm×1000mm/16
印　　张：16
字　　数：283 千字
版　　次：2018 年 1 月第 1 版　2018 年 1 月第 1 次印刷
书　　号：ISBN 978-7-5096-5074-5
定　　价：68.00 元

《中国经济地理》丛书

顾　　问：宁吉喆　刘　伟　胡兆量　胡序威　邬翊光　张敦富

专家委员会（学术委员会）

主　　任：孙久文

副 主 任：安虎森　张可云

秘 书 长：付晓东

专家委员（按姓氏笔画排序）：

邓宏兵　付晓东　石培基　吴传清　吴殿廷　张　强　李国平　沈正平

郑长德　金凤君　侯景新　赵作权　赵儒煜　郭爱军　高志刚　曾　刚

覃成林

编委会

总 主 编：孙久文

副总主编：安虎森　付晓东

编　　委（按姓氏笔画排序）：

文余源　邓宏兵　代合治　石培基　石敏俊　安树伟　朱志琳　朱　翔

吴传清　吴殿廷　吴相利　张　贵　张海峰　张　强　张满银　李二玲

李　红　李敏纳　杨　英　沈正平　邹　璇　陆根尧　陈　斐　孟广文

武友德　郑长德　周国华　金凤君　洪世健　胡安俊　赵　林　赵春雨

赵儒煜　赵翠薇　高志刚　曾　刚　覃成林　薛东前　陈建军

总　序

今天，我们正处在一个继往开来的伟大时代。受现代科技飞速发展的影响，人们的时空观念已经发生了巨大的变化：从深邃的远古到缥缈的未来，从极地的冰寒到赤道的骄阳，从地心游记到外太空的探索，人类正疾步从必然王国向自由王国迈进。

世界在变，人类在变，但我们脚下的土地没有变，土地是留在心里不变的根。我们是这块土地的子孙，我们祖祖辈辈生活在这里。我们的国土有960万平方公里之大，有种类繁多的地貌类型，地上和地下蕴藏了丰富多样的自然资源，14亿中国人民有五千年延绵不绝的文明历史，经过近40年的改革开放，中国经济实现了腾飞，中国社会发展日新月异。

早在抗日战争时期，毛泽东主席就明确指出："中国革命斗争的胜利，要靠中国同志了解中国的国情。"又说："认清中国的国情，乃是认清一切革命问题的基本根据。"习近平总书记在给地理测绘队员的信中指出："测绘队员不畏困苦、不怕牺牲，用汗水乃至生命默默丈量着祖国的壮美山河，为祖国发展、人民幸福作出了突出贡献。"李克强总理更具体地提出："地理国情是重要的基本国情，要围绕服务国计民生，推出更好的地理信息产品和服务。"

我们认识中国基本国情，离不开认识中国的经济地理。中国经济地理的基本条件，为国家发展开辟了广阔的前景，是经济腾飞的本底要素。当前，中国经济地理大势的变化呈现出区别于以往的新特点：第一，中国东部地区面向太平洋和西部地区深入欧亚大陆内陆深处的陆海分布的自然地理空间格局，迎合东亚区域发展和国际产业大尺度空间转移的趋势，使我们面向沿海、融入国际的改革开放战略得以顺利实施。第二，我国各区域自然资源丰裕程度和区域经济发达程度的相向分布，使经济地理主要标识的区内同一性和区际差异性异常突出，为发挥区域优势、实施开发战略、促进协调发展奠定了客观基础。第三，以经济地理格局为依据调整生产力布局，以改革开放促进区域经济发展，以经济发达程度和市场发育程度为导向制定区域经济政策和区域规划，使区域经济发展战略上升为国家重大战略。

因此，中国经济地理在我国人民的生产和生活中具有坚实的存在感，日益发挥出重要的基石性作用。正因为这样，编撰一套真实反映当前中国经济地理现实情况的丛书，就比以往任何时候都更加迫切。

在西方，自从亚历山大·洪堡和李特尔之后，编撰经济地理书籍的努力就一直没有停止过。在中国，《淮南子》可能是最早的经济地理书籍。近代以来，西方思潮激荡下的地理学，成为中国人"睁开眼睛看世界"所看到的最初的东西。然而对中国经济地理的研究却鲜有鸿篇巨制。新中国成立特别是改革开放之后，中国经济地理的书籍进入大爆发时期，各种力作如雨后春笋。1982年，在中国现代经济地理学的奠基人孙敬之教授和著名区域经济学家刘再兴教授的领导下，全国经济地理研究会启动编撰《中国经济地理》丛书。然而，人事有代谢，往来成古今。自两位教授谢世之后，编撰工作也就停了下来。

《中国经济地理》丛书再次启动编撰工作是在2013年。全国经济地理研究会经过常务理事会的讨论，决定成立《中国经济地理》丛书编委会，重新开始编撰新时期的《中国经济地理》丛书。在全体同人的努力和经济管理出版社的大力协助下，一套全新的《中国经济地理》丛书计划在2018年全部完成。

《中国经济地理》丛书是一套大型系列丛书。该丛书共计39册：概论1册，"四大板块"共4册，34个省市自治区及特别行政区共34册。我们编撰这套丛书的目的，是希望为读者全面呈现中国分省区的经济地理和产业布局的状况。当前，中国经济发展伴随着人口资源环境的一系列重大问题，复杂而严峻。资源开发问题、国土整治问题、城镇化问题、产业转移问题等，无一不是与中国经济地理密切相连的；京津冀协同发展、长江经济带战略和"一带一路"战略，都是以中国经济地理为基础依据而展开的。我们相信，《中国经济地理》丛书可以为一般读者了解中国各地区的情况提供手札，为从事经济工作和规划工作的读者提供参考资料。

我们深感丛书的编撰困难巨大，任重道远。正如宋朝张载所言"为往圣继绝学，为万世开太平"，我想这代表了全体编撰者的心声。

我们组织编撰这套丛书，提出一句口号：让读者认识中国，了解中国，从中国经济地理开始。

让我们共同努力奋斗。

孙久文

全国经济地理研究会会长

中国人民大学教授

2016 年 12 月 1 日于北京

序　言

　　湖北省地处长江中游，洞庭湖之北，位居华中腹地，是中华民族灿烂文化的重要发祥地之一。隋朝将鄂州州治首次设在江夏，也就是今天的武昌，故湖北简称为"鄂"。春秋战国时湖北省为楚国地；西汉湖北大部属荆州刺史部；唐代，湖北西部为山南东道，东部为淮南道，东南部为江南西道，西南部为黔中道；宋代时为荆湖北路；元代属湖南江北行省；清代置湖北省，此时湖北省行政区域之概貌已经基本形成；民国年间，湖北省总体区划变化不大。至1949年，湖北省共设1市（武昌市、汉口市为国民政府直辖）、8个行政督察区、69个县。自1927年开始，中国共产党领导的人民革命武装在湖北建立过许多革命政权。抗日战争时期的1941年4月，成立鄂豫边区行政公署，1945年10月至1946年6月，扩大成立为中原解放区行政公署。1946年8月至1947年5月，在鄂西北先后建立过5个地区。1947年底，分别成立江汉行政公署和鄂豫行政公署。湖北省现设12个省辖市、1个自治州、38个市辖区、24个县级市（其中3个直管市）、39个县、1个林区，面积为18.59万平方千米，2015年末全省常住人口5852多万。地区生产总值29550多亿元，位于全国第八（不包括台湾地区），是我国重要工业基地和粮棉产区。

　　湖北省作为一个中部省份，经济发展是在曲折中成长起来的。经过了民国时期的萌芽与混乱阶段、计划经济时期的重建与恢复阶段、改革开放时期的探索与崛起阶段以及新常态背景下的稳步发展阶段，湖北省经济持续快速发展，延续了"高于全国、中部靠前"的发展势头。

　　作为"一五"计划的重要工业区之一，湖北省成为中国近代工业发祥地之一，工业建设成效显著。"大跃进"与经济调整时期，湖北工业规模扩张的同时，各项社会事业遭到破坏，国民经济比例严重失调。通过由东向西转移的"三线"

建设战略大调整，促进和奠定了湖北省鄂西地区的现代工业基础。

改革开放以来，在邓小平"两个大局"战略思想的指导下，我国区域发展战略从"长江沿江开发开放战略"、"西部大开发战略"、"中部崛起战略"到"长江经济带发展战略"，实现了从区域非均衡发展战略到区域协调发展战略的转变。根据不同地区的实际情况，湖北省制定了"一元多层次"战略体系，积极承接产业转移，促进经济发展。

1992 年，邓小平同志"南方谈话"以后，长江沿江开发开放战略逐步实施，我国的开发开放由沿海向沿江逐渐拓展。湖北省做出了《关于加快改革、扩大开放，促进湖北经济上新台阶的决定》，并决定以武汉为龙头，以湖北长江经济带的开发开放为重点，搞好两江（汉江、清江）、两线（京广线、焦枝线）的开发开放，把武汉、鄂东、荆沙、宜昌、孝感、襄阳、十堰等地建设成为各具特色的开放发达的经济区域，从而形成了湖北全方位开发开放战略部署。1994 年，湖北将武汉、黄石、宜昌列为对外开放城市；将三峡库区的宜昌、兴山、秭归、巴东四县列入长江三峡开放区。由于当时湖北整体开放水平不高、经济发展速度较慢、内陆封闭意识较强等因素的制约，未能很好地把握住这一战略契机。

1999 年，为了促进西部地区的经济发展、缩小东西部之间的经济差距，国家提出了 实施西部大开发战略，恩施土家族苗族自治州是湖北省唯一被纳入国家西部大开发的地区。2008 年湖北省共有 28 个县（市）比照实施西部大开发有关政策。西部大开发十多年来，湖北省走上了经济社会发展的快车道，综合实力显著增强，人民生活日新月异，城乡面貌明显改观。恩施土家族苗族自治州坚持走"特色开发、绿色繁荣、可持续发展"的发展道路，因地制宜，大力发展特色农业、资源型新型工业和生态文化旅游业，经济发展迈上了新台阶，产业结构不断优化。

2004 年 12 月 5 日，中央经济工作会议正式提出了中部崛起战略。中部崛起战略涉及湖北、湖南、河南、山西、江西、安徽六省。湖北省因其自身特有的地理优势、资源优势、科教文化优势和产业优势，得到了党和国家的高度关注和政策支持。胡锦涛同志曾两次提出要把湖北建设成为中部地区崛起的重要战略支点。习近平同志视察湖北时进一步强调努力把湖北建设成为中部崛起的重要战略支点。自中部崛起战略实施以来，湖北省经济、社会等各方面实现了较快发展，但由于中部各省缺乏内聚力和有效的区域协调机构与联动机制，不仅影响了中部崛起的整体战略绩效，也制约了中部各省的经济社会发展。2016 年 12 月 20 日，国家发展和改革委员会颁布了《促进中部地区崛起"十三五"规划》，将会推动形成东、中、西区域的良性互动协调发展。

从提出长江经济带到长江经济带被确定为国家战略，经历了近 30 年的时间。20 世纪 80 年代，"七五"计划开始提出要加快长江中游沿岸地区的开发。2005 年，长江沿线七省二市签订了《长江经济带合作协议》。2014 年 3 月 5 日，李克强总理在政府工作报告中首次提出要依托黄金水道，建设长江经济带，自此，长江经济带被确定为国家战略。2016 年 9 月 20 日，国家正式印发《长江经济带发展规划纲要》，确立"一轴两翼三极多点"新格局。湖北长江经济带西起恩施土家族苗族自治州巴东县，东至黄冈市黄梅县，范围涉及武汉、鄂州、黄冈、黄石、咸宁、荆州、宜昌、恩施八个市州的 48 个县市区，长度在沿江各省市中位居第一，占长江干线通航里程约 1/3。地处长江之"腰"的湖北是促进长江经济带"上中下游协同发展、东中西部互动合作"的重要区域。湖北在长江经济带发展战略中的定位为承东启西、连南接北的"祖国立交桥"，长江中游核心增长极，内陆开放合作新高地和全国生态文明建设先行区。

湖北省面临的"一带一路"、促进中部地区崛起、长江经济带发展、长江中游城市群建设等重大战略机遇相互叠加，共同孕育着湖北省未来的"黄金十年"。为了有效地承接战略"叠加期"，湖北省确立了"一元多层次"的战略体系。湖北省的"一元多层次"战略体系以构建促进中部地区崛起重要战略支点为统领，全面实施"两圈两带"总体战略、"四基地一枢纽"产业发展战略和"一主两副"中心城市带动战略，积极打造东湖国家自主创新示范区、大别山革命老区和武陵山少数民族地区经济社会发展试验区等一系列重要载体，将各市州关系全局的发展战略纳入省级战略体系，形成区域全覆盖、各级全统筹、多载体支撑、多平台推进的战略体系。

新形势下，湖北省正阔步前进，谱写着改革开放、转型发展的新篇章。未来的湖北，是快速发展的湖北；未来的湖北，是锐意进取的湖北。湖北省发展潜力无限，创新驱动、多极带动、重点突出、各具特色的区域发展新格局正在不断形成，未来的荆楚大地必将生机勃勃。

作 者

2017 年 3 月

目 录

第一篇

基础与条件

第一章　资源环境

　　湖北省位于中国中部，简称"鄂"。地跨东经 108°21′42″~116°07′50″、北纬 29°01′53″~33°06′47″，分别与安徽、江西、湖南、重庆、陕西和河南相邻。东西长约 740 千米，南北宽约 470 千米。湖北省国土总面积 18.59 万平方千米，占全国总面积的 1.94%。湖北省自然资源丰富，国土空间基本格局为"七山一水二分田"。

第一节　资源环境概况与特征

一、资源环境现状特点

（一）地质地貌特征与矿产资源

1. 地质地貌特征

　　湖北省地跨扬子陆块区和秦祁昆造山系两大地质构造单元，境内地层发育较齐全，沉积地层完备，地质构造复杂，岩浆活动比较强烈。区域变质岩系在湖北境内大面积分布，因而成矿条件优越，矿产资源丰富。湖北省地势起伏较大，地貌结构相对复杂。总体上地势呈现东低西高，东、西、北三面环山，呈三面高起、中间低平、向南敞开、北有缺口，属于典型的不完整盆地。湖北省的山地和丘陵约占土地总面积的 80%，其中山地占 56%，丘陵岗地占 24%。鄂西神农架林区的神农顶为最高点，海拔约 3105.4 米，最低点为黄梅县龙感湖湖底，海拔仅有 10 米。北部为岗地，东部为低山丘陵地区，中部低下向南敞开，由武陵山、巫山、大巴山、武当山、桐柏山、大别山等山地环绕，呈现马蹄形层状分布。

2. 矿产资源

截至2015年底，湖北省已发现149个矿种（按亚矿种计190个），其中查明资源储量矿种92个（按亚矿种计109个）。2015年，国土资源调查及地质勘查新增查明矿产地大型8处、中小型29处。2014年底，湖北省矿种占全国已发现矿种的86.6%，占全国已查明162个矿种的56.8%，另外，还有57种矿产（按亚矿种计81个）已经在开发利用，但尚未查明资源储量。湖北省矿产储量居全国首位，钒矿、盐矿等储量居全国前三，其他矿产如萤石、重晶石、锰等资源的储量也很丰富，大型、特大型矿产地仅占矿产地资源储量的6.9%，而中、小型矿产地约占90%。

湖北省矿产资源表现出四大特征：第一，矿产资源种类多，且储量丰富，资源禀赋在全国居中游水平。第二，化工、建材及部分冶金辅助原料等非金属矿产丰富，而能源及金属矿产短缺。第三，矿产资源分布广，主要矿产资源集中度高、区域特色明显。第四，矿床规模总体偏小，共伴生矿、中贫矿、难采选矿多，开发利用难度大。

根据湖北省矿产资源的分布特点，按照地域划分为"四带一区"，即武当山—大别山成矿带、鄂西成矿带、长江中下游成矿带、钦杭成矿带和鄂中江汉坳陷成矿区。武当山—大别山成矿带为秦岭—大别山成矿带东段，包括鄂西北（十堰、襄阳）、鄂北（随州）和鄂东北（孝感北部、黄冈）地区，分布有铁、钒、金红石、铜、铅、锌、银、金、稀土、萤石、磷、绿松石、重晶石及各类建筑石材、饰面石材等矿产。鄂西成矿带为湘西—鄂西成矿带北段，包括鄂西（神农架—宜昌）、鄂西南（恩施）地区，分布有金、银、铁、锰、铅、锌、锡、钒、磷、煤、石墨、硫铁矿、菊花石、硒、耐火黏土等矿产。湖北境内的长江中下游成矿带为该成矿带的西段，包括武汉和鄂东南（黄石、鄂州、咸宁北部）地区，分布有铜、铁、金、银、钨、锡、钼、锶、铅、锌、煤和建材非金属等矿产。湖北境内的钦杭成矿带为该成矿带的中段，位于鄂南咸宁市南部地区，分布有金、银、钨、钼、锑、钒、铅、锌、铌、钽、铍、煤和建材非金属等矿产。鄂中江汉坳陷区包括鄂中地区的荆门—荆州、天门—潜江、孝感南部，主要分布有陆相沉积的石油、岩盐、卤水（含钾、锂、硼、铷、铯、碘、溴等）、芒硝、石膏等矿产。

（二）气候特征与气候资源

湖北省地处北亚热带和中亚热带北段，南跨越中亚热带北界，北接我国北亚热带北界，属典型亚热带季风气候区，光能充足，降雨量充沛，气候复杂多样，独具特色。受水气来源及境内地形结构复杂的影响，气候在空间上呈现较大差异，形成了若干特色鲜明的小气候区域。其季节分布为夏季最多，冬季最少，春秋两季因地而异。降水量季节分布特色鲜明，一般为夏季多，冬季少。降水量的地域分布呈现由南向北递减的趋势，西北地区最少为800~1000毫米，西南地区降水量最多达1400~1600毫米。全省大部分地区太阳年辐射总量为85~114千卡/平方厘米。由于日照、气温、降水的差异，湖北气候呈现出南北差异、东西差异和垂直差异的总体气候特征。

（三）水文特征与水资源

湖北省河湖众多，水资源丰富。2015年，湖北省水资源总量为1015.63亿立方米，全省总供水量301.27亿立方米，地表水源占97.0%，地下水源占3.0%，综合耗水率43.3%。湖北省通过加快实施最严格水资源管理制度，加强取用水管理，大力推进水生态文明和节水型社会建设，有效促进了水资源的合理配置、节约利用和有效保护，为推动全省经济社会可持续发展提供了可靠有力的水资源支撑和保障（见图1-1）。

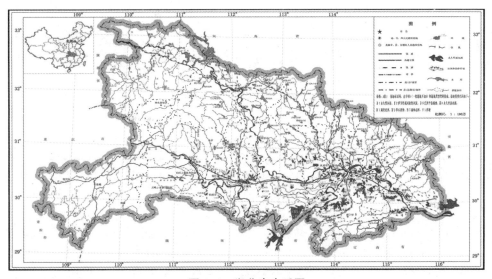

图1-1 湖北省水系图

2012 年，湖北省水力资源居全国第四位。2012 年湖北省地表水资源量 783.76 亿立方米，地下水资源总量 262.77 亿立方米，地下水资源与地表水资源间不重复计算量 30.12 亿立方米，水资源总量 813.88 亿立方米（见表 1-1）。2012 年湖北省产水总量占降水总量 41.9%，平均每平方千米产水量 43.8 万立方米。2012 年湖北省入境水量 7024.06 亿立方米，出境水量 7734.77 亿立方米（见表 1-2）。

表 1-1　湖北省分区地表水资源量（2012 年）

行政分区	年降水量（mm）	与上年比较（%）	与多年平均比较（%）	丰枯等级
武汉市	1250	29.3	0.5	平
黄石市	1473.8	22.1	1.7	平
襄阳市	727	−10.7	−19.6	偏枯
荆州市	1199.1	26.3	1.6	平
宜昌市	1047.7	0.6	−14.1	偏枯
十堰市	773.4	−17.2	−13	偏枯
孝感市	879.8	16.3	−20.9	偏枯
黄冈市	1221	25.1	−8.3	偏枯
鄂州市	1230.4	10.3	−7	平
荆门市	699.1	−3.3	−30	平
仙桃市	1164	17.9	−1	平
天门市	1005.8	9.6	−8.4	偏枯
潜江市	1114.2	6.3	−0.5	平
随州市	601.6	−7	−38.8	平
咸宁市	1809.3	39.8	18.8	偏丰
恩施州	1300.7	−2	−15.7	偏枯
神农架	872.3	−30.6	−21.9	平
湖北省	1045.1	5.8	−11.4	偏枯

资料来源：《湖北省 2012 年水资源公报》。

表 1-2　湖北省分区水资源总量（2012 年）

行政分区	年降水量（亿立方米）	地表水资源量（亿立方米）	地下水资源量（亿立方米）	总水资源量（亿立方米）	产水模数（万立方米/平方千米）	亩均水资源（立方米）	人均（立方米）
武汉市	106.60	40.94	10.86	44.22	51.9	1446	437
黄石市	67.10	36.09	8.15	37.21	81.7	2769	1524
襄阳市	143.35	36.17	17.66	40.46	20.5	600	729
荆州市	168.58	65.49	16.24	72.87	51.8	1038	1274
宜昌市	223.56	91.65	38.14	92.41	43.3	2382	2260

续表

行政分区	年降水量（亿立方米）	地表水资源量（亿立方米）	地下水资源量（亿立方米）	总水资源量（亿立方米）	产水模数（万立方米/平方千米）	亩均水资源（立方米）	人均（立方米）
十堰市	182.83	66.62	27.21	66.62	28.2	1998	1984
孝感市	78.32	18.62	6.62	19.89	22.3	505	411
黄冈市	212.93	84.70	27.81	87.46	50.2	1727	1404
鄂州市	19.70	9.05	1.90	10.66	66.6	1777	1012
荆门市	86.21	18.91	9.59	20.09	16.3	493	696
仙桃市	29.51	9.13	3.24	10.97	43.3	808	926
天门市	26.34	6.76	3.49	8.15	31.1	495	593
潜江市	22.27	6.67	2.06	7.96	39.8	752	837
随州市	57.91	8.48	2.32	8.48	8.8	593	389
咸宁市	178.18	101.57	20.31	103.54	105.1	4408	4183
恩施州	311.42	168.73	60.31	168.73	70.5	4352	5104
神农架	28.13	14.19	6.87	14.19	44.0	21531	18547
湖北省	1942.93	783.76	262.77	813.88	43.8	1601	1408

资料来源：《湖北省 2012 年水资源公报》。

长江自西向东流经全省 26 个县市，流程 1041 千米，西起巴东县鳊鱼溪河口入境，东至黄梅滨江出境。湖北境内的长江支流有汉水、漳水、沮水、清江、东荆河、漅水、陆水、倒水、举水、巴水、浠水、富水等。其中，汉水为长江中游最大支流，在湖北境内流经 13 个县市，上游由陕西白河县将军河进入湖北郧西县，至武汉市汇入长江，流程 858 千米。

湖北省湖泊众多，湖泊水面面积达 2983.5 平方千米，素有"千湖之省"之称。面积大于 100 平方千米的有洪湖、梁子湖、长湖、斧头湖。其中，洪湖水域面积 402 平方千米，容积达 7.5 亿立方米以上，是湖北省最大的湖泊。

湖北省境内共有各类水库 5845 座，其中大型水库有 58 座，数量位居全国第一；中型水库共有 240 座，数量位居全国第二；小型水库 5547 座。大型水库有长江三峡、丹江口，较大的水库有荆门的漳河水库、堵河的黄龙滩水库、徐家河水库、温峡水库、陆水水库、白莲河水库等 50 多座。大多数中小型水库具有农业灌溉及城镇生活用水功能。

（四）土壤特征与土地资源

湖北省土壤类型繁多，可以划分为 11 种土类、137 个土属、455 个土种，总体上呈南北过渡的地区特征。在湖北省的亚热带土壤中，以黄棕壤、黄壤、红壤为主，约占 73.8%。红壤、黄棕壤、黄壤、黄褐土和棕壤呈地带性分布，具有一定的水平分布和垂直分布规律。耕地土壤中，以潮土和水稻土为主，这两类土壤耕性良好，质地适中，适宜农作物的生长，约占耕地土壤总量的 73%。

湖北省耕地主要分布在江汉平原、鄂东沿江平原和鄂北岗地。这三个区域耕地集中连片，约占湖北省耕地总量的 60%，是湖北省和全国重要商品农业生产基地之一。湖北省林地主要分布在西南、西北、东南和东北四个区域。从林地的利用情况来看，主要是生产用材林，其次为经济林。

（五）动植物特征与生物资源

总体上看，湖北省生物区系古老、特有及珍稀濒危物种多、物种分布集中。神农架是驰名中外的天然动植物园，有"绿色宝库"之称。全省自然保护区达到 67 个，其中国家级自然保护区 15 个，省级自然保护区 24 个，自然保护区面积 104.45 万公顷。

湖北是中国生物资源较丰富的省份之一，植被呈现南北过渡特征。全省植物资源 3800 余种，其中许多属于世界稀有或中国特有的珍稀品种。由于海拔高低悬殊，树木垂直分布层次分明，森林植被呈现出普遍性与多样性的特点。湖北省已经发现的木本植物有 105 科、370 属、1300 种，其中乔木 425 种、灌木 760 种、木质藤本 115 种。湖北省树种丰富，且起源古老，迄今仍保存有不少珍贵、稀有的活化石植物，如国家一级保护树种水杉、珙桐、秃杉；国家二级保护树种银杏、杜仲、金钱松、鹅掌楸、香果树、水青树、连香树等 20 种；国家三级保护树种金钱槭、领春木、红豆树、厚朴、秦岭冷杉、垂枝云杉、穗花杉等 21 种。藤本植物种类多且分布较广，其中价值较高的有中华猕猴桃、葛藤、爬藤榕、苦皮藤、括蒌等 10 多种。湖北省共有 2500 种以上的草本植物，其中有 500 种以上已被采制供作药材。

湖北省在动物地理区划系统中属于东泽界、华中区，动物种类达 700 余种，其中国家珍稀保护动物 50 多种，特有的珍稀动物有白鳍豚、中华鲟和武昌鱼等。陆生脊椎动物 562 种，其中哺乳动物 102 种、鸟类 415 种、两栖类 45 种。湖北省共有 112 种野生动物被国家列为重点保护对象。其中，一类保护动物有白鹳、金丝猴等 23 种；二类保护动物有金猫、小天鹅、大鲵、江豚、猕猴、金猫等 89 种。湖北省共有鱼类 176 种，以鲤科鱼类为主，占总量的 58% 以上，其次为鳅科，占总量的 8% 左右。湖北省鱼苗资源丰富，长江干流主要产卵场达 36 处，其中半数以上位于湖北省境内。

二、资源环境责任与压力

湖北省作为南水北调的中线源头，肩负着"一库清水送北京"的重任；作为长江流经最长的省份之一，对长江生态建设具有重要影响；作为三峡大坝坝址所在地，承担着水资源安全和生态安全的重任；作为全国重要的粮棉油鱼生产基地，承担着粮食安全重任；作为重工业大省，肩负着节能减排、减少环境污染、防止发生生态灾害的艰巨任务。湖北省资源环境肩负的时代重任，使得合理高效利用资源、保护环境成为湖北未来发展义不容辞的责任。

新常态下湖北省资源环境压力突出表现为以下几个方面：一是资源环境瓶颈严重制约着"调结构和转方式"的转型重任；二是各类污染物排放总量仍然居高不下，治理污染和改善环境质量压力仍然很大；三是环保投资压力大，投资渠道多元化进展缓慢；四是农村环境基础设施建设滞后，农村水污染治理、垃圾处理等环境问题仍然没有得到全面解决；五是资源环境风险防范任务艰巨；六是资源环境政策和体制机制不能满足资源环境管理的要求；七是资源环境监管能力有待加强，资源环境的地方立法与执法需要快速跟进。因此，新常态背景下，湖北省环境容量有限、节能减排任务重、资源环境管理能力有待提高等问题日益突出，资源环境保护面临更大的挑战。

第二节 资源环境对湖北经济发展的作用与影响

经济的发展与资源环境息息相关，密不可分。资源与环境两者既相互制约又相互促进。一方面，经济活动依赖资源环境，在开发利用资源的同时，又向环境中排放污染物，影响环境质量；另一方面，经济发展为资源环境的优化保护提供技术和资金支持，进而优化环境质量。资源、资本和劳动力是生产活动的三要素，是工业化的必要条件，湖北省自然资源、劳动力和资本的组合及利用状况关系着工业化甚至中部崛起的进程，也关系到湖北省绿色发展的成效。

一、资源环境对湖北经济发展的支撑与制约

改革开放以来，湖北省经济社会发展取得了较大的成就，综合水平在中部地区居领先地位，这与湖北省的资源环境基础有着重要的关联性。第二次全国土地调查结果显示，湖北省人均耕地 1.30 亩，比全国平均水平少 0.22 亩，耕地资源出现严重不足。湖北省人均水资源占有量为 1658 立方米，仅列全国第 17 位，低于全国平均值，接近国际公认的 1700 立方米的严重缺水警戒线。湖北不属于资源大省，仍然建成了我国重要的工业基地之一，形成了以电力、汽车、冶金、石化、纺织、轻工、建材、机械为支柱，以交通、通信为依托，门类基本齐全的工业体系。这一工业体系的构建与湖北已有的资源环境有着密切联系。湖北作为全国老工业基地之一，工业结构不合理已经影响了湖北经济的可持续发展。外贸出口也以资源密集型和能源密集型产品为主，特别是钢材和化工产品等。湖北经济发展实际上是依赖已有的自然资源粗放型增长的结果，这种"高投入、高消耗、高污染、低收益"的粗放型发展模式是不可持续的，特别是要依赖资源能源的高投入来实现的经济增长。由于资源能源的可耗竭性，维持依赖资源能源高投入的增长方式的基础是不稳固的。

湖北省是工业大省，重化工业是湖北省经济增长的发动机，但缺煤少油的资源环境现状成为严重制约湖北省重化工产业可持续发展的因素。对于正处于工业化重要阶段的湖北省来说，煤炭、石油、铁矿石资源相对缺乏。2015 年，湖北省规模以上工业一次能源生产量 5256.27 万吨标煤，比 2014 年减少 452 多万吨标煤。近年来原煤产量持续减少，使得原本缺煤的能源禀赋结构受到极大的挑战，原煤产量已经由 2012 年的 887.44 万吨减少到 2015 年的 758.39 万吨。2015 年湖北省的供电量较 2014 年变化不大。2000 年开始，湖北省仅有 24% 的能源来自本省，其余均依靠其他省份，只有电力基本可以满足需求。湖北省矿产资源、水资源等自然资源被大量消耗，相继出现供应短缺的现象，供需形势不容乐观。湖北省资源环境对经济快速发展的支撑能力不足。近年来，湖北省国内生产总值增长率长期保持在 10% 以上，但在经济总量持续增长的同时，由于对环境保护重视程度的不足，各种环境污染问题逐渐显现，如大气污染严重，雾霾、酸雨等天气日益频繁；部分农业开发区地下水污染严重，生活污水肆意排放；垃圾污染问题日益凸显等。

二、基于资源环境视角的湖北经济发展思路的调整

依靠资源环境粗放式投入的发展模式代价很大，其经济增长方式粗放，资源利用率低、浪费大、污染重，三大产业发展均不同程度地受到影响，已经严重地影响着湖北社会经济的可持续发展。为了适应新常态，湖北省面临着调整发展方式，缓解资源环境压力，提高资源环境利用效率的新型战略选择。

随着生态文明建设的内涵不断深化，生态文明建设已经成为应对资源环境问题的重要路径和缓解当前资源环境压力的重要突破口。2014 年，湖北省出台了《湖北生态省建设规划纲要》，该纲要立足湖北省情和区域特点，按照科学发展、跨越式发展、竞进提质、升级增效的要求，提出了生态省建设的指导思想、奋斗目标、主要任务和政策措施。纲要作为湖北推进生态省建设的纲领性文件，为新时期湖北各地区、行业和部门制定相关规划和政策提供了基础依据，成为资源环境战略调整的重要依据和信号。

绿色化成为湖北未来转型的方向，本着资源节约和环境友好的方向进行优化和转变，最终实现改善环境质量、增进人民福祉的目标。绿色化是新时期湖北建设与发展战略布局的重要内容。绿色化包含生产方式绿色化、生活方式绿色化、价值观念绿色化和制度建设绿色化等几个方面。绿色化已经上升为与新型工业化、城镇化、信息化、农业现代化协同并列的概念。

湖北省委第十届四次全会提出了"市场决定取舍、绿色决定生死、民生决定目的"的"三维纲要"。绿色作为湖北省发展的必要条件，营造绿色山川、发展绿色经济、建设绿色城镇、推行绿色消费、树立绿色新风将成为湖北应对资源环境问题的新战略选择。

参考文献

[1] 湖北省国土资源厅.湖北省矿产资源概况［EB/OL］.http：//www.hblr.gov.cn/gk/tjsj/kczytjsj/54271.htm，2015–08–06/2015–09–13.

[2] 光明网.《2015 年湖北省水资源公报》发布　用水效率明显提高［EB/OL］.http：//news.gmw.cn/newspaper/2016–08/29/content_115705634.htm，2016–08–29.

[3] 网易新闻中心.湖北省 2012 年水资源公报（全文）［EB/OL］.http：//news.163.com/14/0103/15/9HM5GLF600014JB6_all.html，2014–01–03.

［4］湖北省统计局.湖北统计年鉴2014［M］.北京：中国统计出版社，2015.

［5］湖北省统计局.湖北省情概况［EB/OL］.http：//www.stats-hb.gov.cn/wzlm/zdzl/2014tjkfr/hbsq/109318.htm，2014-09-11.

［6］湖北省国土资源厅.关于湖北省第二次土地调查主要数据成果的公报［EB/OL］.http：//www.hblr.gov.cn/wzlm/zwdt/gcxw/30047.htm，2014-04-11.

［7］网易新闻中心.“湖北建设节约型社会战略对策研讨会”发言摘编［EB/OL］.http：//news.163.com，2005-08-03.

第二章 人文社会

第一节 人文社会概况与特征

湖北省人文社会资源丰富，历史悠久，文化底蕴深厚。湖北省是全国文化旅游资源较为丰富的省份之一，山水名胜与文物古迹兼备。湖北省具有光荣的革命传统，从著名的武昌起义到新中国成立，湖北省为中国革命的胜利做出了重要贡献。湖北省科教文化实力雄厚，位居全国前列，是我国重要的高等教育研究基地。

一、历史沿革与行政区划

（一）历史沿革

湖北省地处长江中游，位居华中腹地，是中华民族灿烂文化的重要发祥地之一。夏王朝时期，夏文化的影响已经到达江汉地区。商朝建立后，湖北省即纳入了商的版图。西周时期，湖北省境内出现诸多小国，于春秋战国时期，归统于楚。秦始皇统一中国（公元前221年）后，湖北大部属南郡，西北、北、西南各一部分属汉中、南阳、长沙、黔中和九江郡，并置若干县。西汉时期（公元前206~公元25年）湖北大部属荆州刺史部，东汉（25~220年）设置南郡、南阳郡、江夏郡、汉中郡、庐江郡等。三国（220~280年）时期，魏、蜀、吴争夺荆州，后魏、吴分置江夏郡、武昌郡、南郡、宜都郡、建平郡、武陵郡、长沙郡、襄阳郡、南阳郡、南乡郡、义阳郡、魏兴郡、新城郡、上庸郡等。两晋（265~420年）时期，湖北大部分仍属荆州之江夏、襄阳、南郡、建平、宜都、义阳、南乡、南阳、上庸、新城以及南平、长沙、天门、武陵、魏兴等郡，开始侨置州、郡、县。南北朝（420~589年）时期，湖北主要属南朝范围，仍设州、郡、县，侨置州、郡、县增多，变更频繁，建制紊乱。隋朝（581~618年）统一全国后，先撤销侨置州、郡、县，隋大业三年（607年）又行恢复；今湖北除西北部分和东部一隅外，绝大部分属荆州，统领南郡、夷陵、竟陵、沔阳、清江、襄阳、春陵、汉江、安陆、永安、江夏等郡。隋开皇九年（589年）江夏郡曾一度改称鄂州，治江夏，后来鄂州又成为治所，今湖北简称"鄂"即源于此。唐代（618~907年）初期，湖北西部为山南东道，东部为淮南道，东南部为江南西道，西南部为黔中道；改江夏治鄂州，并改京山、富水置郢州，另有襄州、随州、均州、房州、峡州、复州、全州、蕲州、安州、黄州以及沔州等十五州；后设山南东道节度使、荆南节度使、武昌节度使，分领各州。五代十国时期（907~960年），湖北境内的襄、均、房、随、郢、复、安七州一直属于五代，黄、蕲、鄂三州初属吴，后属南唐；黄、蕲二州复又归后周。江陵地区的南平国（924~963年）建都江陵，据荆、归、峡三州；施州属蜀。宋代（960~1279年），在湖北中部设荆湖北路（湖北之名始此），有鄂、复、峡、归诸州和江陵府、德安府以及荆门军、汉阳军等（辖县33个），占湖北大部分地区；北部设京西南路，有随、金、房、均、郢诸州和襄阳府以及光化军等（辖县19个）；东部约以长江为界，北部属淮南西路，有蕲、黄二州（辖县5个），南部属江西南路，为兴国军（辖县3个）；西部的施州属夔州路；鄂西南为羁縻州。元代（1279~1368年），今湖北境内，长江以南属湖广行省（治江夏，今武汉市武昌），有武昌路、兴国路、汉阳府与归州；长江以北属河南行省，有襄阳路、黄州路、蕲州路、中兴路、峡州路、安陆府、沔阳府及荆门州；西北部一隅属陕西行省，西部夔州路、羁縻州属四川行省。明代（1368~1644年）初，湖北属湖广行省；后属湖广布政使司（治江夏，今武汉市武昌）。清代（1644~1911年）初仍沿用明制，至康熙三年（1664年）湖广分治。民国年间，湖北省总体区划变化不大，1912年废除府、州、厅建制，重新划分，省下设道、县两级政区；1927年，废除道一级建制，实行省、县两级行政区；1932年于省、县之间增设行政督察区。至1949年，湖北省共设1市（武昌市、汉口市为国民政府直辖）、8个行政督察区、69个县。

自1927年开始，中国共产党领导的人民革命武装建立过许多革命政权。土地革命战争时期成立过黄安农民政权，扩建为鄂豫皖特区苏维埃政府、鄂豫皖省苏维埃政府、湘鄂西苏维埃五县联县政府，后改为湘鄂西苏维埃政府、湘鄂西省苏维埃政府。抗日战争时期的 1941 年 4 月，成立鄂豫边区行政公署，1945 年 10 月至 1946 年 6 月，扩大成立为中原解放区行政公署。1946 年 8 月至 1947 年 5 月，在鄂西北先后建立过 5 个地区。1947 年底，分别成立江汉行政公署和鄂豫行政公署。

(二) 行政区划

中华人民共和国成立后，湖北行政区划经历了一系列变化调整。截至 2015 年底，湖北省有 12 个省辖市、1 个自治州、38 个市辖区、24 个县级市（其中 3 个直管市）、39 个县、1 个林区（见图 2-1）。

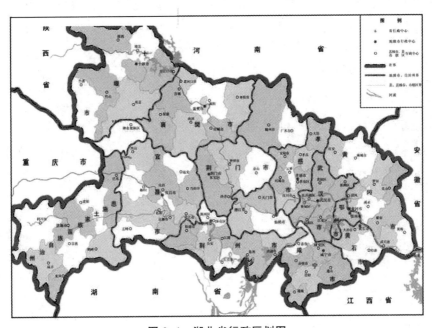

图 2-1 湖北省行政区划图

湖北省省会为武汉市，省辖市包括武汉市（包含市辖区 13 个：硚口区、江汉区、江岸区、汉阳区、武昌区、青山区、洪山区、东西湖区、黄陂区、江夏区、蔡甸区、汉南区、新洲区）、黄石市（包含市辖区 4 个：黄石港区、西塞山区、下陆区、铁山区；下属县 1 个：阳新县；下属县级市 1 个：大治市）、十堰市（包含市辖区 3 个：茅箭区、张湾区、郧阳区；下属县 4 个：郧西县、竹山县、竹溪县、房县；下属县级市 1 个：丹江口市）、宜昌市（包含市辖区 5 个：

西陵区、伍家岗区、点军区、猇亭区、夷陵区；下属县 5 个：远安县、兴山县、秭归县、五峰土家族自治县、长阳土家族自治县；下属县级市 3 个：宜都市、当阳市、枝江市）、襄阳市（包含市辖区 3 个：襄城区、樊城区、襄州区；下属县 3 个：南漳县、谷城县、保康县；下属县级市 3 个：枣阳市、宜城市、老河口市）、鄂州市（包含市辖区 3 个：梁子湖区、华容区、鄂城区）、荆门市（包含市辖区 2 个：东宝区、掇刀区；下属县 2 个：京山县、沙洋县；下属县级市 1 个：钟祥市）、孝感市（包含市辖区 1 个：孝南区；下属县 3 个：孝昌县、大悟县、云梦县；下属县级市 3 个：应城市、安陆市、汉川市）、荆州市（包含市辖区 2 个：沙市区、荆州区；下属县 3 个：公安县、监利县、江陵县；下属县级市 3 个：石首市、洪湖市、松滋市）、黄冈市（包含市辖区 1 个：黄州区；下属县 7 个：团风县、红安县、罗田县、英山县、浠水县、蕲春县、黄梅县；下属县级市 2 个：麻城市、武穴市）、咸宁市（包含市辖区 1 个：咸安区；下属县 4 个：嘉鱼县、通城县、崇阳县、通山县；下属县级市 1 个：赤壁市）、随州市（包含市辖区 1 个：曾都区；下属县 1 个：随县；下属县级市 1 个：广水市），自治州为恩施土家族苗族自治州（包含下属县 6 个：建始县、巴东县、咸丰县、宣恩县、来凤县、鹤峰县；下属县级市 2 个：恩施市、利川市），省直辖县级行政规划 4 个：仙桃市、潜江市、天门市、神农架林区。此外，神农架林区是国家级森林公园，首批国家公园试点单位，中国唯一以"林区"命名的行政区。2016 年 7 月 17 日，神农架被列入世界遗产名录。

二、人口与民族宗教

（一）人口

2015 年末，湖北省常住人口 5851.5 万人。其中，城镇常住人口 3326.58 万人，乡村常住人口 2524.92 人，城镇化率达到 56.85%。2015 年出生人口 62.65 万人，出生率为 10.74‰；死亡人口 34.01 万人，死亡率为 5.83‰，人口自然增长率为 4.91‰。

（二）民族与宗教

根据 2011 年调查统计，湖北省有 56 个民族，其中少数民族人口数 283 万，约占湖北省总人口数的 4.68%。人口最多的少数民族为土家族，是湖北世居的少数民族，总人口约为 217.7 万，占全省少数民族人口的 77%。除土家族以外，其他人口较多的少数民族有苗族、回族、侗族。湖北省是全国 8 个既有自治州又有自治县还有民族乡的省份之一。现有 1 个自治州（恩施土家族苗族自治州）、2 个自治县（五峰土家族自治县、长阳土家族自治县）、12 个民族乡（镇）（钟祥市九里回族乡、洪湖市老湾回族乡、仙桃市沔城回族镇、郧西县湖北口回族乡、松滋市卸甲坪土家族乡、宜都市潘家湾土家族乡、神农架下谷坪土家族乡、恩施市芭蕉侗族乡、宣恩县晓关侗族乡、宣恩县长潭河侗族乡、赤壁市周郎嘴回族镇、鹤峰县铁炉白族乡）。民族区域自治面积 3 万平方千米，占湖北省总面积的 1/6；自治总人口 440 万，占湖北省总人口的 7.34%。

湖北省共有信教群众 167 万人，其中登记在册宗教教职人员 9895 人，宗教活动场所 3369 处，爱国宗教团体 166 个，宗教学院 4 所（武昌佛教学院、武当山道教学院、中南神学院、中南神哲学院）。

三、社会事业

（一）科教

湖北省是科技教育资源大省，无论科技人才队伍的结构、规模，还是科技发明与培养人才数量，均位居全国前列。中国近代社会的湖北省教育属于全国最发达的地区。张之洞主政湖北时期，创造了许多"全国第一"：第一所女子师范学堂、第一所大学、第一所中学、第一所职教学校、第一所武备学堂、教育经费全国居首、国外留学生全国第一。湖北物华天宝、人杰地灵，素有"唯楚有才"之美誉。

科教资源优势是湖北省最大的优势资源，湖北省科教实力位列全国前三，在鄂各类科研基地数量总数位居全国前五，国家重点实验室数量仅次于京沪位居全国第三位。湖北省共有"985 工程"大学 2 所，"211 工程"大学 7 所，国家部委直属重点大学 8 所。2015 年末，湖北省普通高等教育招生 39.12 万人，在校生 140.87 万人，毕业生 39.12 万人；研究生招生 3.98 万人，在校研究生 11.71 万人，毕业生 3.41 万人；各类中等职业教育招生 13.26 万人，在校生 36.5 万人，毕业生 12.6 万人；普通高中招生 27.86 万人，在校生 87.6 万人，毕业生 31.69 万人；普通初中招生 46.16 万人，普通初中在校生 136.53 万人，毕业生 46.14 万人；普通小学招生 62.56 万人，小学在校生 335.8 万人，幼儿园在园幼儿 162.58 万人。

科学研究和技术开发成果显著。2015 年湖北省的省、部级以上科技成果 1933 项，相比 2014 年增加了 155 项。其中，基础理论成果 16 项，应用技术成果 1875 项，其他成果 42 项。2015 年签订技术合同 22787 项，技术合同成交金额 830.07 亿元，合同金额比 2014 年增长 37.9%。2015 年湖北省科学研究与实验发展（R&D）经费支出 561.74 亿元，增长 9.95%，占湖北省生产总值的 1.9%。2014 年安排"973"计划项目 203 项（课题），经费 2.02 亿元，"863"计划项目 100 项（课题），经费 1.86 亿。湖北省围绕卫星导航、智能制造装备、生物基材料、生物育种、高技术服务业、移动互联网等领域，加大项目策划和争取力度，共争取国家高技术产业发展项目 20 个，安排国家资金 4.48 亿元。

（二）文化

湖北省文化资源品种多样，总量丰富，堪称文化大省。湖北省拥有世界文化遗产 3 处（武当山、明显陵、神农架），国家历史文化名城 5 座（武汉、荆州、襄阳、随州、钟祥）；较高文化品位的人文景观约有 500 多处，包括古人类遗址、古文化遗址、古战场遗址、古塔古窟、古墓皇陵、古代建筑、古刹道观等。湖北楚文化积淀深厚久远，形成了以编钟、漆器、青铜器、玉帛织品为代表的楚文化文物特色。在楚文化哺育下，湖北人民创造了丰富多彩、具有浓郁地方特色的文化艺术，地方戏曲 20 多种，其中楚剧、汉剧、荆州花鼓戏是主要的三大剧种。民间曲艺歌舞更是繁多而丰富。湖北历代文风丕盛，人文荟萃，孕育了一代代文人学士，屈原、孟浩然、公安三袁、闻一多、曹禺、胡风，形成并遗留了一系列名人故里。湖北的光荣革命传统也被赋予了一定的文化资源价值，如辛亥革命、黄麻起义等近代革命遗址。湖北省当代文化资源与文化经济具有极大的发展价值。文艺创作、报刊图书出版及音像品市场、国际国内体育竞赛水准及人才储备，均居全国领先水平。

（三）卫生

湖北省沿着"健康湖北"路线切实深化医药卫生体制改革，积极整合卫生计生资源，不断提升医疗服务质量，确保全民健康保障。截至 2015 年底，湖北省共有医疗卫生机构 36097 家，其中医院 770 家，基层医疗卫生机构 34516 家（含卫生院、社区卫生服务机构、村卫生室、诊所等），专业公共卫生机构 703 家。全省卫生人员总数 44.71 万人，其中执业（助理）医师 12.86 万人，注册护士 15.46 万人。医疗卫生机构床位数 33.85 万张，其中医院床位 24.22 万张，社区卫生服务机构床位 1.23 万张，卫生院床位 7.24 万张。相比 2014 年，2015 年湖北省医疗卫生机构数量减少了 8 家，医院减少了 1 家，基础医疗卫生机构多了 1581 家，卫生计生人数增加了 11.08 万人。

（四）体育

湖北省体育事业发展态势良好。湖北竞技体育作为中国体育事业的一股中坚力量，为中国体育事业的发展做出了巨大的贡献，为中国竞技体育的辉煌付出了不懈的努力。湖北省不仅为中国竞技体育做出重要贡献，为中国竞技体育的发展发挥了巨大的作用，而且也具有优良的历史传统。

2014 年，湖北省运动员在世界级比赛中共获得冠军奖项 58 次、亚军 26 次、季军 28 次，其中奥运会项目最高水平比赛中获冠军 17 项次、亚军 5 项次、季军 1 项次；在各类全国比赛中，获冠军 48 项次、亚军 53 项次、季军 69 项次，其中，全运会项目全国最高水平比赛中获冠军 19 项次、亚军 15 项次、季军 28 项次。2014 年销售体育彩票 40.87 亿元。

2015 年，湖北省运动员在世界级比赛中共获得冠军 29 项次、亚军 32 项次、季军 5 项次，其中奥运会项目最高水平比赛中获冠军 14 项次、亚军 11 项次、季军 3 项次；在各类全国比赛中，获冠军 75 项次、亚军 78 项次、季军 85 项次；全运会项目全国最高水平比赛中获冠军 27 项次、亚军 27 项次、季军 21 项次。2015 年销售体育彩票 36.7 亿元。

第二节 人文社会对湖北经济发展的作用与影响

人文社会因素在经济发展中的作用越来越显著。人文社会资源是所有资源中最新、最高、最具发展潜力的资源。人文社会资源是人类从最早的文明开始不断地随着人类的繁衍而积累、延续和建造起来的文化、艺术和历史，主要包括物质文化遗产和精神文化遗产。人文社会资源不仅过去对于社会经济的发展产生过推动作用，而且现在已经成为了与自然资源至少具有同等重要地位的经济资源，直接成为生产要素。经济的发展可以促进人文社会资源的产生及发展。经济基础决定着包括观念、文化、政策等属于上层建筑的人文要素，这些社会活动中的人文社会要素一经产生就会对经济发展起到推动作用。

一、人文社会因素对湖北经济发展的主要作用

人文社会因素主要有优化湖北省产业结构升级、推动湖北省经济发展和提升湖北省经济发展外在环境竞争力的作用。

首先，人文社会因素对湖北省产业结构优化升级具有重要的作用。人文社会资源的开发利用能够促进湖北省产业结构的优化升级。开发利用人文资源，既可形成新兴产业，又可以改造传统产业。信息、知识、文化产业等以人文资源为基础的产业的大力发展，既解决了大量的就业问题，又创造了巨大的社会财富。另外，人文资源的发展还可以对传统行业进行改造，促进传统产业的升级换代。

其次，人文社会资源的合理利用是湖北省经济发展的动力和活力的源泉。人文社会资源的开发利用为湖北省经济发展提供源源不断的动力和活力。人文资源的发展是社会进步的内源推动力，是社会发展的重要基础和条件。长江经济带发展战略对湖北省来说属于综合性的跨越式发展，不能仅仅停留在经济层面，而是要促进包括文化在内的整个社会的全面发展。如果人文资源的发展与经济发展脱节，那么想要富有成效地贯彻实施长江经济带发展战略，实现经济上的跨越式发展是难上加难的。

最后，人文社会资源的利用有利于提升湖北经济发展的外在环境竞争力。人文资源的开发利用可提升湖北省经济发展的环境和条件。丰富的历史人文资源是湖北经济社会文化发展和现代化建设的宝贵财富和特殊资源。以历史发展的视野做好历史人文资源的科学保护、有序开发、合理利用，是一项关乎湖北社会变迁、发展后劲和竞争力、建设创新型和谐社会的基础性工作。良好的人文资源环境有助于吸收外部的各种生产要素，如资金、人才、科技投入等。

二、合理利用人文社会资源促进湖北经济快速发展

在合理利用湖北人文社会资源的过程中应特别注意以下问题：第一，充分发挥旅游资源的优势。湖北省旅游资源丰富，以长江三峡大坝、神农架、武当山等为主体的鄂西生态旅游资源开发取得了可喜的成绩。2015 年，湖北省国内旅游人数 5.1 亿人次，比 2014 年旅游人数增长 8.5%；国内旅游收入 4206.02 亿元，增长 14.4%；入境旅游人数 311.76 万人次，增长 12.5%；国际旅游外汇收入

16.72 亿美元，增长 34.9%。但全省旅游资源空间开发的深度还不够，增量空间较大。第二，加大湖北科技存量资源优势的发挥力度。科技基础条件资源具有公益性的特点，其共享和利用是促进科技资源优化配置、服务地方经济和社会发展的重要手段。湖北省拥有丰富的科技资源，但由于体制机制、发展环境、思想解放、改革力度等的不足，导致企业技术创新水平、高新技术产业发展、科技资源市场化配置均处于较弱的水平，与发达省市的差距不断扩大，在激烈的区域经济竞争中日渐落后。第三，进一步凝练湖北社会资源与精神资源的内涵。湖北社会资源和精神资源的建设任务仍然很重，需要依托楚文化和湖北发展历史，着力于制度建设和文化精神提升，进一步发挥文化资源在经济发展过程中的作用。湖北省提出的建设富强、创新、法治、文明、幸福"五个湖北"，需要在制度上和精神上给予高度的支持。

参考文献

［1］上海市湖北商会. 人力资源 ［EB/OL］. http: //www.hbccs.cn/index.aspx? article_id=1363&cat_code=renliziyuan1，2011.

［2］湖北省统计局. 湖北统计年鉴 2016 ［M］.北京：中国统计出版社，2016.

［3］湖北省统计局，国家统计局湖北调查总队. 2014 年湖北省国民经济和社会发展统计公报 ［EB/OL］. http: //www.stats-hb.gov.cn/wzlm/tjgb/ndtjgb/hbs/110245.htm，2015-03-04.

［4］潘璇. 湖北省产业结构调整对经济增长的影响研究 ［D］.咸阳：西北农林科技大学，2010.

［5］葛澄清. 湖北产业结构优化分析 ［D］.武汉：武汉理工大学，2005.

第三章　基础设施

第一节　基础设施概况与特征

城市基础设施是城市赖以生存和发展的重要基础条件，是城市经济不可缺少的组成部分。在国民经济发展和城市建设现代化的进程中，随着城市规模的不断扩大，城市各项功能的不断演变和不断强化以及城市居民对生活质量和环境质量要求的不断提高，作为城市社会经济活动载体的城市基础设施建设的作用正日益受到人们的重视。加深对城市基础设施特点和作用的认识，建设并管理好城市基础设施，对促进城市经济稳定健康地发展，对城市功能、质量的提高和城市现代化建设具有特别重要的意义。湖北省是中国水陆交通运输枢纽，自古就有"九省通衢"之称。目前，湖北省大通道、大枢纽、大物流、大水运的格局基本形成。

一、主要基础设施现状特点

（一）交通

1. 公路

2000 年以前，湖北省公路交通以国、省、县道建设为主，公路网辐射面较低。进入 21 世纪以后，湖北省公路交通进入了跨越式发展时期，现已形成以高速公路为骨架，国、省道相连接，农村公路为支撑的网络交通体系。

表 3-1 湖北省公路交通情况（2005~2015 年）

年份	2005	2006	2007	2008	2009	2010	2011	2012	2013	2014	2015
通车里程（千米）	91131	181791	183780	188366	197196	206212	212746	218151	226912	236932	252980
客运总量（万人）	66183	69335	77541	82532	88703	96873	104971	118369	129533	87804	89996
货运运输（万吨）	33481	35361	39568	52759	59563	71020	82741	97136	108824	116280	121466

资料来源：《湖北统计年鉴》（2001~2016）。

湖北省高速公路建设取得较大进展。2015 年底，湖北省高速公路总里程达到了 6204 千米，位居全国第四。2015 年，湖北省新增高速公路里程 1108 千米，位居全国第二。湖北省 2014 年新增车道 313 条，总计已达 417 条，覆盖率突破 80%。2014 年，湖北省农村公路建设共计 14233 千米，100%乡镇及 98.7%建制村已通了沥青路。"七纵五横三环"的高速公路网已基本建成。"七纵"分别为：麻城至阳新，全长 174 千米；麻城至通山，全长 266 千米；大悟至赤壁，全长 294 千米；随州至岳阳，全长 335 千米；襄阳至公安，全长 311 千米；郧县至宜昌，全长 423 千米；建始至来凤，全长 163 千米。"五横"分别是：麻城至竹溪，全长 569 千米；麻城至巴东，全长 594 千米；英山至郧西，全长 678 千米；黄梅至利川，即沪渝高速湖北段，全长 822 千米；阳新至来凤，全长 589 千米。"三环"是武汉九峰到吴家山环线，长 135 千米；武汉城市圈高速公路环线，全长 541 千米；武汉高速公路外环，全长 191 千米。新建成江南、谷竹等 10 条高速公路项目，新增 773 千米高速公路、5 条出省大道，湖北省高速公路通车总里程已达 5106 千米，位居全国第一方阵。在"十三五"期间，保康至神农架、老河口至谷城、枣阳至潜江高速福银以南段、襄阳绕城高速南段都将建成，湖北省将新建约 1300 千米高速公路，实现县县通高速。

2. 铁路

湖北省是全国铁路交通的枢纽。京广线、京九线、焦柳线、襄渝线穿境而过。高铁有京广高铁、汉宜高铁等。随着沪昆高铁的正式运营，中部铁三角（武汉、长沙、南昌）初步形成。湖北省内以武汉为中心的"十字铺开、米字成形"铁路网已基本建成，辐射湖北省内大部分市州，建成从武汉至长三角、珠三角 4 小时快速客运交通圈，以及省内 300 千米范围及长江中游城市群省会城市 2 小时左右快速客运交通圈。2015 年，铁路营运里程共计 4062 千米，铁路运输客运总量共计约为 15083.9 万人，同比增长 5.46%；货物发送量完成 6579 万吨，相比 2014 年略有下降（见表 3-2）。在"十三五"期间，湖北将打造高铁"铁三角"，开工建设宜昌至襄阳高铁，实现省内"一核两心"三大综合交通枢纽之间高铁直达。郑万高铁湖北段也将在"十三五"期间全面建成。

表 3-2　湖北省铁路交通情况（2005~2015 年）

年份	2005	2009	2010	2011	2012	2013	2014	2015
营运里程（千米）	2758	3662	3032	3340	3463	4794	4059	4062
客运总量（万人）	4615	6440	7281.3	8503.8	9764.9	12101.8	14302.7	15083.9
货运运输（万吨）	8491	9839	10145.6	10059.4	9177.4	9010.4	7681	6579

资料来源：《湖北统计年鉴》（2006~2016）。

3. 水运

湖北省位于长江黄金水道中游，携长江黄金水道与河湖水网密布之便利，得天独厚、得水独厚，水运十分发达。国家规划的 20 条水运主通道，在湖北境内有长江、汉江和汉江运河三条，其中长江在湖北境内航道里程共 1038 千米，占长江干线航道的 37%。国家规划的长江 11 个内河主要港口，湖北就有武汉、宜昌、荆州、黄石四个主要港口，湖北水运在全国水路交通布局中具有重要的战略地位。

"十二五"以来，湖北省水运发展保持上升态势。基础设施总量迅速增加，武汉阳逻港、宜昌云池、荆州盐卡、黄石棋盘洲四大港口综合运输体系基本形成，累计新增高等级航道已突破 600 千米。2014 年，湖北省港口集装箱吞吐量已达 125 万标箱，仅武汉港就已突破 100 万标箱大关，成为长江中上游港口中第一个突破百万标箱的内河港口。2014 年 7 月开出武汉至东盟首条固定班期的货运航班与"沪汉台集装箱快班"、武汉至上海洋山"江海直达"天天定班航线，共同构建了以武汉为起点的海上丝绸之路运输网，使湖北水路集装箱聚集能力进一步增强。新中国成立以来最长的人工运河——"引江济汉"通航工程建成投入使用，该工程的成功投入使用，将长江、汉江航运水道相连通，形成 810 千米高等级航道圈，高等级航道里程突破 1700 千米，比绕道武汉缩短水路里程 680 多千米，该工程的投入使用进一步提高了运输效率，完善了综合运输体系，加快了长江以及汉江经济带发展战略的实施推动。

"十三五"期间，武汉至安庆段6米水深航道整治工程将开工建设，积极推进武汉至宜昌段4.5米水深航道整治工程相关重点项目前期工作并争取开工；"畅汉江"，建成夹河、孤山、雅口、新集、碾盘山等枢纽工程；"联豫湘"，加快推进唐白河、松虎航线整治工程；"通清江"，积极推进清江航道标准化工程。

4. 航空

湖北省武汉市是全国航空运输中心枢纽，天河国际机场坐落于武汉市黄陂区，是华中地区规模最大、功能最齐全的现代化航空港，空中航线200余条，是全国十大机场之一，拥有美、法、日、韩等国际航班。2016年，武汉天河机场旅客吞吐量突破2077万人次，同比增长9.6%。其中国际和地区旅客量达到了230万人次，同比增长1894.2万次。2015年武汉天河机场完成旅客吞吐量1894.2万人次，相比2014年的1727.7万人次，增长9.6%，时隔5年重返中部第一。2016年武汉天河机场货邮吞吐量17.5万吨，其中国际货运量2.3万吨，分别增长13.34%和60%，增速高于全国平均水平。省内拥有武汉天河国际机场、襄阳刘集机场、神农架机场、宜昌三峡国际机场、恩施许家坪机场等，包括襄阳、宜昌、恩施、荆州、神农架等地已开通了与全国各地相连接的空中航运通道。

"十三五"期间，湖北省将建成武汉天河机场三期工程、湖北国际物流核心枢纽机场、襄阳机场、宜昌三峡机场改扩建工程，以及荆州等支线运输机场，新建麻城、汉南等一批通用机场。重点申请武汉至芝加哥、纽约、悉尼、温哥华、伦敦、雅加达、吉隆坡、仰光等直航航班。

（二）电力

电力供应关系到国民经济的发展命脉，在湖北省发展过程中承担着重要的经济、政治和社会责任。改革开放以来，用电量增长率一直是反映国民经济发展和人民生活水平的晴雨表。湖北电网位于华中电网的中部，与河南、江西、湖南及川渝地区电网通过500KV交流联络线；与华东地区有两回500KV直流联络线；与广东地区有一回500KV直流联络线。截至2015年底，湖北省全口径装机容量6411万千瓦，同比增长1.6%，电力保供能力增强。其中，水电3652.79万千瓦，占56.98%；火电2575.52万千瓦，占40.17%；风电134.5万千瓦，占2.1%；太阳能47.97万千瓦，占0.75%。与2014年比较，2015年湖北省水电比重下降1.39个百分点，火电占比第二次突破40%，30万千瓦以上大型火电机组容量占火电总容量的比例高达80.01%，且30万千瓦级机组均实现联片供热，火电煤炭利用效率进一步提高。新能源发电快速发展，生物质发电装机容量大幅增加，风电、太阳能装机容量成倍扩大，新能源在总发电装机容量中占比提升至3.80%，电源结构日趋优化。2015年，湖北省省发电量2356亿千瓦时，下降1.6%；全社会用电量1665亿千瓦时，增长0.5%，其中工业用电1094亿千瓦时，下降3.2%。2015年底，湖北省17家电厂合计存煤331万吨。

2015年，湖北电网建设和改造投资达到163.8亿元，较2014年增加32.8亿元。其中，县域及农村电网改造升级完成投资85.76亿元，解决了部分供电台区低电压问题，湖北省供电能力和可靠性进一步提高。截至2014年底，湖北电网拥有1000千伏变电站1座，主变容量600万千伏安；500千伏变电站29座（含换流站5座），主变容量3698万千伏安，线路长度11415千米；220千伏公用变电站157座，主变容量4892万千伏安，线路长度14037千米。目前，湖北电网通过1回特高压交流线路、14回500千伏交流线路以及5回500千伏直流通道与华中其他省份及华北、华东、南方电网联络。

根据"十三五"规划目标，到2020年，湖北省新能源装机将达到700万千瓦以上，争取非水可再生能源发电量占当年全社会用电量比重达7%。

（三）水利设施

湖北省地处长江中游、洞庭湖以北，受水滋养，治水而盛。水是湖北省最大的资源禀赋，同时也是最大的安全隐患。湖北省长期重视水利工程设施建设，到目前为止已经初步建成防洪、灌溉、排涝三大工程体系，其中堤防1.7万千米、分蓄洪区43个、水库6459座、泵站5.2万处。湖北省干堤长度、大型排灌泵站装机容量和大型水库座数均居全国首位，实现了由"水患大省"向"水利大省"的历史性跨越。全球最大的水力发电站——三峡水利枢纽工程，水库总库容393亿立方米，将长江所蕴藏的巨大能量转化为电能输送到全国各地；丹江口水库大坝加高后总库容290亿立方米，是南水北调中线工程的供水水源，南水北调中线工程将秦岭巴山汇聚在丹江口的优质水源配置到了京津冀地区，解决了北方的缺水问题。2013年，湖北省咸宁市和鄂州市被确定为全国水生态文明城市建设试点。湖北省启动了湖泊保护总体规划编制，完成了洪湖、梁子湖、长湖等重点湖泊综合治理规划的编制与审查。2013年，湖北省防汛抗旱减灾效益达362亿元。干旱时段提供抗旱用水达87亿立方米，抗灌农田2576万亩，解决了240万人、

61 万头大牲畜的饮水困难问题。防汛期间拦蓄洪水 26.5 亿立方米,抢排涝水入江 32.5 亿立方米,使得 10 个县级以上城市和 457 万亩农田免受渍涝威胁。2013 年,湖北省共治理水土流失面积 2120 平方千米,完成 47 个农村水电增效扩容改造试点绩效评价工作,共解决 334 万人的饮水安全问题。完成建设各类水利工程 32 万余处,除涝面积 660 万亩,新增、改善、恢复灌溉面积 890 万亩,改造渍害中低产田 160 万亩,新增旱涝保收面积 176 万亩,新增节水灌溉面积 110 万亩。完成 35 个大中型灌区续建配套与节水改造、3 个规模化节水项目年度建设任务、13 处大型灌排泵站更新改造、1 处大型水闸除险加固工程。

"十二五"时期,是湖北水利事业快速发展的五年。湖北省水利投资规模屡创新高,水利基础设施建设进一步加强,最严格的水资源管理制度加快实施,水利改革全面推进,防洪减灾、供水、生态等效益明显。

在中央加大水利投入一系列政策措施支持下,2011~2014 年,湖北省水利建设实际完成投资 846.6 亿元。其中,中央投资、地方投资(含贷款及社会投资)分别占 49.4%、50.6%;年均完成投资 211.6 亿元,是"十一五"年均投资的 1.86 倍。"十二五"期间湖北水利投资总规模约 1070 亿元,比"十一五"实际完成总投资 567.18 亿元,增长 88%。其中,中央水利建设投资大幅增加,截至 2014 年底实际完成 417.9 亿元,2015 年底累计完成 501.9 亿元,是"十一五"中央投资额 197.1 亿元的 2.55 倍。

(四)邮政电信

1. 邮政

1998 年,根据国务院部署,邮政与电信实行分营。2006 年邮政行业实行政企分开,在原湖北省邮政局的基础上,成立了湖北省邮政管理局和湖北省邮政公司,分别履行政府管理职能和企业经营职能。为了进一步加强行业监管,解决省级以下邮政监管机构缺失、邮政监管难以有效覆盖的问题,2012 年国务院又启动了新一轮邮政体制改革,湖北省成立了 13 个市州邮政管理局,具体承担本辖区邮政普遍服务和邮政市场的监督管理工作。到 2014 年 2 月底,湖北省省市(州)级邮政企业也全部完成了由"邮政局"到"邮政公司"的更名。至此,邮政政企分开的体制改革基本到位。

2015 年,湖北省邮政业业务总量累计完成 137.41 亿元(不包括邮政储蓄银行直接营业业务量),同比增长 39.28%,排名全国第十;邮政业业务收入累计完成 115.21 亿元（不包括邮政储蓄银行直接营业收入），同比增长 27.76%，排名全国第十。

"十二五"期间，湖北省以武汉为基地，建设了一批邮件快件集散中心。湖北邮政 EMS 新的航空集散中心、陆运集散中心和邮政物流一体化中心"三大中心"建设进入运作阶级。湖北（武汉）作为区域性乃至全国性邮件、快件集散中心的枢纽地位将进一步凸显。

"十三五"期间，湖北省将会继续推进邮政、快递转型升级，推动邮政基础网络与铁路、公路、航空网络的衔接和融合，提高邮政普遍服务能力和水平。引导快递企业在物流节点城市建设快件集散和处理中心、配送服务中心。加快"快递下乡"步伐，使快递服务成为惠及民生的公共服务。其中，湖北国际物流核心枢纽项目被纳入省交通运输通道完善工程中。在"统筹推进美丽乡村建设"部分，提出要提升农村公共服务水平，加强农村邮政服务，完善农村物流网络。在"推进服务业跨越发展"部分，提出构建覆盖全省、辐射全国的现代物流网络，形成口岸物流、行业物流和城市配送物流相结合的现代物流体系。

2. 电信

2015 年，湖北省省政府决定在全省开展以宽带建设为重点内容的信息基础设施建设工程行动。目标是到 2017 年底，使固定宽带用户达到 1300 万户，其中光纤到户（FTTH）用户 957 万户。武汉市城区固定宽带网络平均接入速率达到 20Mbps，市州城区固定宽带接入平均速率达到 10Mbps 以上。城市和农村家庭分别具备 100Mbps、20Mbps 接入能力。宽带省际出口达到 12000Gbps 以上。新建铁塔 6062 个，4G 基站 34013 个，3G、4G 用户总数达到 4100 万户，其中 4G 用户数达到 2800 万户。4G 网络实现行政村全覆盖，100%行政村实现光纤到村。基本实现"百兆到户、千兆到楼、T 级出口"，使湖北省信息基础设施建设水平达到中部领先、全国靠前的目标。

2013 年，湖北省完成电信基础设施投资 110 亿元，同比增长 7.9%。电信投资保持稳定，移动投资较多。移动通信基础设施服务能力进一步增强，3G 基站增长迅速。互联网宽带接入端口增速显著提升，FHHT 端口占比提升明显。2013 年，湖北省电信业务总量 473.5 亿元，同比增长 7.9%；业务收入 405 亿元，同比增长 8.8%；累计电话用户数 5400.8 万户，其中固定电话 984 万户，移动电话 4416.8 万户；3G 移动电话用户 1509.3 万户，同比增长 635.5 万户，3G 用户占移动用户总数比重达 34.2%，互联网宽带用户数 813.3 万户。全行业固定资产投资 119.6 亿元。基础电信业非话音业务收入 226.5 亿元，同比增长 15.5%，在全部电信业务收入中占比达到 55.9%，比上年同期提高 3.2 个百分点。全省光纤覆盖家庭数新增 270.88 万户，累计达到 651.91 万户，光纤到户实装用户数达到 117.39 万户。全省新增宽带用户数达到 127.21 万户，累计达到 813.3 万户，其中 2M 以下、2~4M、4~8M、8M 以上用户占比分别为 2.2%、16.3%、67.4% 和 14.1%。3G 基站新增 6800 个，达到 3.82 万个，AP 节点新增 2.61 万个，累计达到 25.79 万个。湖北省基本建成了覆盖全省主要地区的第三代移动通信网络，4G 移动通信建设快速起步，4G 基站数达到 9000 多个。湖北省新增 951 个行政村通宽带，农村信息化水平进一步提高。

2015 年，湖北省政府决定在全省开展以宽带建设为重点内容的信息基础设施建设工程行动。目标是到 2017 年底，使固定宽带用户达到 1300 万户，其中光纤到户（FTTH）用户 957 万户。武汉市城区固定宽带网络平均接入速率达到 20Mbps，市州城区固定宽带接入平均速率达到 10Mbps 以上。城市和农村家庭分别具备 100Mbps、20Mbps 接入能力。宽带省际出口达到 12000Gbps 以上。新建铁塔 6062 个，4G 基站 34013 个，3G、4G 用户总数达到 4100 万户，其中 4G 用户数达到 2800 万户。4G 网络实现行政村全覆盖，100% 行政村实现光纤到村。基本实现"百兆到户、千兆到楼、T 级出口"，使湖北省信息基础设施建设水平达到中部领先、全国靠前的目标。

二、加快基础设施建设，促进湖北经济高速发展

湖北省基础设施建设取得了不俗的成绩，但仍然存在一系列问题。如果不能很好地解决，将会制约湖北未来的经济发展。因此，湖北要加大基础设施建设力度，又好又快地推进湖北经济发展。具体而言，重点解决以下问题：第一，解决基础设施建设资金不足的问题。构建绿色现代综合交通运输体系是湖北省基础设施未来建设的重点。"十三五"规划建设以武汉为中心的"三横四纵"铁路骨干网、健全公路网，重点规划项目就有 200 多项，投资需求巨大。第二，进一步完善基础设施投资建设与运营体系。随着基础设施建设的需求日益剧增，投资不足成为困扰基础设施建设的重要原因。基础设施建设与系统管理成为当前的难点和热点，特别是 PPP 模式、特许经营、购买服务、股权合作等新型投资模式的引

入，对基础设施建设与管理提出了新的需求。这需要从理论上取得突破，同时也需要总结湖北省的实践经验，进一步优化和完善整个管理体系。第三，加强农村基础设施建设。随着新农村的建设，农村基础设施得到了很大的改善。农村交通体系正在逐步建成，为农业结构调整打下了基础。但农村基础设施建设仍然落后，交通路网的投资需求仍然很大。农村污水处理和污水管网建设的运营仍然存在很多问题，需要处理好建设资金、运营资金和维护资金之间的协调运作。

第二节　基础设施对湖北经济发展的作用与影响

改革开放以来，我国各地区交通基础设施投资增长很快，特别是近几年随着西部大开发战略以及中部崛起战略的实施推动，中央财政逐步加大了对交通基础设施的投资。湖北努力实现把优越的地理优势通过各类交通基础设施建设切实转换为现实的区位优势和区域经济发展的基础。基础设施作为区域发展的载体，是湖北省经济发展的一个重要基础和前提。国务院通过的《基础设施和公用事业特许经营管理办法》，简化了规划选址、用地、项目核准等手续，严格履约监督，给予必要的财政补贴。这些措施保障了特许经营者的合法权益，稳定了市场预期。

一、基础设施是湖北经济更好发展的先决条件

基础设施体系服务于整个区域经济发展。基础设施的建设与布局与经济的增长和产业布局有着密切的关系，服务经济发展是基础设施建设的最基本功能。交通路网系统、电信网络系统、港口海岸系统、电网系统、污水处理系统等对湖北经济发展具有重大意义。

基础设施中的很大一部分以社会方式直接参与了生产企业的生产活动，特别是公路、水运等基础设施与企业生产和人民生活息息相关。基础设施的建设保证了湖北经济发展的基本需求，尤其是交通、电力、水利等基础设施的快速发展，为湖北经济发展提供了基本保证。

基础设施建设既是经济发展的前提条件，又是关系到国计民生的重要内容，经济社会发展的现代化首先就是基础设施的现代化。率先实现基础设施的现代化

是实现经济社会发展现代化的重要组成部分。在基础设施建设的规模化与网络化形成以后，基础设施对区域经济发展会产生引导功能。引导功能是指基础设施体系在市场竞争机制和产业关联机制的作用下通过其服务的空间不均衡性对区域社会经济结构、规模和空间布局的引导和反馈作用，特别是对一些基础设施重大项目的推进，其引导功能显著。

二、基础设施是湖北经济发展效率提高的重要条件

公共基础设施对提高劳动生产率具有重要的促进作用。刘修岩（2010）研究表明：在控制住其他影响因素后，一个地区的就业密度和公共基础设施对其非农劳动生产率都有着显著为正的影响。湖北农村路网建设对农业生产率的提高就有着重要的影响。湖北作为农村人口比重较高的大省，没有较高的农业劳动生产率就难以带动农民收入的长期增长。截至2015年8月底，湖北省"村村通客车"已实现99.1%的覆盖率，同时"村村通路网工程"、通信网络全覆盖等基础设施工程为提高农业劳动生产率做出了积极贡献。农村和农业的生产环境也发生了巨大的改变。交通基础设施建设也为制造业的发展提供了便利条件，切实改善了整体的生产环境。

三、基础设施是湖北产业结构优化调整的助推器

产业结构转型升级有两个基本的路径可供选择：一是以工业化推动产业转型升级为主线，即按照高加工度化和技术知识密集化的要求，从劳动密集型产业升级到资本和技术密集型产业。二是以城市化推动产业转型升级为主线，即依托现代城市的建设和发展的要求，使传统制造业向以服务业为主的产业结构转变，基础设施反映了产业结构的特征。城镇化推动产业结构的实质就是通过加大基础设施投资来带动产业结构调整。不同地区对基础设施的不同需求反映出了基础设施建设和投资重点的不同，会对区域产业结构产生重大影响。湖北将依托武汉的空港资源，建设空港经济区，发展临空经济。通过充分利用天河机场枢纽发展临空经济，提升产业集聚的经济能级，优化区域产业结构。

参考文献

[1] 叶红玲，梅长权.依托长江黄金水道，做大做强湖北水运——访湖北省港航局局长朱

晓光［J］. 中国水运，2013（9）.

［2］湖北日报. 武汉天河机场 2016 年旅客吞吐量达 2077 万人次 ［EB/OL］. http：//www.hb. xinhuanet.com/2017-01/06/c_1120257684.htm.

［3］湖北省人民政府. 民航 ［EB/OL］. http：//www.hubei.gov.cn/hbgk/jbss/201203/t20120328_ 342653.shtml，2015-06-05.

［4］湖北省经济和信息化委员会. 2015 年全省工业经济运行情况 ［EB/OL］. http：//www. hbeitc.gov.cn/jjyhh/jjyh/68846.htm，2016-02-16.

［5］湖北日报. 湖北全面启动新能源"十三五"规划编制 ［EB/OL］. http：//www.cpnn.com. cn/xny/201509/t20150918_827851.html，2015-09-18.

［6］湖北省邮政管理局. 2015 年十二月份湖北邮政业运行情况 ［EB/OL］. http：//hb.spb.gov. cn/xytj/tjxx/201601/t20160113_710466.html，2015-09-18.

［7］湖北省人民政府办公厅. 省人民政府办公厅关于印发湖北省加快信息基础设施建设工程行动方案的通知 ［EB/OL］. http：//gkml.hubei.gov.cn/auto5472/auto5473/201508/t20150826_ 709795.html.

［8］湖北省人民政府.电讯 ［EB/OL］. http：//www.hubei.gov.cn/hbgk/jbss/201203/t20120328_ 342655.shtml，2015-08-19.

［9］刘修岩. 集聚经济、公共基础设施与劳动生产率［J］.财经研究，2010（5）.

［10］刘志彪. 以城市化推动产业转型升级——兼论"土地财政"在转型时期的历史作用 ［J］.学术月刊，2010（10）.

［11］湖北省环境保护厅. 湖北省环境质量报告书 2006~2010.

［12］中华人民共和国国家发展和改革委员会. 2014 年湖北省电力运行情况 ［EB/OL］. http：// yxj.ndrc.gov.cn/dfyx/dfdl/201501/t20150128_661819.html.2015-09-13.

第二篇

产业与经济

第四章 经济发展轨迹与特征

湖北省的经济是在曲折中成长起来的。自辛亥革命以来，湖北省经济的发展经历了民国时期的萌芽与混乱阶段、计划经济时期的重建与恢复阶段、改革开放时期的探索与崛起阶段以及新常态背景下的稳步发展阶段。湖北省在不同阶段的不同外部环境下呈现出不同的经济发展特征。根据湖北省自身特殊的省情，经济发展有其独特的特点，也存在着一些亟待解决的问题，湖北省的经济发展有着很大的上升空间。

第一节 经济发展轨迹

一、民国时期（1911~1949 年）

湖北省现代经济萌芽于民国期间，但此期间的经济发展也有很多阻碍。辛亥革命以及"中华民国"的建立使湖北省的经济冲破了封建制度的枷锁，政府鼓励实业发展的政策使湖北省的工商业有了迅速的发展，但之后的军阀混战、自然灾害、日寇侵略对刚刚萌芽的湖北经济造成了严重破坏，经济发展几近崩溃。同时，在内战时期，湖北省的经济发展受到了严重的创伤。

（一）辛亥革命后实业发展迅速，汉口开埠辐射影响大

1911 年湖北军政府成立后，为了鼓励省内实业的发展，颁布了一系列政策。一是减免税收，推行促进工商业成长的政策措施。除了烟、酒等各税收，减免大部分税收；各属杂捐，除地方所用者外，一概减免；除海关外，所有关税一律撤

销，凡货物经过第一局完纳过境税或销场税一次，在本省境内，不得再行征税（如输出外洋货，应完纳海关税者，不在此例），其税率概货本值百抽二。二是维持实业，保护工业器具财产。三是封存湖北省内的矿产资源，对省内矿产资源进行保护。成立了湖北官矿公署，对全省公矿业进行管理，派驻矿师到所辖矿区，负责矿井各项建设工程项目，指导施工，促进了当时全省民间的探矿活动，同时进行投资，铺设铁路，采购设备，开辟矿山。

在政府的鼓励政策下，湖北省内轻工业兴盛，积兴织布厂、西亚织布厂等纺织厂先后创办。1914 年，武昌创办了第一纱厂，这是湖北省第一家由民族资本家创建的纺织工厂，为湖北省纺织业的代表企业。1920 年开工生产，两年内便获利 120 万元，所产纺织制品盛销周边各省。到 1925 年，湖北省的纺织工业成为国内中部发展最大的纺织工业中心。沙市普照电灯股份有限公司、宜昌光明电灯公司是当时湖北省电业发展的代表企业。1917 年燧华火柴厂在汉口创立，连同燮昌火柴厂所产火柴产量，比清末增加了近 5 倍，产品畅销周边各省。

1861 年汉口开埠后，汉口的贸易影响力延伸到海外，武汉间接对外贸易大幅增长，成为全国四大港口之一。汉口在内陆埠际交易中的作用越来越重要，近百家外国资本投资的洋行在汉口纷纷设立。汉口在国内金融商贸领域中的地位逐渐上升，在当时仅次于上海。湖北省内的金融业也有所发展，中国银行在改组大清银行的基础上成立了汉口分行，交通银行汉口分行也在宜昌设立了支行，1916年汉口设立了证券交易所。同时许多外商开始在汉口修筑码头，汉口的国际影响辐射能力大大增强。汉口开埠使湖北由独立经济向依附经济转变，自然经济向商品经济转变。

（二）军阀混战和自然灾害阻碍发展，湖北经济在夹缝中成长

1916~1928 年的军阀混战给刚在发展初期的中国经济造成了严重破坏，军阀势力在湖北收取苛捐杂税，压榨群众百姓，民愤激动，人民生产的积极性降低，湖北省内受到军阀压制的工人举旗罢工，某些工厂生产甚至停滞，对工业生产造成不小的影响；1918 年宜都暴发的瘟疫以及连年暴发的特大洪水使湖北省内 60多个州县受到重大破坏，因灾染病而死者无法统计，灾害造成民不聊生，对经济发展造成了破坏。1925 年，湖北省暴发了近 60 年以来最严重的旱情，旱情对湖北经济也造成严重影响。

为了缓解湖北省受战争和灾害影响的经济上的困难，在财政金融方面，南京政府将应上缴中央的税收暂留湖北。湖北省成立了湖北省银行，主要任务是作为代理省库，主要负责经营湖北省内的公债和库券，以对全省金融进行调剂，来助力湖北省的经济得到恢复。同时，湖北省银行还同其他一些金融机构一起集款，选择合适时机贷放给汉口市金融调剂委员会转放各业，接着又直接集款贷放给工商各业，来改善湖北省的金融困境。湖北省政府在省内各县统一设立财务委员会，对地方的财政事务进行管理，并分设核审组和出纳组，分管稽核预算以及收支保管等事项，地方预算书须经核审组和出纳组才能送报湖北省县预算委员会审查执行。

在税收管理方面，湖北省设立了赋税设计委员会以及公产清理处等机构，对公产田赋税进行整顿清理。同时，还取消了一些名目，改为按亩按元来征税。湖北省政府将各州县分区设立营业税局，各辖区内的税收都由本区税局统一征收，包括于湖北省境内经营的外籍商人和租界内的华商，也由汉口营业税局按照章程来征收营业税。经过为期两年的清理整顿后，湖北省的税收收入、田赋以及其他收入都有所增长，湖北省的财政情况日渐好转。

为了促进湖北省工商业的恢复发展，湖北省政府还通过免除出口税及原料税等具体的奖励方式，来增进企业经营的积极性，带动湖北省工业的恢复与发展。湖北省政府发布了统一法币的规定，令省内各地的银行等机构逐级上报库存现金数额，并向指定银行兑换法币；禁止了白银的使用；仅赋予中央银行、中国银行及交通银行纸币发行权，此后的一切收支都要以法币结算。在币制得到统一后，湖北省内的市场开始活跃起来，工业品的销售开始好转，促进了湖北省工矿业的恢复并开始走向繁荣。

在湖北省政府的全力改革下，此期间的经济也有所发展。1918年荣宗敬、荣德生兄弟创立了当时湖北境内规模最大的面粉厂——福新五厂，该厂生产规模居汉口各面粉厂之首，成为华中地区规模最大、设备最先进的机器面粉厂，该厂产品行销各省甚至海外市场。由于福新五厂的迅速崛起，湖北机制面粉业的整体实力大为增强，武汉成为了国内重要的面粉工业基地之一。在汉口英租界被收回之后，外商的撤走也给湖北省制药业提供了有利的发展时机，武汉开立了10多家兼设药房的制药工厂和专业药厂，也带动了中药制造业的发展。1918年湖北大冶创立了大冶富华煤矿公司，它是湖北省首次使用凿岩挖煤机的煤矿企业，该矿也是当时湖北省机械化水平最高的矿井。1920年开始，湖北邮务管理局开办了国际汇兑业务，与德国、英国、丹麦、瑞典、比利时通汇，两年后又与加拿大、美国通汇。交通运输方面，1924年襄沙公路建成，成为湖北省第一条官督商办的公路。

（三）日本侵略使经济发展停滞不前，经济发展进入战时阶段

从1937年开始，日本侵略者持续入侵中国，侵略者的魔爪逐渐伸向中国内地。日军由中国沿海侵入内陆后，开始对中国进行经济侵略。日本成立了总部位于上海的华中振兴株式会社，该会社在汉口也设立了办事处，重点经营华中地区的工商业以及航运业。至1942年，该会社已拥有华中铁道、华中矿业、华中水电等16个分公司，实质上已对华中沦陷区的全部工矿交通事业形成了垄断。日本侵略者严格控制长江的航运和贸易，汉口的对外贸易完全被日本侵略者控制。日本侵略者在侵占湖北省大冶市后，抢夺了大冶市重要矿企矿山的经营权，将优质铁矿砂抢运回国，并加大对矿山的投资，添置机器设备，强招华工，最大限度地对矿产资源进行掠夺开采。1941年日伪政权在湖北省设立合作联社，专门用来掠夺湖北省的粮食和军用物资。

为了尽量避免战争对湖北省工业的破坏，湖北省287个工厂开始外迁，也就是著名的武汉工业大拆迁，主要是迁往四川、陕西、广西、贵州、重庆等省。部分企业迁到陕西，部分迁到湖南南部及西部，主要的厂矿企业则迁到四川。至1938年8月，湖北省境内主要的民营工矿企业已成功迁往后方，一定程度上避免了战争对湖北省工业造成的破坏。但拆迁也耗费了巨大的人力、物力，而且还有许多来不及拆迁只能主动破坏的机器设备。日本侵略者狂轰滥炸造成的破坏对湖北省工业的打击巨大，艰辛成长起来的湖北省工业被破坏大半，工业生产几乎停滞。

1941年2月，《新湖北建设计划大纲》出台，针对战时环境及战时人民生活需要，突出民生问题，大纲涉及政治、经济、文化各方面的重要方针26条，实施纲要90余条，计划周密，以调节物资生产消费，为逐渐实行统制经济，促进战时经济恢复发展奠定基础。在农业方面，对粮食等重要物资分期分批进行统制，不仅降低了省内物资的外流程度，在一定程度上解决了抗日根据地的衣食供应问题，而且使省内的工业资源得到了保护。战时物质缺乏，物价飞涨，湖北省政府决定直接管理物价，制定了《湖北省实施评定物价方法》，为了带动湖北省内的物资交流，湖北省政府在省内实行"凭证分配"以及"物物交换"。

抗战期间，湖北经济在战争中受到的破坏极大。湖北省人口伤亡惨重，其中，农村人口伤亡人数占大半，达到90%。农业生产资料损失严重，农具损失将近660万件，耕牛损失将近30万头，棉花损失约580万担，大米损失约13200万担，小麦损失超过2000万担。农村土地荒废十分严重，超过800万亩。城市生产生活所需要的工业设备损失也很严重，损失将近3.4万吨，与战前相比减少了一半以上。其中武汉损失最为惨重，仅汉口工厂设备损失就达1.4万吨，加上公用事业、金融业等各方面的损失，以法币计算，损失接近42300亿元，而武昌财产损失接近2600亿元。

二、计划经济时期 （1949~1978 年）

计划经济时期是湖北省经济发展重建与恢复调整时期，湖北省政府制定了一系列农业、工业、商业方面的经济恢复措施，主要目的是清除封建残余，减轻农民负担，对工商业进行社会主义改造，但在改革过程中走了一些弯路，如"文化大革命"给当时的经济造成了不小的损失。

（一）经济恢复发展阶段 （1949~1957 年）

新中国成立初期为经济的恢复发展阶段，全国在工农商以及财政金融方面制定了一系列具体的经济恢复发展规划，湖北省根据规划进行了具体的经济改革。

在工商业的恢复发展方面，对重要行业企业进行贷款扶植，并对工商业的税收政策进行改革，取消了10%的地方附加税，对负担过重的企业酌情照顾减免，以及通过一些其他的税收优惠政策来促进工商业的恢复发展；同时开展反偷漏税的工作，来保障工商业发展应有的税收。

在农业恢复发展方面，改革重点是减轻农民的负担。湖北省内首先开展了"剿匪反霸"运动，即削弱地主阶级的封建剥削，为土地革命创造条件。1950年开始，全面展开了农村的土地改革，对农民减租减息；同时湖北省实行全国统一的农业税制度，对一些特殊困难户农民减免税收，巩固土改成果，尽量减轻农民负担。

在财政金融方面，湖北省政府领导亲自指挥，对银元黑市进行打击，并从中国人民银行调入大量银元抛售，金银黑市瓦解，物价下跌，湖北省的货币得到统一，人民币占领市场；同时省人民政府严格执行财政统一编制、统一供给标准，实现了一切财政收支由全省范围的"统一到、统一于"中央，以制止投机商乘机捣乱，平抑物价；另外，湖北省人民政府还通过征收公粮、整顿税收、推销公债、清理仓库以增加财政收入，通过紧缩编制、裁减冗员、增产节约、节省经费以减少财政支出。

在此期间，湖北省经济恢复发展卓有成效，极大地活跃了湖北省的城乡经济，工农业生产得到恢复与发展，物价得以稳定，榨油、纺织等有利于国计民生的工商业也得到发展。五年期间共完成基本建设投资 223648 万元，其中新增固定资产 177353 万元，占基本建设投资总额的 79.3%。苏联在湖北省援建了包括武汉钢铁公司、武汉重型机床厂和青山热电厂一期工程等在内的重点工业项目。此期间建成了当时全国五大棉纺厂之一的武汉国棉一厂，武汉国棉一厂的建立在湖北工业发展史上具有标志性意义，它的兴建使国营纺织工业在湖北省机纺的比重上升，打破了私营的垄断局面，使国营的作用大大增强。另外，还兴建了当时全国第一个大型有色金属企业——大冶有色金属冶炼厂，该厂的年产量占当时全国粗铜总产量的 1/5，这两家工厂的兴建在湖北省的工业发展史上都具有标志性的意义。

（二）经济探索调整阶段（1958~1978 年）

1958 年开始，是中国经济的探索调整时期。从中共八大开始，中共进行了一系列的探索，湖北省的经济也进入探索调整阶段，在此阶段湖北省的经济发展有失误也有成功，出现了"冒进"之风，经历了三年的严重自然灾害和经济困难时期，在"文化大革命"的影响下湖北省的经济发展甚至有所停滞，但通过后期的经济调整，湖北省经济也有所恢复和发展。

在这一时期国家把经济发展的重点放在工业上，国家对湖北省的经济政策对当时湖北省的经济发展起到了很大的促进作用。为了增加经济发展的活力，国家将一些特殊重要的企业下放给湖北省管理，包括武汉重型机床厂、武汉锅炉厂、江岸车辆厂、武昌车辆厂在内的中央 90% 的在鄂企业，湖北省又将其中的一部分企业下放到省辖市管理；同时给予湖北省自主制订招工计划的权利，使湖北省可用劳动力大大增加，为当时的经济建设提供了劳动力基础。

在国家政策扶持下，湖北省政府实行省政府统一管理，适当下放地方权利的政策措施。湖北省政府设立了专门的统一机构——工商局、工商科或工业科，对各地市接管的工厂企业进行管理；同时，湖北省政府为了精简行政机构，对工厂分行业进行领导，分行业成立了省冶金工业公司、省纺织公司、省建筑公司等，对于各行业进行直接管理。同时，湖北省政府也下放了湖北省内的55家大中型企业，将原由省直管的企业下放到地市县管理，扩大地方的财政管理权限。将粮食、商业、农机公司、新华书店等原由省统一管理的财务系统，改为省、地、县三级管理，将地、县企业的财务、资金以及盈亏纳入地方的财政预算。

经过数年的经济调整，至1976年，湖北省工业总产值达到50.35亿元，工业总产值增加了24%。这一时期在十堰建成了第二汽车制造厂，同时在建设第二汽车制造厂的基础上，一大批配套企业陆续建设，湖北的汽车工业开始步入快速发展的轨道；农业方面，粮食总产量达248亿斤，由1961年需要国家调入转变为1976年调出10多亿斤，1976年是新中国成立后农业收成最好的一年；棉花总产量达到766万担，在当时由长期居全国第四、第五位而跃居首位。

（三）计划经济时期的经济建设成效显著

计划经济时期，我国的经济建设颇有成效，基本建成以国有经济为主体的国民经济体系。同时在国家总体规划和部署下，湖北省的经济建设也有了显著的发展。

在新中国成立的初期阶段，新中国的经济建设主要集中在工业领域，工业化建设颇有成效，在良好的计划和有效的执行下，新中国"一五"计划目标圆满完成。在此期间，在国家有效政策的扶持下，湖北省也兴建了大批对经济发展有重要作用的国有企业，如武昌造船厂、武汉钢铁厂、武汉锅炉厂、武汉重型机床厂等。截至1957年底，湖北省新增固定资产总额接近500亿元，约为1952年的2倍。

"大跃进"及"文化大革命"时期，湖北省经济发展虽有所停滞，但经过后期调整，湖北省的经济发展也有所成就。此阶段湖北省的经济建设重点仍在重工业上，湖北省冶金工业基本建设投资与"一五"时期相比，增长了约3倍；武汉钢铁公司建成年钢铁产量达到150万吨钢的生产设施；"三五"计划期间，湖北省大力发展地方国有经济，地方国有工业企业数量迅速增加，如建成第二汽车制造厂、江汉油田、华新水泥厂等许多国有工业企业。在当时，湖北省开始形成了以宜昌、荆州、黄石、十堰、荆门—武汉、鄂州—襄樊为发展基点，并以长江、汉丹铁路线为连接线的"V"字形的地区经济发展结构。

三、改革开放时期（1979~2012年）

改革开放时期是湖北省经济发展的探索与崛起阶段。湖北省政府采取了一系列新兴的措施来促进经济发展，如建立现代企业制度、发展对外贸易、重视科学研究等；新常态背景下的湖北经济有了很多新气象，在新的经济环境下湖北经济也有了众多发展机遇，经济结构不断调整，经济向着更好的趋势发展。

（一）改革企业体制，增强生产活力

企业是先进科学技术应用的前沿阵地，为了增加企业的经济发展活力，湖北省在国家总体部署下，下放企业权利，试点建立现代企业制度。湖北省把生产经营计划、产品销售、产品价格、物资选购、资金使用、资产处置、机构设置、劳动人事、工资奖金和联合经营十个方面的权限全部下放给企业，使企业在更大范围、更大程度上拥有自主决定权。同时，湖北省也开始在省内工业企业中进行现代企业制度试点，主要目的是建立企业法人治理制度，按照现代企业的要求，构建企业法人治理制度的框架。进行试点的企业包括沙市农药厂、华新水泥厂、湖北化纤厂、大冶钢铁厂以及武汉钢铁厂等企业。

（二）税收政策得到放宽，利税改革绩效显著

湖北省实行了两轮利税改革，在第一轮改革中，国营大中型企业由上缴利润改为缴纳55%的所得税，税后利润一部分企业自留，一部分采取递增包干上交、固定比例上交、缴纳调节税、定额包干上交等办法上交国家，小型企业按八级超额累进税率缴纳所得税后，自负盈亏。

在第二轮改革中，将工商税分为产品税、增值税、营业税和盐税四个税种，对部分采掘企业开征资源税，大中型国营企业仍然按55%的税率缴纳所得税，同时结合湖北省实际情况，放宽税收政策。第一次利税改革后企业留利水平为31.31%，环比增长5.67%，第二次利税改革后，湖北省企业留利比第一次利税改革增长了17.9%。

（三）经济不断对外开放，对外经贸扩展迅速

1978年，全国开始推行改革开放，湖北省也开始制定相应的政策措施来促进本省的对外开放。湖北省人民政府对于规定的产品出口企业以及一些相关先进技术企业实行特殊的税收及收费优惠政策，对相关收费征税进行减免；积极招商引资，批准湖北省大量外商企业合法经营，并给予相关优惠政策，积极吸收外国政府贷款；不断拓宽对外经贸渠道，积极"走出去"，进行境外投资、对外承包项目并且进行外派劳务。

为了进一步促进湖北省改革开放，湖北省政府开始改革外贸体制，对外经贸企业的所得税实行先征后退，年底由财税部门全部返还给湖北省外经贸委，用作建立外贸发展基金。同时，为了更好地促进湖北省对外经济贸易的发展，湖北省人民政府批准对外贸易系统成立了湖北省粮油食品进出口集团公司、湖北省丝绸进出口集团公司、湖北省服装进出口集团公司、湖北省对外经贸事业等集团公司。

四、新常态时期（2012 年至今）

（一）新常态下湖北经济增速与全国保持同步放慢趋势

经过多年经济的快速增长，自 2008 年金融危机特别是 2011 年以来，我国经济增长出现了明显放慢的趋势。2010 年全国 GDP 增长率为 10.3%，2011 年为 9.6%、2012 年为 7.8%、2013 年为 7.7%、2014 年为 7.4%、2015 年为 6.9%，经济增速一直在回落。这一阶段的经济增长速度不仅均比上年有所放慢，而且也比改革开放以来的年平均增速降低了 2~3 个百分点。在全国经济增速放慢的背景下，湖北的经济增速也同样呈现了放缓趋势。2010 年湖北省 GDP 增长率为 14.8%，2011 年为 13.8%、2012 年为 11.3%、2013 年为 10.1%、2014 年为 9.7%、2015 年为 8.9%。

面对增速换挡、结构优化、动力转换的经济"新常态"，2015 年，湖北省经济增速与全国平均水平相比，高出 2 个百分点。2015 年，湖北省财政总收入 4705.28 亿元，增长 14.9%；规模以上工业增加值增长 8.6%、固定资产投资增长 16.2%，增幅高于全国平均水平 10 个百分点。

（二）新常态下湖北经济增速放慢但仍有很多发展机遇

面对经济发展新常态，虽然目前湖北省的经济增速放缓，但只要抓住当前的经济发展机遇，湖北省的经济会有很大的发展机会和上升空间。

第一，目前的国际经济形势正逐步回暖，而湖北省可以抓住经济回升的机会，积极扩大出口。湖北省有着"九省通衢"之称，而湖北省省会武汉市位于"一带一路"枢纽位置，具有较好的地理区位优势，目前湖北省的出口也开始出现了新的机遇。首先，湖北省内的一些重点工业企业的出口渠道不断拓宽，东风汽车公司现已成为法国标致集团的三大股东之一，作为湖北省重点汽车工业企业，东风公司所产轿车的国外出口渠道大大拓宽。其次，跨境电商行业逐渐成熟，比如不断发展的汉口北国际商品交易中心，就可以和跨境电商结合起来，通过跨境电商和传统市场的结合，促进湖北省内商品市场的发展。最后，也是湖北省内军工企业的出口机遇，如武汉船舶公司开始向亚洲、非洲等国出口越来越多的军工装备。

第二，抓住扩大海外投资的机会，在当前新常态的经济形势下，为了促进湖北省内经济产业更好地发展，积极把过剩产能、劳动力等输出海外。同时湖北省以往的工业发展为当前的技术输出提供了较好的基础平台。首先，中国积极参与亚非等地的铁路兴修项目，而湖北省内有着许多优秀的钢铁企业及建筑企业，如原武汉钢铁（集团）公司、中铁第四勘察设计院等，中铁第四勘察设计院积极参与国外铁路修筑计划，这为湖北省内建筑及钢铁企业带来了积极的引领作用。其次，武汉造桥技术的出口以及原武汉钢铁（集团）公司的制造基地从武汉向广西的转移，东风汽车公司神龙四厂向成都的转移，均是湖北省内产能转移给湖北省经济发展带来的新机遇。

（三）新常态下湖北建设"有韧性"的经济

湖北经济具有"柔韧"的基础，但是还需要增强实力、提高素质，打造更加有韧性的经济。长江经济带作为中国新一轮改革开放转型期实施的区域开放开发战略，是湖北省最直接、最现实、最受益的重大发展机遇，湖北省必须勇于把握机遇，在更高起点、更大平台上深化湖北长江经济带开放开发，提升湖北在长江经济带建设中的枢纽和聚焦功能。

依据梯度发展原理，推动中国下一轮经济增长的发展重心将转移到经济发展的基础条件较为优越、存在很大发展潜力的中部地区。湖北省依托长江黄金水道，可以将沿江 9 省 2 市的经济发展串联起来，打造中国经济增长的"新支撑带"。新常态下我国经济增长的格局正在发生变化，是湖北加快追赶发达省份的关键时期。

2016 年，湖北 GDP 在全国的排序稳定上升至第七位，湖北省内通货膨胀压力较小，近期的低油价为相关制造业带来了收益，民营经济投资逐渐活跃，而传统的"三驾马车"在中国经济增长中的引擎作用在削减，目前正是发挥市场带动促进效应的好时机。降低民间资本进入门槛，降低湖北省内传统行业中的垄断因素以及行政干预因素，并在基础设施建设领域积极引入国内外资本，在进入领域对国内外银行适度开放，放宽互联网金融发展的限制条款；并充分利用湖北成为全国第三批自贸区的机遇，积极吸引国内外优质项目落户湖北，以上这些都将积极推动湖北省经济的外向型发展。

第二节　经济发展基本特征

湖北省经济发展有着不同于其他地区的明显特征，优势劣势并存。从经济增长总量来看，湖北省经济一直保持增长，虽然近年来增速放缓，但仍然稳中有进；在产业结构方面，农业是第一产业的主导产业，三大产业均不断优化，保持良性发展趋势，但结构仍不够合理，第二、第三产业仍有很大的发展空间，三大产业内部结构也需更加优化；三大需求以投资拉动经济为主，消费和出口仍有很大的发展空间，但省内投资发展遇到瓶颈时期，发展后劲不足，省内消费水平不足，居民收入仍以储蓄为主，出口仍需拉动，湖北省经济对外开放程度偏低；另外，由于湖北省内各地域自然及经济条件的差异，区域发展程度差异大，中心城市经济发展"一家独大"，促进省内区域协调发展也是湖北省经济发展亟待解决的问题之一。

一、经济持续增长且质量效益有所提升

2008~2015 年，湖北省 GDP 总量持续增长。2008~2010 年 GDP 增速逐年加快，2011~2015 年经济增速放缓，但仍稳中有进。2015 年，湖北省完成生产总值29550.19 亿元，较 2010 年年均增长 13.10%，其中，第一产业生产总值 3309.84亿元，较 2010 年年均增长 16.42%；第二产业生产总值 13503.56 亿元，较 2010年年均增长 102.63%；第三产业生产总值 12736.79 亿元，较 2010 年年均增长71.35%（见表 4-1）。

表 4-1　湖北省生产总值及三次产业总值（2008~2015 年）

单位：亿元

年份	2008	2009	2010	2011	2012	2013	2014	2015
生产总值	11328.92	12961.1	15967.61	19632.26	22250.45	24668.49	27367.14	29550.19
第一产业	1026.56	1272.33	1547.32	2140.70	2509.00	2818.07	3132.21	3309.84
第二产业	269.79	323.71	395.29	490.89	560.39	630.94	690.00	13503.56
第三产业	600.75	730.19	862.30	1045.11	1192.88	1332.55	1477.15	12736.79

资料来源：《湖北统计年鉴》（2009~2016）。

湖北省节能降耗成效明显。2015 年，湖北省单位 GDP 能耗较 2014 年下降了 2%，其中工业企业吨粗铜综合能耗比 2014 年下降 3.76%，吨钢综合能耗下降 1.65%，单位烧碱综合能耗下降 2.33%，吨水泥综合能耗下降 1.12%，每千瓦时火力发电标准煤耗下降 0.67%。

内引外联成效明显。2010~2015 年，湖北省全社会固定资产投资额逐年增加，2015 年比 2010 年增加了 170.21%（见表 4-2）。2015 年全社会固定资产投资额 29191.06 亿元，其中第一产业投资额 997.94 亿元、第二产业投资额 12146.51 亿元、第三产业投资额 16046.61 亿元。

2015 年，外商直接投资项目 274 个，同比减少 8.97%；合同外商直接投资 41.61 亿美元，同比减少 34%；实际外商直接投资 89.48 亿美元，同比增长 12.87%。

表 4-2　湖北省投资主要经济数据（2000~2015 年）

年份	2000	2005	2010	2011	2012	2013	2014	2015
全社会固定资产投资额（亿元）	1421.55	2834.75	10802.69	12935.02	16504.17	20753.91	25001.77	29191.06
实际外商投资额（万美元）	94368	218475	405015	465503	566591	688847	792792	894801
外商直接投资项目（个）	331	520	306	339	271	297	301	274

资料来源：《湖北统计年鉴》（2001~2016）。

二、经济结构不断优化，产业结构仍需调整

湖北省三大产业结构不断调整，经济结构支撑能力不断增强。

从三次产业占 GDP 比重来看，湖北省三次产业结构由 1998 年的 24.99：38.51：36.50 调整为 2015 年的 11.2：45.7：43.1，第一产业比重逐渐下降，第二、第三产业比重上升（见表 4-3）。

表 4-3　湖北省三次产业占 GDP 比重（2000~2015 年）

单位：%

年份	2005	2008	2009	2010	2011	2012	2013	2014	2015
第一产业	16.6	15.0	15.5	15.7	13.8	13.4	13.1	11.61	11.2
第二产业	43.1	44.4	44.8	43.8	46.6	48.7	50.0	46.92	45.7
第三产业	40.3	40.6	39.7	40.5	39.6	37.9	36.9	41.47	43.1

资料来源：《湖北统计年鉴》（2006~2016）。

湖北省三次产业结构仍有很大的优化空间，第一产业比重同全国平均水平相比仍然偏高，劳动生产率低下、技术水平低、产品品种单一是制约湖北省第一产业发展的问题。第二产业所占比重最大，工业发展一直担当着发展的重任，且以重工业为主。虽然近些年来湖北省的工业发展迅速，发展规模不断扩大，产量和生产能力也逐年增长，但湖北省工业技术水平较低、产业内部结构不合理、资源环境压力大等问题依然突出。第三产业发展较为迅速，也成为推动湖北省就业的主力之一，但总体规模同发达地区相比仍然偏小，创造产值的增长速度不够快，对 GDP 的贡献度仍然不够，产业内部结构也不够合理。

　　从三次产业对 GDP 贡献率来看，2015 年湖北省第二、第三产业对 GDP 的贡献率分别为 46.8% 和 47.9%，其贡献率较高，第三产业贡献率显著增强，比 2014年贡献率提高了 5.3%，说明湖北省的经济结构调整取得一定成效（见表 4-4）。

表 4-4　湖北省三次产业贡献率（2005~2015 年）

单位：%

年份	2005	2008	2009	2010	2011	2012	2013	2014	2015
第一产业	6.5	6.2	5.1	3.7	4.3	5.1	5.4	5.3	5.3
第二产业	53.5	56	57.9	66.1	62.9	59.1	57.6	52.1	46.8
第三产业	40.0	37.8	37	30.2	32.8	35.8	37.0	42.6	47.9

　　注：产业贡献率指各产业增加值增量与 GDP 增量之比。
　　资料来源：《湖北统计年鉴》（2006~2016）。

　　第一产业内部结构不断调整。湖北省第一产业以农牧业为主，林渔业发展较弱。湖北省是农业大省，农业占 GDP 比重大，对经济增长的贡献大。2000~2015年湖北省农林牧渔业总产值均逐渐增加，2015 年湖北省农林牧渔业总产值5728.56 亿元（当年价），其中农业 2780.37 亿元，占比 48.54%；畜牧业 1503.34亿元，占比 26.24%；渔业和林业占比分别为 16.11% 和 3.15%，说明湖北省农业内部结构不够均衡，偏农牧业，林渔业发展较弱（见表 4-5）。

表 4-5　湖北省农林牧渔业总产值（2000~2015 年）

单位：亿元

年份	2000	2005	2008	2009	2010	2011	2012	2013	2014	2015
农林牧渔业总产值	1125.64	1775.58	2940.47	2985.19	3502	4252.9	4732.12	5160.56	5452.84	5728.56
农业	615.74	932.15	1395.76	1511.49	1921.7	2299.3	2488.06	2678.08	2761.67	2780.37
林业	40.24	37.3	49.69	57.67	65.4	86.1	100.05	122.01	157.03	180.60

续表

年份	2000	2005	2008	2009	2010	2011	2012	2013	2014	2015
畜牧业	338.77	545.4	1008.65	881.78	925	1205.8	1334.04	1395.39	1427.7	1503.34
渔业	130.89	236.49	372.98	413.14	458.6	508.8	626.23	748.4	844.16	922.77
农林牧渔业 总产值指数 （上年=100）	102.8	104.2	106.2	105.4	104.5	104.4	105.6	105.6	105.70	105.70
农业指数	102.8	103	102.8	103.8	103.5	106.2	103.6	104.6	103.10	104.70
林业指数	98.5	106.4	105	107.6	117.5	109.9	108.1	110.7	128.70	129.40
牧业指数	103.6	105.1	110	106.9	105.3	101.2	107.7	104.5	102.30	100.30
渔业指数	102.4	105.9	112	107.2	105.8	102.1	108.8	108.7	112.80	105.70

资料来源：《湖北统计年鉴》（2001~2016）。

三、"三大需求"积极变化，出口增长动力不足

"三大需求"投资为主，消费、净出口牵引动力不足。从三大最终需求对 GDP 的贡献率和拉动率来看，以投资和消费为主，且总体呈投资波动上升、消费下降的趋势，净出口的比重一直较低，特别是从 2011 年开始，净出口的贡献率、拉动率为负，对经济增长拉动不足。虽然消费对 GDP 的贡献率仍然较高，但对 GDP 的拉动率仍低于投资，储蓄率高，说明消费仍然是经济发展的短板；湖北省的固定资产投资额中，民间投资额占比不高，说明政府应更加鼓励促进民间投资。湖北省需要实行更加积极的开放战略，补齐开放型经济发展不够的短板。

从净出口来看，1998 年以来，净出口对湖北省 GDP 增长的平均贡献率为 -1.91%，平均拉动率是 -0.11%。在 GDP 年均 11.3% 的增长率中，净出口平均每年拉动经济增长 -0.11%。"十五"时期平均贡献率得到较大幅度的提高，拉动率为 0.85%；"十一五"时期有所降低，达到 0.78%；"十二五"时期以来，净出口对 GDP 的贡献率大大降低，仅为 -4.33%，说明湖北省出口竞争力不足，对经济增长的拉动力不足。

从最终消费来看，1998 年以来消费需求对湖北省 GDP 增长的平均贡献率为 48.78%，平均拉动率是 5.24%。在 GDP 年均 11.3% 的增长中，消费需求平均拉动湖北省经济增长 5.24%。"十五"时期平均贡献率为 6.34%；"十一五"时期国内消费需求低迷，对湖北省 GDP 增长的平均贡献率降低至 4.65%；"十二五"时期以来消费需求持续低迷，对湖北省 GDP 增长的平均贡献率降低至 4.37%。

从资本形成总额来看，其对湖北省 GDP 增长的平均贡献率为 53.16%，平均

拉动率为6.17%。在GDP年均11.3%的增长中，投资需求平均拉动湖北省经济增长6.17%。"十五"时期逐步控制住经济过热的势头，步入通货紧缩，平均拉动率为3.34%；"十一五"时期，中国经济逐步走出紧缩，进入新一轮经济周期的上升通道，投资需求对湖北省经济增长的拉动率也大幅回升，达到8.42%；"十二五"时期以来，平均拉动率为7.8%。三大需求要素对湖北省GDP增长贡献的情况如表4-6所示。

表4-6 湖北省GDP增长率及三大需求贡献、拉动率（2000~2015年）

单位：%

年份	GDP	最终消费支出		资本形成总额		货物和服务净流出	
		贡献率	拉动率	贡献率	拉动率	贡献率	拉动率
2000	8.6	41.6	3.6	51.7	4.4	6.8	0.6
2001	8.9	72.3	6.4	−6.4	−0.6	34.1	3.0
2002	9.2	70.3	6.5	13.9	1.3	15.8	1.5
2003	9.7	70.5	6.8	17.0	1.6	12.5	1.2
2004	11.2	52.6	5.9	76.1	8.5	−28.6	−3.2
2005	12.1	50.7	6.1	49.0	5.9	0.3	0.1
2006	13.2	44.3	5.8	43.9	5.8	11.9	1.6
2007	14.6	40.8	6.0	58.7	8.6	0.5	0.1
2008	13.4	35.5	4.8	64.4	8.6	0.1	—
2009	13.5	27.4	3.7	74.0	10.0	−1.4	−0.2
2010	14.8	27.8	4.1	61.6	9.1	10.6	1.6
2011	13.8	36.9	5.1	66.3	9.1	−3.2	−0.4
2012	11.3	38.2	4.3	66.2	7.5	−4.4	−0.5
2013	10.1	36.7	4.0	67.2	7.3	−3.9	−0.4
2014	9.7	39.0	4.5	60.0	6.9	1.0	0.1
2015	8.9	42.0	3.6	60.0	5.1	−2.0	−0.2

资料来源：《湖北统计年鉴》（2001~2016）。

四、高新技术产业有所发展，创新驱动支撑能力增强

高新技术产业增加值逐年增长，湖北省创新驱动能力持续增强，创新逐步引领湖北省经济转型发展。湖北省区域创新体系基本完善，国家创新型试点省份、武汉全面创新改革试验区及武汉、襄阳、宜昌国家创新试点城市陆续获批并有序推进。

2015年，湖北省高新技术企业总数超过3300家，位居中部第一；高新技术产业实现增加值5028.94亿元，比2014年增加13.0%。双低油菜、淡水水产品等

品种的技术力量、面积、产量均居全国第一,获批成为全国 7 个国家农村信息化示范省之一(见表 4-7)。

表 4-7　湖北省高新技术产值情况(2005~2015 年)

单位:亿元

年份	2005	2008	2009	2010	2011	2012	2013	2014	2015
高新产业增加值	799.5	124.6	1568.3	2648.2	3364.2	3678.1	3978.1	4123.3	5028.94
申报省部级以上成果增加值	608.06	1026.56	1272.33	1547.32	2140.70	2509.00	2818.07	3132.21	4946.79

资料来源:《湖北统计年鉴》(2006~2016)。

创新驱动支撑能力增强。湖北省将"创新湖北"作为"五个湖北"建设的关键,先后颁布实施了《湖北省创新型省份建设推进计划》、《湖北省科技创新"十三五"规划》、《湖北省深入推进科技体制改革实施方案》、《关于深化人才发展体制机制改革促进人才创新创业的实施意见》和《省人民政府关于加快知识产权强省建设的意见》等文件。湖北省围绕创新驱动发展战略和"创新湖北"发展目标,积极应对经济下行的巨大压力,坚持"竞进提质、升级增效",高新技术产业发展又上新台阶。湖北省高新技术产业完成增加值 5028.94 亿元。其中,"四上"高新技术产业(下同)完成增加值 4946.79 亿元,增长 10.9%。高新技术制造业对工业发展的引领作用进一步加大。湖北省高新技术制造业完成增加值 4337.75 亿元,增长 12.0%,快于同期规模以上工业增速 3.4 个百分点。湖北省高新技术服务业完成增加值 609.04 亿元,增长 3.8%。

随着武汉国家全面创新改革试验的深入推进,国家产业创新中心的建成,湖北省在创新驱动发展上已经走在全国前列。"十二五"时期,湖北省将"创新湖北"作为"五个湖北"建设的关键,全面实施创新驱动发展战略,深化科技体制机制改革,着力构建重点产业技术创新体系,加大市场主体培育力度,加快科技成果转化,自主创新能力明显增强,科技实力正在实现整体跃升,日益强劲的"第一动力"为湖北"建成支点、走在前列"提供了强有力的支撑。

五、中心城市支撑能力增强,区域差异仍旧明显

2015 年,武汉经济总量 10905.6 亿元,宜昌、襄阳经济总量分别达到 3384.8 亿元和 3382.12 亿元。继大冶之后,宜都跻身全国百强县市行列,居全国第 87 位。

"武汉城市圈"经济发展势头较好。2015 年,"武汉城市圈"生产总值

18535.51亿元，其中武汉市占59%。"武汉城市圈"完成固定资产投资16163.83亿元，增长14.24%，其中武汉市占圈内投资总额的47.52%。"武汉城市圈"实现社会消费品零售总额8736.83亿元，增长17.22%，其中武汉市占58.40%。

"鄂西生态文化旅游圈"经济发展取得新进展。2015年，"鄂西生态文化旅游圈"生产总值12523.03亿元，其中宜昌、襄阳都保持8.9%的增速，均占湖北省生产总值11.45%。"鄂西生态文化旅游圈"完成固定资产投资11935.98亿元，增长19.93%，高于湖北省平均水平，其中宜昌、襄阳分别增长18.22%和19.35%。"鄂西生态文化旅游圈"实现社会消费品零售总额5240.62亿元，增长19.93%，其中宜昌、襄阳分别增长12.95%和13.05%（见表4-8、表4-9）。

表4-8 "武汉城市圈"和"鄂西生态文化旅游圈"固定资产投资额（2009~2015年）

单位：亿元

年份	2009	2010	2011	2012	2013	2014	2015
武汉城市圈	4857.66	6344.92	9605.68	9761.8	11894.12	14149.22	16163.83
鄂西旅游圈	3340.17	6398.85	6702.02	8267.03	8685	10087.96	11935.98
武汉	2921.76	3651.2	5016.08	5031.25	5974.53	6962.53	7680.89
宜昌	654.2	825.02	1564.53	1620.98	2023.92	2471.04	2921.38
襄阳	564.3	752.99	1538.23	1600.09	1998.57	2448.29	2921.78

注：2009年7月14日，"两圈一带"总体战略最终形成，因此本书选取2009~2015年数据作分析。

资料来源：《湖北统计年鉴》（2010~2016）。

表4-9 "武汉城市圈"和"鄂西生态文化旅游圈"社会消费品零售总额（2009~2015年）

单位：亿元

年份	2009	2010	2011	2012	2013	2014	2015
武汉城市圈	3729.14	4303.29	5859	5992.54	6630.88	7453.62	8736.83
鄂西旅游圈	2239.1	2487.2	3425.78	3569.96	3930.4	4369.7	5240.62
武汉	2164.09	2523.2	3432.5	3467.37	3878.60	4369.32	5102.24
宜昌	356.2	550.78	739.1	766.19	860.03	964.53	1089.47
襄阳	376.8	571.24	800.08	839.51	925.51	1030.57	1165.1

资料来源：《湖北统计年鉴》（2010~2016）。

湖北省的区域发展差异仍旧明显。2015年，武汉市GDP总值突破万亿元，宜昌、襄阳均达到3000亿元以上，而咸宁、鄂州、仙桃、潜江、天门、随州、恩施均未超过千亿元；从GDP增速来看，2000~2014年，十堰市增长了11.94%，年均增长率达到20.07%，武汉、宜昌、随州均增长了7%以上，年均增长率在16%以上，其余大部分城市除宜昌、鄂州、咸宁，2000~2014年的GDP增长均在

5%以下，年均增长率均在15%以下（见表4-10）。

表4-10 湖北省主要市州区GDP

单位：亿元

年份	2000	2005	2008	2009	2010	2011	2012	2013	2014	2015
武汉	1206.84	2238	3960.08	4620.18	5565.93	6762.2	8003.82	9051.27	10060	10905.6
襄阳	415.29	571.47	1002.46	1201.01	1538.3	2132.22	2501.96	2814.02	3129.3	3382.12
宜昌	379.39	608.06	1026.56	1272.33	1547.32	2140.7	2509	2818.07	3132.21	3384.8
鄂州	90.47	146.97	269.79	323.71	395.29	490.89	560.39	630.94	690	730.01
黄冈	320.97	348.56	600.75	730.19	862.3	1045.11	1192.88	1332.55	1477.15	1589.24
孝感	262.51	359.73	593.06	672.88	800.67	958.16	1105.16	1238.93	1354.72	1457.2
咸宁	133.07	203.83	359.19	418.45	520.33	652.01	773.2	872.11	964.25	1030.07
荆州	301.54	393.04	623.98	709.58	837.1	1043.12	1195.98	1334.93	1480.49	1590.5
十堰	92.81	189.43	291.75	550.96	736.78	851.3	955.68	1080.59	1200.8	1300.12
荆门	118.36	180.65	249.18	294.26	351.13	418.19	482.19	552.48	603	1388.46

资料来源：《湖北统计年鉴》（2010~2016）。

参考文献

[1] 赵德鑫.1842~1984年湖北省经济管理演变的轨迹[J].中国经济史研究，2005（4）.

[2] 湖北省地方志编纂委员会办公室.湖北百年大事纪略[M].武汉：崇文书局，2003.

[3] 湖北省地方志编纂委员会编.湖北省志经济综述[M].武汉：湖北人民出版社，1992.

[4] 冯美玲.湖北省产业结构变动对经济增长的影响分析[D].湖北大学，2013.

[5] 喻小军，周宏，罗荣桂.湖北省经济—资源—环境协调发展研究[J].运筹与管理，2000（1）.

[6] 余国合.湖北省经济发展阶段的判断[J].湖北经济学院学报（人文社会科学版），2005（2）.

[7] 郝群会，邓文胜.湖北省经济发展的区域差异分析[J].湖北大学学报（自然科学版），2008（2）.

[8] 沈军，丁跃潮，张杰敏.湖北省经济发展的若干统计特征与2005年预测[J].当代经济，2005（12）.

第五章 产业发展与产业集群

　　湖北省区位优势明显，经济基础较好，具有一定的科教与人才技术优势。在复杂的经济形势和压力下，湖北省经济一直保持着平稳运行的状态，质量不断提升。湖北省产业与产业集群的发展为湖北省经济的良好运行打下了坚实的基础。

第一节　湖北省产业发展

一、主导产业

　　从量上看，主导产业就是，在国民生产总值或国民收入中占有较大比重或将来有可能占有较大比重的产业，并在区位中作为主导力量。从质上看，主导产业往往具备先进技术，并且具有较高的增长率以及很强的产业关联度，决定着经济增长速度和质量，大力发展主导产业可以对其他产业起到促进作用，从而促进国民经济的发展。食品工业是湖北省产业规模第一的产业，其总量也在湖北省名列前茅，食品工业遍布湖北省各个地市州；湖北省食品工业与装备制造业、石油和化学产业、汽车工业共同作为湖北省主导产业，为湖北省经济社会稳定发展打下牢牢的基础。

（一）食品工业

1. 产业发展现状

　　食品工业是人类必需的生命工业，食品工业的现代化水平已成为反映人民生活质量高低及经济发展程度的重要标志。拥有重要农产品和重要食品原材料加工生产基地的湖北省，是我国农业大省。丰厚的资源带来了湖北省食品工业（含烟草）的飞速发展，食物综合生产能力有了较大的提高。2013年完成规模以上企业主营业务收入6000亿元以上；2014年再创新高，规模以上企业主营业务收入更是突破7000亿元，也成为省内首个工业经济规模上7000亿元，税金总额过千亿元的产业。2015年达到了7925亿元，产业规模连续四年稳居湖北省各大产业之首、三年全国第三，主营业务收入增速中部地区第一（见图5-1）。

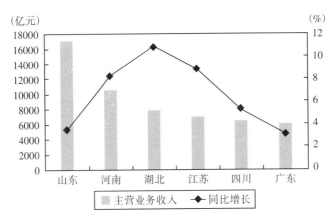

图5-1 全国食品工业排名前六名（2015年）

资料来源：湖北省经信委。

湖北省食品工业发展质量与效益不断提高，行业整体竞争力显著增强，工商利税总额呈现稳步增长，体现出良好的经济效益。从表5-1中可以看出，2012~2015年食品工业税金总额由751亿元提高至1083亿元，保持年均11.4%的增长率（见图5-2、表5-1）。

农副食品加工业是湖北省食品工业主要的子产业。2013年，农副食品加工业占湖北省食品工业主营业务收入的60.4%，增速达23.1%；烟草制品业在份额和增速上均不及农副食品加工业、食品制造业和酒、饮料和精制茶制造业；食品制造业、饮料业不断扩张发展。2015年，食品制造业、饮料业保持高速发展，迈入了"千亿产业"的阵容（见表5-2）。

2015年，湖北省食品工业规模以上企业2600家，较2014年增加8%，产业规模不断扩大，转型升级势头良好，主营业务收入过亿元的企业有900多家，过30亿元的企业有22家，过50亿元的企业有13家，过100亿元的企业有5家。同时，湖北省食品工业企业加大投资，产业技术得到快速发展，技术型企业和技

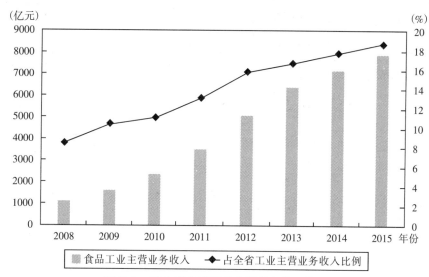

图 5-2 湖北省食品工业主营业务收入情况

资料来源:《湖北统计年鉴》(2011~2016)。

表 5-1 湖北省食品工业利润与税金

单位：亿元

年份	2008	2009	2010	2011	2012	2013	2014	2015
利润	56.7	82.2	120	194.5	296	398	408	445.7
税金	88.7	129.5	189	93.2	751	905	1008	1083

资料来源:《湖北统计年鉴》(2009~2016)。

表 5-2 湖北省食品工业规模以上企业主营业务收入

单位：亿元

年份	农副食品加工业	食品制造业	酒、饮料和精制茶制造业	烟草制品业
2010	1488.45	378.52	549.84	359.47
2011	2248.25	524.08	764.57	457.43
2012	3153.54	665.28	961.97	449.32
2013	3882.59	821.84	1229.67	489.63
2014	4280.41	943.54	1411.95	559.04
2015	4553	1125	1649	598

资料来源:《湖北统计年鉴》(2009~2016)。

术研究中心不断涌现，超滤级酵母浸粉、作物秸秆开发膨化饲料等高端产品正逐渐代替中低端产品。

2. 存在的问题

第一，产业结构不优。从产业结构上看，湖北省食品工业中的农副食品加工业一支独大，占据主营业务收入的半壁江山。食品制造业、饮料行业产值突破千亿元，但是产业规模仍然亟待壮大；从企业结构上来看，湖北省食品工业企业二元分化现象明显，中小企业偏多，企业整体规模偏小、偏散。只有稻花香集团、枝江酒业集团、劲牌公司等五家公司主营业务收入超过百亿元。多数企业处于技术落后、设备落后、管理落后，高排放、高耗能，经济效益不高，缺乏竞争力的状态，严重影响了湖北省食品工业整体发展。

第二，环境制约压力大。食品工业产品生产过程难免会对环境造成巨大的伤害，如水资源消耗、能源消耗、气体排放、废弃物处理等环节，违背了节约资源、保护环境的生产方式和消费模式。湖北省食品工业中中小企业偏多，技术水平的制约导致生产中产生了对环境的污染，亟待整合升级。

第三，食品安全存在隐患。随着食品工业发展脚步加快，食品数量增多，种类不断丰富，食品安全事件时有发生。消费者对于食品安全问题越来越重视，同时也产生了"信任危机"，食品安全形势日益严峻。这给拥有众多中小企业的湖北省食品工业带来了挑战，如何保证产品安全，是接下来需要解决的问题。

第四，技术落后。湖北省食品企业研发投入力度不大，企业创新能力不足，导致产业整体技术水平不高，产业内生动力不足。产业初级加工多、深加工少，高附加值产品少，产业整体竞争力不高。

第五，缺乏配套。湖北省食品工业发展的社会化流通和服务网络不配套，冷链物流网络发展与沿海发达地区存在差距；在食品仓储、电商业务、贸易体系、制作加工以及配套运输等方面缺乏完善的产业配套体系；食品工程技术人才、高素质管理人才、优秀营销人员等不足；成型技术转化、销售网络的完善以及承接产业转移存在障碍。

（二）装备制造业

1. 产业发展现状

扩内需、调结构、促转变等一系列积极政策的共同作用，带来了湖北省装备制造业的快速发展。自 2010 年以来，主营业务收入保持年均增长 20% 的良好经济效益。湖北省装备制造业产品产量不断提高，行业运行更加高效。2015 年，湖北省装备制造业实现主营业务收入 13066 亿元，较 2010 年增长 103.5%（见图5-3）。

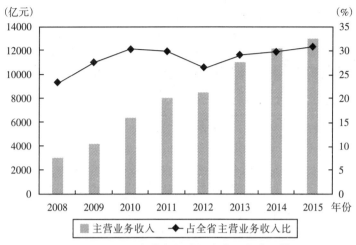

图 5-3　湖北省装备制造业主营业务收入情况

资料来源：《湖北统计年鉴》（2009～2016）。

2008～2015 年，湖北省装备制造业利润、税金逐年增加。2015 年工业增加值增长 9.7%，占湖北省工业总增加值的 30%，利润 1228 亿元、利税 784 亿元（见表 5-3）。

表 5-3　湖北省装备制造业利润与利税

单位：亿元

年份	2008	2009	2010	2011	2012	2013	2014	2015
利润	278.2	436.5	748.1	845.4	836.5	1098.3	1093.5	1228
税金	179.4	286.2	528.4	598.1	565.9	706.1	704.33	784

资料来源：《湖北统计年鉴》（2009～2016）。

产业结构不断优化。其中，2015 年千亿元以上的子行业有：金属制品业、通用装备制造业、专用设备制造业、电器装备及器材制造业、电子及通信设备制造业。交通运输设备制造业、仪器仪表及文化办公用装备制造业快速增长（见表5-4）。

表 5-4　湖北省装备制造业规模以上企业主营业务收入

单位：亿元

年份	金属制品业	通用装备制造业	专用设备制造业	交通运输设备制造业	电器装备及器材制造业	电子及通信设备制造业	仪器仪表及文化办公用装备制造业	其他制造业
2010	517.9	726.89	333.99	3529.18	743.65	564.36	228.65	—
2011	731.02	587.05	430.94	413.47	899.95	904.31	69.31	83.46
2012	951.04	850.28	601.11	467.51	1069.3	1071.96	84.66	103.39

年份	金属制品业	通用装备制造业	专用设备制造业	交通运输设备制造业	电器装备及器材制造业	电子及通信设备制造业	仪器仪表及文化办公用装备制造业	其他制造业
2013	1164.39	1101.27	841.72	535.97	1474.8	1303.76	128.82	129.45
2014	1336.23	1205.12	957.02	561.21	1623.97	1606.38	146	155.54
2015	1331.21	1208.35	1020.52	624.3	1700.57	1962.16	181.95	162.79

资料来源：《湖北统计年鉴》（2011~2016）。

湖北省装备制造业产业规模不断扩大，产品质量与技术水平不断提高，特别是在高端制造业领域涌现出一批优秀的企业。武汉奋进电力技术公司、襄阳市铁人机器人自动化有限公司等企业在工业机器人产品发展上取得了重大突破，部分产品已取得较好的应用。三环锻压设备公司、武汉法利莱切割系统工程公司等数控机床企业在多项工艺与技术上取得了显著的成果，成功打破了国外垄断。同时在船舶、航空、"3D"打印方面也拥有诸如武昌船舶重工集团、华科三维科技等实力雄厚的企业。

湖北省装备制造业投资力度不断加大，2014年全年共完成投资4080亿元，占工业总投资的16.8%，同比增长13.9%。三环集团控股的襄阳汽车轴承公司成功并购波兰最大的轴承制造企业——波兰KFLT轴承公司，成为中国汽车轴承企业海外并购第一例。航天重型工程装备有限公司总投资21亿元的"高端智能重型矿用装备产业化项目"、总投资5.3亿元的武汉南车轨道交通装备基地等一批重点项目的投资，进一步激活了湖北省装备制造业发展的活力。

2. 存在的问题

第一，自主创新能力薄弱。湖北省装备制造业在自主创新方面存在明显不足，研发设计水平较为薄弱，拥有完全自主知识产权的技术产品较少，试验检测手段不足，关键共性技术及核心部件依赖进口，对外依存度高，处于"增量薄利"的发展瓶颈阶段。

第二，产业结构亟待调整。湖北省装备制造业产业结构不合理主要体现在产业集中度低、中低端产业产能过剩、高端产业的保障能力不足、生产性服务业发展滞后、社会化协作体系不健全，尤其是先进装备及核心部件、高性能材料以及高技术制造工艺等方面，核心零部件受制于人，基础制造工艺落后，关键材料依赖进口。

第三，资源环境约束加大。装备制造业属典型的资源消耗型产业，粗放式的发展对环境造成了巨大的影响。湖北省装备制造业受制于环保技术开发、环境保护投入、企业社会责任制度缺失等方面因素的影响，较发达地区仍有很大的差距。

第四，企业融资困难，资金短缺。在国内经济下行背景下，国际宏观经济调整阶段，融资难、融资贵是制约湖北省装备制造业发展的难题。目前，装备制造业的融资渠道以银行贷款和政府财政支出为主，市场化程度不高，利润也多用于还款还贷，实体经济流动性不足，企业"三角债"问题频发，企业竞争力不高。

（三）石油和化学工业

1. 产业发展现状

石油和化学工业为湖北省其他产业发展提供能源、基础原材料、化工品等基础性物资。2015年实现5928亿元的主营业务收入，在中部地区夺得头魁（见图5-4）。

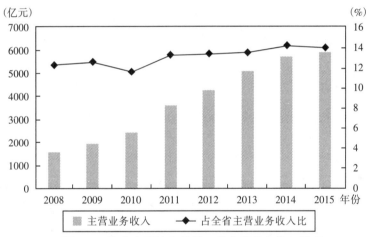

图5-4　湖北省石油和化学工业主营业务收入情况

资料来源：《湖北统计年鉴》（2009~2016）。

湖北省石油和化学工业在宏观经济形势疲软、产能严重过剩的背景下，产业经济效益增长受到了很大的冲击。从表5-5中可以看出，2015年，湖北省石油和化学工业实现231亿元的利润总额和317.7亿元的税收。利润增长缓慢，同比

表5-5　湖北省石油和化学工业利润与税金

单位：亿元

年份	2008	2009	2010	2011	2012	2013	2014	2015
利润	35	52.3	84.5	126.75	147.9	204.2	219.4	231
税金	70	188.1	252	221.5	188.7	249.7	252.7	317.7

资料来源：《湖北统计年鉴》（2009~2016）。

提高了 5.29%。

随着发展方式的转变、产业结构的调整，湖北省石油开采、基础化学原料、化肥等行业规模逐步下降；专用化学用品、合成材料等具有高技术、高附加值产品的经济规模不断扩大，逐渐成为行业经济增长的主要动力（见表5-6）。

表5-6　湖北省石油和化学工业规模以上企业主营业务收入

单位：亿元

年份	石油和天然气开采业	开采辅助活动	石油加工、炼焦和核燃料加工业	化学原料和化学制品制造业	化学纤维制造业	橡胶和塑料制品业
2010	225.32	—	618.81	1532.32	32.67	430.57
2011	112.79	161.54	761.72	2153.16	64.99	532.76
2012	84.11	202.71	708.24	2802.4	81.25	702.14
2013	82.98	79.27	836.98	3347.22	75.39	906.08
2014	57.7	42.54	586.29	2271.53	52.6	620.45
2015	40.9	68.16	765.49	4033.29	73.62	1113.81

资料来源：《湖北统计年鉴》（2011~2016）。

湖北省石油和化学工业主要产品中苯甲酸、季戊四醇、H酸、对位酯等产品产量居世界第一位，活性染料居亚洲第一位，磷矿石、化肥、氮肥、磷肥、尿素、硫酸、农药、纯碱、聚丙烯、聚氯乙烯树脂、烧碱产量均位居全国前十。

2015年，湖北省石油和化学工业有10家主营业务收入超过100亿元的企业。中石化武汉公司800万吨炼油改造、中韩石化80万吨乙烯、中石油昆仑能源日产500万立方LNG、中石化湖北化肥公司20万吨乙二醇、沙隆达20万吨离子膜烧碱、应城新都60万吨硝基复合肥、祥云集团15万吨水溶性化肥等一批重点石化项目建成投产，并实现达标达产、满负荷生产（见图5-5），重点项目的投产为湖北省石油和化学工业的增长增添了动力。

2. 存在的问题

第一，运行成本高。2014年，湖北省石油和化学工业分季度主营业务收入增幅分别为14.1%、18.5%、17.3%和12.2%，利润增幅分别为27.3%、31.7%、30.4%和6.0%。伴随着各项运营成本不断攀高，湖北省石油和化学工业经济效益不断减少。化工行业每100元主营业务收入中成本占到87.58元，物流、能源、财务等方面成本不断增加，财务费用同比增长20.9%。

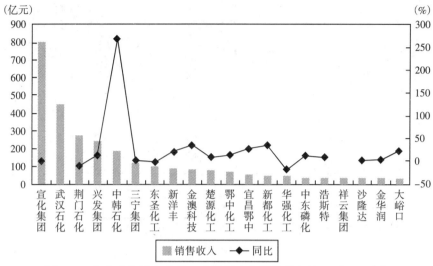

图 5-5 湖北省石油和化学工业骨干企业销售收入情况（2014 年）

资料来源：湖北省经信委。

第二，严重产能过剩。传统化工产品长时间内仍处于产能过剩的状态，产品供给远远大于其需求，深加工、精细化产品不足，低水平、同质化产品过多，加剧了市场竞争，导致产品价格持续走低。农药制剂、电石、烧碱等行业在 2014 年呈现出全行业亏损，湖北省内有 6 家农药制造企业和 3 家电石企业也因此关门歇业。

第三，环境污染、安全生产形势严峻。湖北省石油和化学产品的生产仍然以"高资源消耗、高能耗、高污染、高排放"为主，技术装备不先进、企业管理水平落后、环保压力等都是摆在企业面前巨大的难题。现有工业园区管理水平低、园区规划不合理，一些具有安全隐患的企业游离在工业园区周边，湖北省石化工业安全生产形势严峻。

（四）汽车产业

1. 产业发展现状

"十一五"期间是湖北省汽车产业发展的黄金时期，汽车产业在湖北省乃至全国的国民经济中的地位显著提升。近五年中，湖北省汽车产业平稳增长，积极调整结构，加快转型升级，不断提高效率和质量。2014 年，湖北省汽车产业实现主营业务收入 4917.5 亿元（见图 5-6）。

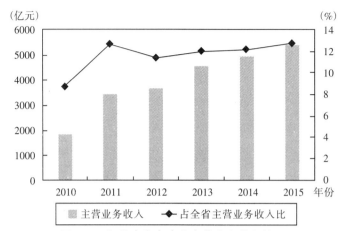

图 5-6 湖北省汽车产业主营业务收入情况

资料来源:《湖北统计年鉴》(2011~2016)、EPS 数据库。

湖北省汽车产业各项经济指标均优于全国平均水平,体现出良好的经济效益。2014 年和 2015 年汽车产业利润分别为 445.30 亿元和 504.79 亿元,税金分别为 783.91 亿元和 888.61 亿元(见表 5-7)。

表 5-7 湖北省汽车产业利润与利税

单位:亿元

年份	2010	2011	2012	2013	2014	2015
利润	400.17	367.31	341.6	457.29	441.24	445.30
税金	679.16	514.58	494	642.2	783.91	259

资料来源:《湖北统计年鉴》(2011~2016)。

湖北省汽车企业不断探索,积累了大量的经验、技术、人才,产品质量和自主品牌建设等方面取得了进步。2015 年,东风汽车公司汽车产销量 387.25 万辆,占湖北省汽车产销总量的 95%。湖北省汽车产业还拥有一批如三环集团公司、湖北齐星集团、程力专用汽车股份有限公司、十堰市驰田汽车有限公司等销售收入突破 10 亿元的汽车企业,汽车企业不断崛起,汽车产业市场呈现主体不断多元化发展的现象。

湖北省汽车产业呈现出产业结构不断完善,产量不断扩大的良好态势。乘用车、MPV、SUV、客车、货车等产品产量不断提高,2014 年,湖北省专用汽车重、中、轻型车辆的构成比已经由 2∶5∶3 逐步调整到 5.5∶2.1∶2.4,不断追求更加合理的发展结构。固定资产投资为汽车工业发展提供了良好的平台,为汽车产业转型升级、优化产业结构带来了良机。2015年，湖北省汽车产业完成投资1399.8亿元，同比增长35.1%。上海通用汽车武汉基地投资70亿元的一期项目竣工投产，总投资150亿元的二期项目已开工建设，全部建成后将形成48万辆汽车产能；东风雷诺汽车有限公司15万辆乘用车项目首款产品即将投放市场等。智能化、柔性化等一系列新工艺的更新换代、改造升级，使轿车生产线的生产效率不断提高，生产质量不断增强。

自主品牌取得较快发展，技术研发较好地转化为市场产品，一批具有自主知识产权、产品附加值高、科技含量高的产品正逐渐占领市场。湖北省新能源汽车逐步成为湖北省汽车产业转型升级的方向，2015年，湖北省实现新能源汽车关键技术的突破，东风风神E30L纯电动轿车、东风天翼纯电动城市客车在电机、电池、电控等关键技术上获得国家专利102项，还实现了汽车光伏发电技术的嫁接；襄阳宇清传动科技有限公司解决了插电式混合动力汽车整车控制策略、动力总成控制技术等难题，技术达到国际先进水平。

2. 存在的问题

第一，产业竞争压力加大。在经济持续下行的压力下，汽车产业也面临着增长下行的压力。湖北省累计汽车产量占全国汽车总量的比重增长缓慢。湖北省汽车产业的产业集中度、企业生产规模与北京、上海、广东等汽车产业发达地区的差距仍然很大。同时，商用车市场持续低迷，湖北省汽车产业与其他汽车产业主导省份的竞争力相比也在不断下降，产业总体面临巨大的竞争压力。

第二，产业布局较为分散，集聚效应仍然偏弱。"十—襄—随"汽车及零部件制造带、武汉乘用车制造基地及环武汉汽车零部件聚集区、"荆荆宜"汽车零部件三角聚集区是目前湖北省三大汽车产业区域，每个产业带已经拥有一定的基础。但产业布局仍然较分散，主要以十堰和武汉的产业基地为主，以东风汽车为主。

第三，自主品牌竞争力较弱。湖北省汽车企业中，东风汽车集团一支独大，但其自主品牌数量不多。其他汽车企业，特别是中小型汽车企业更多定位于中低端产品市场。自主品牌面临中外合资企业本地化、成本上升、产品质量相对不高、产品知名度差的压力。同时，湖北省汽车产业的发展主要依靠模仿或者购买技术等方式，企业研发投入不高，产学研结合薄弱，阻碍了汽车产业的可持续发展。

第四，产业配套设施不完善。湖北省汽车零部件业是整个汽车工业的短板，汽车零部件在省内配套率不高；汽车服务企业多为小规模、作坊式，企业经营、管理、服务水平都不高；多数产业园区周边缺乏有效的物流配送体系，产品无法高效覆盖周边地区以及其他地区。

（五）建材工业

1. 产业发展现状

"十二五"期间，湖北省建材工业积极转变发展方式，实现了产业的稳步发展。2015年，湖北省规模以上企业主营业务收入2935亿元，产业发展速度正式降速，表现为中高速增长（见图5-7）。

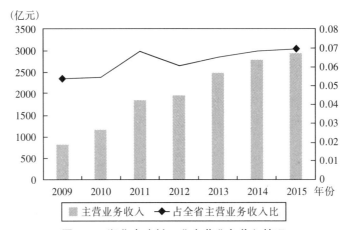

图 5-7　湖北省建材工业主营业务收入情况

资料来源：《湖北统计年鉴》（2010~2016）。

2010~2015年，湖北省建材工业得益于产业调整结构转型发展，经济效益不断增长，实现扭亏为盈。2015年，湖北省建材工业共实现利润168.5亿元，工业增加值同比增长12%（见表5-8）。

表 5-8　湖北省建材工业利润与税金

单位：亿元

年份	2010	2011	2012	2013	2014	2015
利润	68.88	137	110.16	167	179.6	168.5
税金	114.4	206	79.23	103	—	107.9

资料来源：《湖北统计年鉴》（2011~2016）、湖北省经信委《湖北省建材行业2015年及"十二五"发展情况》。

从表5-9中我们可以看出，湖北省建材工业下属行业呈现出不同的发展状态。从产品产量上看，水泥、石灰和石膏制造业，石膏、水泥制品及类似制品制造，陶瓷制品制造业，均呈低速甚至负增长；玻璃工业产量高增长。在经济效益方面，玻璃工业利润下降、水泥熟料发展良好。"增产减收、减产增收"已成为湖北省建材工业的新常态。

表 5-9　湖北省建材工业规模以上企业主营业务收入

单位：亿元

年份	木材加工和木、竹、藤、棕、草制品业	非金属矿物制品业
2010	137.83	1004.77
2011	183.46	1420.71
2012	265.03	1870.25
2013	341.23	2422.95
2014	394.32	2809.28
2015	418.04	2944.03

资料来源：《湖北统计年鉴》（2011~2016）。

水泥、建筑陶瓷等传统建材产品产量增长动能逐步衰减，产品产量走势已进入平台期。深加工、高附加值产品正更多地投入市场。

2015 年，湖北省重点建材企业华新公司、葛洲坝集团水泥有限公司等运行状态良好。在产业投资方面，湖北省建材投资更为合理，2015 年完成投资969.95 亿元。水泥、玻璃等产能过剩行业投资比重降低；建筑新材料产业快速发展，投资总额快速增长，混凝土与水泥制品、艺术玻璃深加工产品投资额增加。

2. 存在的问题

第一，产业规模偏小，产业结构需调整。湖北省建材产业经历快速发展，已成为湖北省"千亿产业"，但是相比较于省内其他产业以及全国同行业产业规模来说，仍然偏小。2010 年以来，建材行业主营业务收入增长率不断下降，主要还是以水泥、平板玻璃、陶瓷等非金属矿物制品产业低级产品为主，较短的产业链、较低的产品附加值均是产业发展中需要突破的困难。另外，湖北省建材产业表现出新型建材规模总体偏小、传统建材产品生产量趋于峰值、市场略显饱和的状态。

第二，产能过剩，同质化现象明显。水泥行业产能过剩严重，市场竞争激烈。平板玻璃产能扩张过快，加之期货市场信心不足，平板玻璃价格一路下滑，进入了新一轮的下行周期。建筑陶瓷行业显现产能过剩苗头，部分陶瓷企业因市场销售原因出现压产或停产。

第三，环保约束不断加强，技术创新乏力。湖北省建材工业中传统的"高能耗、高污染"建材产品所占比重较大，湖北省建材工业整体能耗处于国内中低水平。部分企业"三废"污染严重、治理能力弱，节能减排、环境保护任务艰巨。湖北省建材工业技术创新投入不足、自主知识产权不多。高附加值的新型建材虽有一定的发展，但仍需提高科学技术对产业发展的贡献度。

第四，企业经营困难。湖北省建材产业产业集中度不高，中小企业居多。中小企业融资困难、融资贵，企业间"三角债"问题很严重。另外，由于资金短缺，研发力度不够，产品品种、质量、技术较为落后，资源利用效率低、企业经济效益低、企业竞争力不强。

二、特色产业

特色产业重在"特"字，就是以"特"制胜的产业，是一个国家或一个地区经过长期的发展所积淀，并逐渐成为一种或几种特有的资源、文化、技术、管理、环境、人才等各方面的优势，从而形成具有特色和核心市场竞争力的产业或产业集群。湖北省武汉市以及 12 个地级市所属共 41 个县（市）、3 个区以及仙桃、天门、潜江市的特色产业，主要分为五种类型：第一，具有特色并有一定规模和知名度的能源、原材料和加工制造业。第二，利用各地区自身丰富的资源禀赋，发展具有地方特色的产品加工业基地。第三，具有地方特色的农产品、水产品的生产和加工。第四，利用丰富的历史底蕴，依靠民族文化、宗教风俗和优美的山水等自然资源发展起来的具有地方特色的旅游业基地。第五，按照养殖业，农、副、水、特产品种的种植业和加工业的需求，发展与之相适应的现代物流和第三产业基地。

（一）纺织工业

1. 产业发展现状

湖北省纺织工业在"十一五"期间得到了巨大的发展，2010~2014 年，湖北省纺织工业在主要经济指标上均保持快速增长。湖北省纺织工业在 2014 年实现规模以上企业工业总产值 3345.3 亿元（见图 5-8）。

2010~2015 年，湖北省纺织工业的利润和税金稳步上升。2015 年，湖北省纺织工业利润总额达到 136 亿元，税金 94.5 亿元（见表 5-10）。

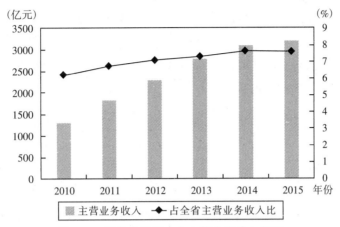

图 5-8 湖北省纺织工业主营业务收入情况

资料来源：《湖北统计年鉴》(2011~2016)。

表 5-10 湖北省纺织工业利润与税金

单位：亿元

年份	2010	2011	2012	2013	2014	2015
利润	54.2	79.75	101.9	135.5	142.2	136
税金	142.26	172.61	172.91	268.37	260.29	94.5

资料来源：《湖北统计年鉴》(2011~2016)。

产业结构不断完善，纺织业不断做强做大，其主营业务收入占纺织工业的比重超过 60%，是湖北省纺织工业子行业中的龙头，其次是纺织服装、鞋、帽制造业（见表 5-11）。

表 5-11 湖北省纺织工业规模以上企业主营业务收入

单位：亿元

年份	纺织业	纺织服装、鞋、帽制造业	皮革、毛皮、羽毛（绒）及其制品业
2010	918.17	374.63	22.74
2011	1246.3	518.77	60.86
2012	1602.56	667.77	89.03
2013	1897.55	789.53	120.41
2014	2109.7	847.24	172.22
2015	2153.37	921.73	207.77

资料来源：《湖北统计年鉴》(2011~2016)。

湖北省纺织工业以生产纱、布、无纺布、服装为主，并且产品产量持续增长。其中，2014 年，布、无纺布产品产量增长率达到 12% 以上，属于高速增长。

纱产量、布产量、印染布产量、服装产量、无纺布产量均在中部六省中位于前三名。

湖北省纺织工业共有1703家企业，重点企业发展势头强劲，美尔雅、爱帝、猫人等自主品牌在国内享有较高知名度。固定资产投资不断增加，为产业增添活力，2014年500万元以上项目实际完成固定资产投资总额676.6亿元，比上年净增137亿元。

2. 存在的问题

第一，湖北省纺织产业生产技术、研发力度相对欠缺，多数企业自主创新能力不强。从整体上看，纺织品的品种开发、创新和设计能力很弱，以初加工、粗加工、"贴牌加工"为主，中低端棉纱布产品居多，高端产品较少。纺织产品的高、精、深加工是湖北省纺织产业发展的瓶颈。

第二，产业规模与生产成本不相符。一方面，湖北省纺织企业"数量多、规模小"；另一方面，劳动力短缺，劳动力成本上升，水、电、气以及原材料成本支出增加，生产成本快速上升，使得中小企业经营压力增大。

第三，产业配套不完善，环保约束力加大。湖北省印染加工能力无法满足省内需求，化纤原料发展落后、原料对外依存度高。产业缺乏承上启下的纽带，生产能力存在阶段性、结构性过剩。相关产业配套基本处于自发培育阶段，无法形成成熟并且紧密的产业配套和企业间相互协同的良好局面，限制了承接产业转移的规模和层次。同时，纺织工业面临不断趋严的排放标准和节能减排要求。

第四，企业融资困难。纺织行业是一个高度市场化的产业，比较容易受到国内外经济影响。目前，中小微型纺织企业在资金、技术、人才、管理等方面存在问题，加之湖北省内金融机构对纺织行业前景并不看好，导致企业发展遭遇瓶颈，企业生存压力日益加重。

（二）钢铁产业

1. 产业发展现状

钢铁产业是湖北省的特色产业和经济支柱，武钢集团作为我国具有代表性的钢铁企业，为湖北省钢铁产业的发展做出了巨大的贡献，也使得钢铁产业成为湖北省耳熟能详的特色产业。近十年来，湖北省钢铁产业产量不断增长、产业结构进一步优化、产品质量越来越高、技术装备水平逐渐提升。主营业务收入方面，2010~2013年湖北省钢铁产业发展由高速增长逐渐转变为低速运行。2015年，受整体产能过剩、市场需求不足以及环保因素的影响，湖北省钢铁产业主营业务收入以 2014 年下降近 50%，为 2157 亿元（见图 5-9）。

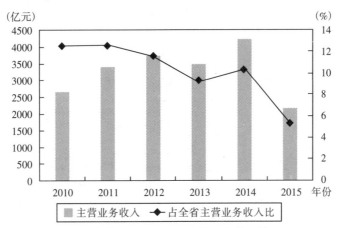

图 5-9　湖北省钢铁产业主营业务收入情况

资料来源：《湖北统计年鉴》（2011~2016）。

湖北省钢铁产业经济效益整体下滑。由于受国家钢铁"去产能"政策的影响，2015 年钢铁产业生铁产量 2289 万吨，同比下降 6%；粗钢 2920 万吨，同比下降 10.34%；产钢材（含重复材）3421 万吨，同比增长 0.2%。同时，武钢、新冶钢等重点企业收入下降，经济效益下滑。武钢集团的主要产品生铁、粗钢、钢材产量均处于下降趋势。为应对宏观经济压力，自 2010 年以来湖北省各钢铁企业积极推进民企兼并重组，宝钢集团与武钢集团实施联合重组；湖北金盛兰集团、湖北新鑫钢铁集团、湖北立晋钢铁集团等区域性集团已经完成联合重组。2014 年湖北省重点钢铁企业经营状况如图 5-10 所示。

2. 存在的问题

第一，产能过剩、产业结构需调整。产品原材料价格上涨与产能过剩，导致湖北省钢铁产业持续低迷。湖北省钢铁产品主要集中在中低端水平，产品质量不高、档次不够、产品附加值低，建筑用钢产品占有比例较大，高档钢材如不锈钢板、冷轧硅钢、镀锌板、冷轧板等仍主要通过进口的方式获取，企业生产同质化现象严重，行业整体盈利水平大打折扣。

第二，环保能力需要提高。湖北省钢铁行业属于"高耗能、高排放"行业，需要大量的煤电资源，同时生产过程中会排放大量有害物质。随着环境保护标准

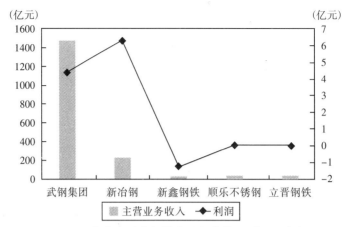

图 5-10　湖北省重点钢铁企业经营状况（2014 年）

资料来源：湖北省经信委《2014 年湖北省冶金工业发展情况》。

的提高，企业必须投入更多的成本去控制排放、保护环境，企业运行成本也会进一步加大。

第三，企业资金短缺，技术研发需要加强。湖北省钢铁企业通过改革、合并重组，迈开了转型升级的步伐。但是仍有部分中小型企业处于产业链底部，生产技术、技术装备等方面较为落后，企业自身缺乏或者无力加大研发力度、聘请高科技人才。加之近年来经济下行压力增大，资金流动性较差的钢铁企业也面临着融资贵、融资难的巨大压力，企业经营面临很大的风险。

（三）有色金属工业

1. 产业发展现状

湖北省有色金属工业是基础原材料产业，产业关联度高，拥有多种类、多应用的产品，黄石作为拥有丰富有色金属的城市，吸引了很多人的目光，为湖北省有色金属行业的发展提供了强有力的支撑。近十年来，湖北省有色金属工业保持稳步增长。2015 年，湖北省有色金属工业实现主营业务收入 1527 亿元。

"十二五"期间，湖北省有色金属产业整体经济效益下滑，在利润和税金上较 2010 年相比分别下降 100.9%、71.13%。2015 年全行业亏损 3000 万元，实现税金 13.12 亿元。

有色金属工业包括有色金属矿采选业、有色金属冶炼和压延加工业，其中有色金属冶炼和压延加工业主营业务收入达千亿元。湖北省有色金属工业不断淘汰落后产能，为优质企业腾出市场空间，为先进产能建设提供发展条件，重点企业发展稳步前进。湖北省有色金属工业主要产品产量有升有降，十种有色金属产量较上年下降 9.4%、铁合金产量较上年增长 5.15%（见表 5-12）。

表 5-12　湖北省有色金属工业规模以上企业主营业务收入

单位：亿元

年份	有色金属矿采选业	有色金属冶炼和压延加工业
2010	46.14	725.75
2011	65.54	914.56
2012	84.78	1213.06
2013	81.14	1473.16
2014	48.09	1504.84
2015	44.42	1502.29

资料来源：《湖北统计年鉴》（2011~2016）。

2. 存在的问题

第一，产业结构不合理。湖北省有色金属工业规模扩张主要靠高投资、高消耗、廉价劳动力资源，技术原始创新能力不足，产品多属于初级加工产品，处于产业价值链下端，深加工、精加工产品较少，产品缺乏竞争力和市场占有率。

第二，产业集约化程度不高。湖北省有色产业以黄石市为中心，其他地区有色产业均比较薄弱。总体来看，湖北省有色产业生产规模较小，中小企业居多，企业素质不高，技术落后，竞争力不强，"低、小、散"的现象较为突出，产业集约化程度低。

第三，原材料缺乏、环保压力增加。有色产业属于高能耗、高污染产业。湖北省矿产资源质量不高、共伴生矿多，使得矿产资源不利于用于生产，同时也提升了开采成本。铁矿石、铝氧粉、铜精矿等矿产资源供给严重依托外地。2013年，湖北省对铝氧粉的依存度高达 100%，铜精矿对外依存度达 90%。

第四，创新能力不强。湖北省有色企业的发展模式是高发展速度、低成本竞争，主要依靠国外技术来提高企业效益，自身研发技术投入水平不高，产业共性技术研究能力不强，创新能力不够。

三、新兴产业

新兴产业是指随着电子、信息、生物、新材料、新能源、海洋、空间等方面新的科研成果和新兴技术的出现、应用而发展起来的新兴产业部门。其具有以下特点：第一，创新性。新兴产业要么是通过科技创新衍生出的全新产业，要么是经过更新转化或融合再造而生产出的具有全新功能的产品。第二，知识性。新兴产业是知识和技术密集型的产业，往往需要知识型人才在新知识、新技术充分发挥作用的环境下，依托知识与技术的创新，依仗具有知识型高素养的团队协作攻关，实现创新。第三，广覆性。新兴产业所涉及的范围大，产业覆盖面广，涉及产业的多领域。第四，超利性。新兴产业一般附加值高，竞争对手少，获利能力强，易获取超额利润。第五，风险性。新兴产业早期一般无明显的市场需求，得到消费者的认可需要一个过程；同时，新兴产业通常无技术参照，需要经过复杂的试产、试用、验证过程，可能会出现投资多、周期长、需求小的挑战。因此，新兴产业在发展的早期可能存在着较大的风险性。第六，国际性。新兴产业引起了世界各国的高度重视，其生产技术会在世界范围内广泛交流，其产品的销售也会面向世界市场。

湖北省电子信息产业、医药产业是保持快速发展的产业，依托技术创新、现代化管理运营水平和高精尖产品，产业经济效益快速增长。武汉东湖高新开发区拥有多家优秀的电子信息、医药企业，聚集了一批高素质人才，是湖北省新兴产业发展的基础。

（一）电子信息产业

1. 产业发展现状

2014 年，湖北省电子信息产业综合实力居全国第 13 位，居中部地区第二位，电子信息产业正逐步成为湖北省重点产业。2015 年，湖北省电子信息产业规模以上企业实现主营业务收入 4681 亿元，同比增长 13.15%（见图 5-11）。

湖北省电子信息产业经济效益稳步攀升。2015 年，湖北省电子信息产业实现利润总额 213 亿元，税金总额 343 亿元（见表 5-13）。

第一，骨干企业带头作用明显。2015 年，湖北省电子信息产业百亿元以上企业共有 5 家：摩托罗拉 338 亿元、鸿富锦 329 亿元、武汉邮科院 241 亿元、冠捷 147 亿元、骆驼集团 124 亿元。为加快产业转移的步伐，企业一直加大投资。2015 年，全行业累计投资 801 亿元，同比增长 6.58%，新增固定资产投资 401 亿元。主要投资项目有：华星光电第 6 代显示面板生产线 160 亿元、天马第 6 代低温多晶硅（LTPS）TFF-LCD 及彩色滤光片生产线项目 120 亿元、华为光电子研发生产基地项目 50 亿元、奇宏电子华中基地项目 53 亿元、长飞科技园项目 50

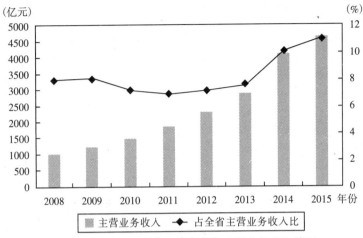

图 5-11 湖北省电子信息产业主营业务收入情况

资料来源：《湖北统计年鉴》（2009~2016）。

表 5-13 湖北省电子信息产业利润与税金

单位：亿元

年份	2008	2009	2010	2011	2012	2013	2014	2015
利润	55	82	111	121.5	149	161	215	213
税金	82	112	149	180.7	194	275	328	343

资料来源：《湖北统计年鉴》（2009~2016）。

亿元、骆驼集团的年产 200 万 KVAH 密封型蓄电池及 400 万 KVAH 动力电池的扩产项目 15.7 亿元、华讯方舟超高频微波通信系统扩产项目 11 亿元、湖北晶星太阳能电池片及组件扩产项目 11 亿元等。投资的快速增长为湖北省电子信息产业增添了发展后劲。

第二，主要产品产量不断增长，湖北省电子信息产业外向型特征不断增强。2015 年，湖北省电子信息产业中有 9 家电子信息企业名列湖北省进口前 20 名，累计进口 44.83 亿美元，占湖北省外贸进口总额的 27.36%；有 8 家电子信息企业名列湖北省出口前 20 名，累计出口 61.02 亿美元，比 2014 年进入前 20 名电子信息企业累计出口增长 13 亿元，占全省外贸出口总额的 20.88%。

2. 存在的问题

第一，主要产品种类少，产业利润下滑。激光单项产品、多晶硅电池组件、液晶显示器、半导体发光二极管是湖北省电子信息产业的主要产品。并且，多晶硅电池组件、液晶显示器、半导体发光二极管产销量均出现下滑。同时，由于劳动力成本上升，运营商集中采购导致产品价格下降，企业规模扩张相对较快，企业的利润出现下降。武汉联想、华工科技、武汉新芯、天喻信息等重点企业均出现利润负增长。

第二，自主创新能力不足。外资企业在关键技术、专利等方面仍然占据主导地位，省内企业在技术研发投入、引进技术吸收、关键技术的创新能力方面不足，实现自主创新难度很大。

第三，利润空间缩小。由于技术水平相对较低，使得大量缺乏自主创新能力的企业走同质化、低水平生产发展道路。其电子信息产品多为中低端产品，高端产品较少，同质化生产带来了更大的竞争，伴随着产品价格连续下降和人力成本持续增加的不良状况，使得企业的利润空间不断被压缩。

（二）医药产业

1. 产业发展现状

医药产业是关系到国民健康安全和社会稳定的朝阳产业。湖北省医药产业居全国第九位，2015年，规模以上企业实现主营业务收入1066亿元，同比增长10.3%。"十二五"期间，湖北省医药产业表现出更加强劲的发展势头（见图5-12）。

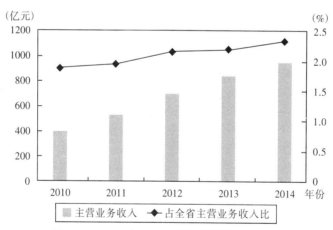

图5-12 湖北省医药产业主营业务收入情况

资料来源：《湖北统计年鉴》（2011~2016）。

湖北省医药产业经济效益不断提高。2015年，全行业实现利润总额83.9亿元、实现税金总额44.6亿元，分别同比增长17.5%、9.9%。自2010年以来，利润总额、税金总额均以20%以上的年均增速高速增长（见表5-14）。

表 5-14 湖北省医药产业利润与税金

单位：亿元

年份	2010	2011	2012	2013	2014	2015
利润	34.89	44.59	57.47	68.1	71.7	83.9
税金	17.68	20.83	31.18	36.6	42	44.6

资料来源：《湖北统计年鉴》（2011~2016）。

湖北省医药产业以生物医药、中药现代化、新型制剂、医疗器械和生物医用材料四大产业为重点。2015 年，湖北省医药工业主营业务收入超过 100 亿元的企业 1 家，超过 50 亿元的 1 家，超过 20 亿元的 4 家；单产品销售收入超过 1 亿元的有 24 个，超过 2 亿元的 9 个，超过 3 亿元的 5 个。湖北省医药产业固定资产投资一直稳步增长，2015 年完成投资 420.98 亿元，主要用于产品线升级改造、生产基地建设和研发中心建设。

2. 存在的问题

第一，经济总量偏小，企业规模偏小。2014 年，湖北省医药产业主营业务收入仅占全省总量的 2.34%。医药企业规模普遍偏小，龙头企业主营业务收入与国内骨干医药企业相比，在主营业务收入、利润、税金等方面，差距较大。

第二，产业链不完整。湖北省医药产业产业链中上下游存在结构失衡的现象，原材料和配套产品主要依靠省外采购。医药种植到产品生产、价格、存储、配送以及销售的产学研相结合、科工贸一体化的完整产业链没有形成。湖北省医药产业产品以化学原料药物居多，仿制产品偏多，产品附加值不高，部分企业只生产单一品种药物，产业链同化现象较为严重，难以形成特色优势。

第三，企业经营压力加大。医药企业各自为政，自产自销，自销专业化不足，企业生产订单不足，产能利用率较低；企业主营业务成本持续上涨，加之融资难、融资贵，企业利润空间被压缩，企业资金压力大，用于改造车间、升级技术的资金短缺，生产不能满足环保要求。

第四，研发力度不够，成果转化困难。湖北省医药产业产品研发较为分散，没有形成产学研相结合的局面。湖北省医药产业新产品研发更多依靠仿制，真正拥有自主知识产权的产品匮乏；生物医药制药产业中复合型人才匮乏，企业大多各自为政，医药新产品、新技术等科研成果转化率低，成果转化困难。

第二节　湖北省产业集群

一、湖北省重点成长型产业集群及分布

现代化经济发展中产业集群是一种颇具特色的经济组织形式，作为区域经济发展的重要驱动力和实现新型工业化的重要载体，湖北省产业集群对湖北省国民经济的发展有着显著的推动作用。截至 2016 年，湖北省有重点成长型产业集群 99 家（见表 5-15）。99 家重点成长型产业集群分布在食品工业、石油与化学工业、汽车产业、纺织工业、装备制造业、电子信息产业、有色金属产业、钢铁产业、建材工业、医药产业十大产业。从产业结构上看，湖北省食品工业产业集群居多，占总数的 25.3%；其次是纺织产业，占总数的 10.1%；然后依次是装备制造业、汽车产业、医药产业、建材产业、有色金属工业、石油与化学工业、钢铁产业、电子信息产业。

表 5-15　湖北省重点产业集群（2016 年）

地区	重点产业集群
武汉市	武汉市江夏区高端装备制造产业集群；武汉市黄陂区服装产业集群；武汉市新洲区钢铁制品产业集群；武汉市蔡甸区电子产业集群；武汉市东西湖区食品加工产业集群
黄石市	黄石市服装产业集群；黄石市电子信息产业集群；黄石市模具产业集群；黄石市（阳新）化工医药产业集群；黄石市下陆区铜冶炼及深加工产业集群；黄石市汽车零部件产业集群；黄石（大冶）高端装备制造产业集群；大冶市饮料食品产业集群
襄阳市	襄阳市汽车及零部件产业集群；襄阳市再生资源产业集群；襄阳市电机节能控制产业集群；襄阳市樊城区纺织产业集群；老河口市食品加工产业集群；襄阳市（襄州、南漳）农产品加工产业集群；枣阳市汽车摩擦密封材料产业集群；谷城县汽车零部件产业集群；宜城市食品加工产业集群；襄阳航空航天产业集群
荆州市	荆州市（公安）汽车零部件产业集群；荆州开发区白色家电产业集群；荆州市沙市区针纺织服装产业集群；荆州市荆州区石油机械产业集群；荆州市荆州区拍马林浆纸印刷包装产业集群；松滋市白云边酒业产业集群；荆州市（监利、江陵）家纺产业集群；监利食品加工产业集群；公安县塑料新材产业集群；石首市楚源医药产业集群；洪湖市石化装备制造产业集群

续表

地区	重点产业集群
宜昌市	宜昌市磷化工产业集群；宜昌市医药产业集群； 枝江市枝江酒业产业集群；枝江市奥美医用纺织产业集群； 宜都市装备制造产业集群；宜昌市（长阳、五峰）健康食品产业集群； 当阳市建筑陶瓷产业集群；宜昌市茶产业集群； 宜昌市夷陵区稻花香酒业产业集群；宜昌数控机电装备高新技术产业集群
十堰市	十堰市商用汽车产业集群；十堰市生物医药产业集群； 丹江口市汽车零部件产业集群；郧县铸锻件产业集群； 十堰市竹房城镇带有机食品饮料产业集群；竹山县绿松石产业集群
孝感市	孝感市电子机械（含孝南区）产业集群；孝感市（高新区、汉川）纺织服装产业集群； 汉川市食品产业集群；孝感市孝南区纸品产业集群； 应城市化工产业集群；安陆市食品加工（含粮油加工装备）产业集群
荆门市	荆门市（沙洋、屈家岭）农产品加工产业集群；荆门市磷化工产业集群； 荆门市东宝区森工产业集群；钟祥市农产品加工产业集群； 京山县轻工包装机械产业集群
鄂州市	鄂州市金刚石刀具产业集群；鄂州市重型机械制造产业集群； 鄂州市经济开发区工程塑胶管材产业集群；鄂州市绿色农产品加工产业集群； 鄂州葛店生物医药产业集群
黄冈市	黄冈市华夏窑炉产业集群；武穴市医药化工产业集群； 蕲春县李时珍医药化工产业集群；鄂东（麻城、浠水）汽车配件产业集群； 黄冈大别山区食品饮料产业集群；鄂东（英山、龙感湖）纺织服装产业集群； 鄂东（麻城、浠水）石材产业集群
咸宁市	咸宁市机电产业集群；咸宁市咸安区苎麻纺织产业集群； 咸宁市现代森工产业集群；嘉鱼县管材产业集群； 通城县涂附磨具产业集群；赤壁市纺织服装产业集群； 通山县石材产业集群；崇阳县钒产业集群； 赤壁市砖茶产业集群；通城县电子信息基材产业集群
随州市	随州市专用汽车及零部件产业集群；随州市曾都区铸造产业集群； 随县香菇产业集群；广水市风机产业集群； 随县石材产业集群
恩施市	恩施州富硒茶产业集群；恩施州（恩施、利川）富硒绿色食品产业集群； 恩施州（咸丰、来凤）绿色食品产业集群
仙桃市	仙桃市无纺布产业集群；仙桃市食品产业集群
潜江市	潜江市经济开发区化工产业集群；潜江市华中家具产业集群； 潜江市特色食品产业集群
天门市	天门市医药产业集群；天门棉花产业集群
神农架	神农架生态产业集群

资料来源：《2016 年度湖北省重点成长型产业集群名单》。

二、湖北省产业集群发展模式

(一) 资源主导型

资源主导型产业集群所在地区拥有得天独厚的地理条件和具有自身特色的自然资源,该类产业集群依托于其自身资源优势,利用市场发展壮大。湖北省多数产业集群均依托自身独特的资源优势从而发展壮大。

随州市依托其北纬30°的地理优势与亚热带气候,利用丰富的森林资源,大力发展以香菇为主的食用菌产业。2013年,随州市香菇产业集群内有108家企业,规模以上企业24家,规模以上企业销售收入共计75.67亿元、员工7131人、实现税收2.08亿元。2013年,随州市香菇出口收入6.5亿美元,三友食品、荣盛隆食品、神农生态、中兴食品、联丰食品外贸出口都在5000万美元以上。全市30多万人投入香菇产业,年人均劳动收入3.5万元。香菇产业的快速发展拉动了就业、创造了财富。为了使香菇产业可持续发展,相关研发机构通过不断丰富产品种类、优化产品结构、创新培育模式,使香菇生产规模化、标准化、周年化,产业发展更加富有生机与活力。

荆门市非金属矿产资源非常丰富,具有矿种多、储量大、品位高的特点,现已有225个开采矿区、23种矿产。截至2011年底,累托石保有资源储量(包括占用和未占用)698万吨,居全国之首,磷矿石储量8.38亿吨,居全省前列。荆门市利用其丰富的磷矿资源,形成了以磷化工为主的东宝区产业集群。2013年,东宝区磷化工产业集群实现主营业务收入110.58亿元,完成利税5.28亿元。产业集群内已有70家企业,总资产90亿元,从业人员8960人,其中亿元企业10家,规模以上企业34家,实现26个品种、200多个规格的产品生产。

咸宁市咸安区苎麻纺织产业集群、通山县石材产业集群、恩施州富硒茶产业集群、恩施州(恩施、利川)富硒绿色食品产业集群、宜昌市磷化工产业集群等均属于以资源为主导的产业集群。

(二) 龙头企业带动型

龙头企业带动型产业集群即主要通过一个或几个龙头企业带动,形成发展协作配套企业并逐步完善产业链的产业集群。

武汉市经济技术开发区依托神龙汽车,构建汽车产业龙头产业集群,积极发展汽车产业及其零部件产业。2014年,武汉经济技术开发区汽车及汽车零部件产值超过 3000 亿元，形成了庞大的具有自主创新发展精神的汽车产业集群以及较为完整的产业链条。开发区有东风汽车、神龙汽车、东风本田等 5 家汽车集团总部、8 家整车企业；并配套有零部件企业 300 余家、生产服务企业 20 余家，同时配有 100 余家研发机构以及 12 家省以上企业研发中心。

荆州市依托恒隆公司等龙头企业形成了产品种类齐全、产品多样化的汽车零部件产业集群，产品包括转向（翻转）系列、电机系列、空调系列、车桥系列、曲轴和凸轮轴系列、汽车油管、安全防盗系列七大种类 350 多个零部件。2013年，产业集群内共有规模以上企业 71 家，其中龙头企业 11 家，实现销售收入134 亿元，固定资产投资 17 亿元，企业员工 15558 人。集群内企业与武汉神龙、一汽大众、福特汽车等生产厂家不断扩大配套协作，形成紧密的产业配套协作关系。

麻城市汽配产业集群、随州市专用汽车及零部件产业集群、通城县涂附磨具产业集群、谷城县汽车零部件产业集群、广水市风机产业集群等均属于龙头企业带动型产业集群。

（三）贸易推动型

贸易推动型产业集群是以当地企业发展为基础，通过国内外贸易带动，形成一批区域相对集聚、具有特色并逐步集群化发展的产业。

拥有"无纺布·彭场工业园"之称的仙桃市彭场镇无纺布产业集群是湖北省首个出口过亿美元的产业集群，是我国最大的无纺布基地。现有无纺布生产以及加工配套企业 200 多家，年无纺布销售收入超过 30 亿元。2009 年，无纺布制品90% 以上出口美国、欧洲、日本等多个国家和地区；2010 年出口额达到 25334 万美元，实现税收 24802 万元，产业集群实力不断增强。

鄂州市金刚石刀具产业集群国内市场占有率不断扩大，国际知名度不断提高。2013 年，鄂州市金刚石刀具产业集群实现销售收入 76.97 亿元、税金 2.52亿元；规模以上企业 82 家，从业人员 2.98 万人。产业集群以湖北鄂信钻石、昌利超硬材料、长江精工等企业为龙头，拥有多个配套企业的生产格局，可以生产300 多种产品。2013 年，外贸出口额达 1.71 亿美元，金刚石刀具、工程塑胶管材管件、泵业产品远销海外。其余的还有荆州市荆州区石油机械产业集群等产业集群。

（四）高科技发展型

高科技发展型产业集群是通过以生产具有知识产权以及高科技品牌产品为主，利用创新型组织网络和商业模式，建立创新的制度和开放的文化的产业集群。

素有"中国光谷"之称的武汉市东湖高新区光通信产业集群，拥有完整的激光产业链，其依托于华中科技大学等高校、科研院所，强有力地支撑了湖北省电子信息产业的蓬勃发展。"武汉—中国光谷"已经成为中国光电子产业的重要品牌。目前，光通信产业园区已成为高新区基础配套建设最完善、创新创业最活跃、产业集群最密集的区域；园区以光电子信息产业为核心，以现代装备制造、新能源环保、消费电子及软件与金融服务业为主导的产业构架，现有企业 10153 家，规模以上企业 327 家，近 5 年集群销售收入年均增长超过 30%。2013 年，园区完成规模以上工业总产值 1701.78 亿元，光纤光缆、光器件、激光等产品国内市场占有率均超过 50%。

武汉市蔡甸区电子产业集群拥有 40 多家骨干企业以及众多配套企业，企业资产总额近 40 亿元，共拥有 1 万多名从业人员。经过多年发展，形成一条以电视、平板电脑、电子白板、显示屏等为主的产销产业链。该产业集群科技衍生能力较强，冠捷公司先后通过了 ISO9001、ISO14001、OHSAS18001 的认证，拥有"液晶显示设备数据的恢复方法"等 8 项国家发明专利。目前，蔡甸区电子产业集群发展势态良好，蔡甸区政府将重点产业集群项目专项扶持资金 110 万元全部用于"X-project 系列机种开发项目"的研发中，进一步扩大产业集群在电视、电脑等电子信息制造业的优势地位。

武穴市医药化工产业集群、天门市医药产业集群、武汉东湖高新（鄂州葛店）生物医药产业集群、孝感市电子机械产业集群等均属于创新驱动型产业集群。

三、产业集群对湖北省经济发展的作用

产业集群是区域经济转型的重要载体，产业集群的发展对促进湖北省做好中部地区崛起的战略支撑点、调整并优化湖北省经济结构、振兴湖北省有着重要的作用，表 5-16 为 2012 年湖北省产业集群地区分布情况。

首先，产业集群的发展提供了经济结构调整、优化创新的动力，可以迅速提高湖北省产品的自主研发能力，有利于产品制造技术向国际先进技术水平接近，强有力地推动湖北省高新技术发展，为湖北省工业化水平的提高做出重大贡献。

表 5-16 湖北省产业集群地区分布情况（2012 年）

序号	地区	集群个数（个）	年销售收入（亿元）	企业个数（个）	从业人员（人）
1	武汉市	36	1876.88	1912	274450
2	黄石市	6	301.37	221	70363
3	襄阳市	27	323.02	1569	197808
4	荆州市	29	263.52	1282	119091
5	宜昌市	21	296.8	529	93133
6	十堰市	16	454.55	1324	72432
7	孝感市	10	128	226	72553
8	荆门市	5	84.15	232	24538
9	鄂州市	5	109.8	405	35965
10	黄冈市	21	122.96	1352	219019
11	咸宁市	12	97.11	496	47524
12	随州市	3	53.26	119	14095
13	恩施州	4	9.45	345	5944
14	仙桃市	6	128.84	553	80115
15	潜江市	4	101.79	114	32310
16	天门市	1	2.81	8	996
合计		206	4354.31	10687	1360336

资料来源：湖北省经信委"2012 年产业集群调研"资料。

其次，产业集群的发展使得资源被更高效地利用，为绿色化发展、可持续发展提供基础。产业集群内的企业集中程度高，管理相对集中，使得能源资源可以被充分利用，有利于减少污染，降低经济成本。

最后，通过龙头企业的带动，中小企业、民营企业不断发展集聚，并与核心企业相互配套，来完善和延长相应产业链。产业集群为中小企业不断提供厂房、生产车间、生活用房等公用设施，便于企业降低成本。

四、湖北省产业集群发展中存在的问题

（一）产业集群规模需要继续扩大

湖北省产业集群中的食品、汽车、装备制造等具有较强优势的产业，其产业集群规模相对较大，其余产业集群均偏小；湖北省产业集群发展较晚，省内龙头企业数量不多，企业整体规模偏小，缺少在全国具有影响力、可以有力带动产业发展的龙头企业；产业链发展不完善，产业化程度低，经济效益相对较低，与东部江苏、浙江等沿海发达地区相比，湖北省产业集群在规模上仍然有很大的差距。

（二）创新能力仍需提升

湖北省大多数产业集群仍然处于发育成长阶段，产品档次整体偏低、科技含量低、附加值不高，同质化生产、重复建设现象比较普遍。很多企业盲目地重复建设，其产品处于价值链低端环节，具有较大的风险。湖北省大多数产业集群，除了龙头企业创新能力较强以外，大多数企业创新能力偏低，创新网络不健全，产业集群竞争能力不强。

（三）产业链配套不理想

产业集群不仅是企业、产业空间上的集聚，其发展需要经历企业集聚到产业集聚再到产业集群的演变。企业集聚仅仅是产业集群的雏形阶段，更重要的是集群内各企业之间形成相对明确的分工与协作关系，这需要产业链的上、中、下游协同创新。目前，湖北省产业集群内企业呈现简单的扎堆现象，产业链存在断层或者产业链较短的现象；企业之间专业化分工不明显、关联度不高、创新合作程度不高、无序竞争时有发生，没有形成有机联系的产业链。

（四）发展环境压力增大

从宏观方面来看，经济疲软的现象对湖北省各产业造成了一定的影响，也减慢了产业集群的发展速度。面对我国日益严重的环境污染问题，多数产业面临着巨大的节能减排压力。从产业集群自身来看，产业集群发展仍然存在着很多问题：企业品牌意识不足、产品侵权、假冒伪劣等诚信问题现象时有发生；资金等生产要素紧张，金融机构对产业集群中众多中小企业并不看好，不愿意借贷或借贷附加条件多，造成企业融资难、融资贵；人力资本上升对纺织产业等劳动密集型低端加工企业的经营造成了巨大的困难，专业高水平经营管理人员与技术人员缺乏，共同约束了产业集群的发展和扩大。

（五）管理水平有待提高

湖北省产业行业协会建设比较落后。大多数产业集群没有行业协会组织，有产业协会的产业，其产业协会的职能也未完全发挥，使得产业缺少有效的自治、自律机制。在产业集群管理中，大多数产业集群还处于自发发展阶段，缺乏科学性的发展规划指导；部分地方政府缺乏对产业链、配套支撑体系的整体规划，也不明白市场经济运行和资源配置中政府该如何起到主导作用。

第三节　湖北省产业发展环境创新

一、产业发展环境创新原则

第一，市场导向原则。遵循产业集群演化规律，充分发挥市场对资源配置的基础作用，让市场主体"法无禁止即可为"，让政府部门"法无授权不可为"。进一步确立企业在发展产业集群中的主体地位，转变政府职能，强化公共服务，规范市场秩序，营造良好环境。

第二，集聚发展原则。按照产业发展的空间特点，贴近水陆交通干线的沿线，紧扣区位条件比较好的交通节点，增强产业集聚功能，强化专业协作，发挥群体优势。把优化产业布局与新型城镇化进程结合起来，把加快园区建设与促进产业集聚结合起来，进一步完善基础设施，推进产业集聚。

第三，技术创新原则。依靠科技创新引领，支撑产业结构调整和转型升级，推动产业向价值链中高端跃进，提升经济的整体质量；培育面向全球的竞争新优势，有效克服资源环境约束，增强发展的可持续性。着力提升"湖北制造"的品质和"湖北创造"的影响力，大力研发新品、多出优品、打造精品。

第四，绿色发展原则。为了从源头上减少资源消耗、环境污染，更好地培育发展新优势、拓宽发展新空间，必须坚定调整经济结构、推动绿色发展。产业发展要努力走代价小、效益好、排放低、可持续的绿色路径。积极发展循环经济，以节能环保为重点对传统产业进行技术改造，继续淘汰落后产能，促进战略性新兴产业、高技术产业和现代服务业加快发展，着力构建有利于保护环境的产业体系。

二、产业发展环境创新思路

为适应产业发展的全球化趋势，从国家整体经济和产业发展战略、湖北省产业结构升级的要求，以及区域生产要素空间配置优化角度考虑，未来5~10年湖北省产业环境创新思路：把握世界产业发展的新趋势和国内区域产业发展的新格局，确立市场在资源配置中的决定性作用，突出创新在产业结构升级过程中的驱动力功能，重视本地区资源、环境、生态的承载力基础，推进重点产业发展与信息化、规模化、集约化的产业基地建设，实现产业发展与空间布局的整体优化。在产业发展上，促进消费升级，汽车、食品、纺织等传统优势产业竞进提质；重点在于科技创新，做大做强光电子信息、高端装备制造、生物医药等新兴产业；化解产能过剩，石化、钢铁、建材、有色等重化产业升级增效；推动两业融合，电子商务、专业物流、会展经销、企业咨询等生产性服务业保驾护航。

（一）分类推进，差异发展

第一，优势产业不断提升质量。湖北省已成功研发一批拥有自主知识产权、高附加值、高科技的各类专用汽车，如房车、清障车、新能源汽车等。产量超高速增长、发展劲头十足，应依托东风和随州专用汽车基地，建设长江中游绿色环保、专用汽车生产基地；食品工业作为湖北省第一大支柱产业，不论在主营业务收入、固定资产投资、产业结构、产业集聚程度、创新能力等各方面都有着明显的突破，湖北省应依托武汉东西湖区食品产业园与荆门中国农谷，建设我国农副产品深加工基地以及绿色食品生产基地；湖北省纺织工业发展是以武汉市黄陂区以及仙桃彭场、襄阳、孝感等汉江经济带重点产业基地为支撑，应依托汉口北以及江汉平原，建设全国性纺织服装专业化物流中心和特种纺织材料生产基地。

第二，新兴产业不断做大做强。光电子与生物医药产业在湖北省内有一批具有行业先进技术以及自主知识产权的龙头企业以及管理先进、集聚力强的产业园区。湖北省可以依托武汉中国光谷，加快建设国家自主创新示范区和世界光电子研发生产基地；依托光谷生物医药城、神农架地区，建设世界生物医药研发生产基地和中药生产基地；在工业机器人、船舶和海洋工程装备、应急救援装备等高端制造业拥有突出成绩的装备制造业，依托武汉和襄阳制造业集聚效应，促进装备制造业的规模化、高端化、智能化、集成化、绿色化发展，建设全国领先的制造业生产基地。

第三，重化工业升级增效。加快湖北省工业转型升级、增质提效，努力推动全省经济和社会的持续健康发展。建设"武鄂黄黄"高端钢铁以及特种钢材为龙头的中部高端钢铁制品生产基地；依托80万吨乙烯项目，打造中西部最大石化生产基地；建设国家新型建材生产示范区，长江中游新型建材生产基地；依托黄石大冶，建设以铜冶炼深加工为主的长江中游重要的有色金属生产基地。

第四，创造良好的生产性服务业发展环境。湖北省应依托长江黄金水道和武汉交通枢纽，发展现代物流，建设中部最大的电商仓储转运基地；依托武汉高校资源，发展中介及咨询服务业，建设中西部最大智库；依托武汉交通枢纽推动品牌建设，培育武汉成为中部会展业中心；依托光谷现有的高新开发区，推动信息化工程。

（二）实施产业结构优化，升级发展战略

1. 加快农业结构优化升级调整

作为典型的农业大省，湖北省的淡水水产品产量和"双低"油菜产量均排名全国第一，油料、稻谷、棉花产量处于全国前五。但是，由于精深加工比例不高、龙头企业数量不多、产品质量不高等因素的客观存在，直接制约了湖北省的农业发展。湖北省产品精深加工比例只占有20%，远低于东部发达地区的50%，全国农产品加工转化增值率平均比值为1:1，而湖北只有0.75:1。农产品加工业，特别是深加工产业发展的滞后，阻碍了湖北省农业产业化。要想实现农业强省的目标，只有依托和发挥湖北的农业资源优势，培育壮大湖北省农业龙头企业，发展具有全国影响力的农业名牌产品，用工业化武装湖北省农业产业化发展。

江汉平原县（市）可以凭借优质水稻、水产养殖、优质三元猪养殖、速生林等产业带的良好基础，集中力量发展优质水稻、水产品、生猪、纸品精深加工产业。长江、汉江流域不断壮大"双低"油菜籽和棉花主产区产业带，发展优质食用油和油脂、纺织服装等精深加工产业。洪湖、梁子湖等湖区及清江库区、丹江口库区等水资源丰富的地区，可以通过建设水产生态无公害养殖示范产业带，推动特色优势鱼类及蟹、虾、鳖、鳗、蛙、珠、莲等特色淡水水产品的精深加工业发展。鄂北岗地发展粮食、饲料等精深加工产业；鄂西重点发展魔芋、柑橘、茶叶、烟叶、蜂蜜、香菇、中药材等特色农产品精深加工产业，鄂东地区推进楠竹、苎麻、桂花、蚕丝、板栗、茶叶、蜂蜜、食用菌等特色农产品精深加工产业发展。

2. 不断调整工业结构

利用湖北省在资源禀赋和要素成本上的比较优势，充分发挥湖北省丰富的劳动力、农产品资源，雄厚的科教基础，便利的交通等优势，加强工业园区建设，加快工业结构升级，以走新型工业化道路为目标，不断提高工业经济的核心竞争力。抓准当前劳动密集型产业由东向西梯度转移的机遇，大力引进国内外资金与先进技术，加快传统轻工业结构调整与升级换代，大力发展以农产品深加工为重点的轻纺食品制造业，提高食品、饮料、卷烟、纺织、服装、塑料、医药、家电等劳动密集型产业的产品技术与价值含量，改变长期向东部输出原材料与初加工产品的局面。同时，要充分发挥湖北省丰厚的科教资源。武汉市高校林立、科研院所众多、人才储备丰厚，凭借着武汉东湖高新技术开发区和沌口经济技术开发区具有的优惠政策与配套基础设施，扶持开发一批产业化市场潜力大或拥有自主知识产权的高新技术产品，大力发展光电生产、生物医药、新材料、装备制造、软件等高新技术产业。并且湖北省要充分发挥比较优势和竞争优势，推动钢铁、汽车、石化、电力、建材等传统支柱产业的转型升级，鼓励龙头企业通过兼并、重组、托管、联合等形式整合行业内部的高耗能、低效益的中小企业，拉长产业链条，不断增加产品的经济技术附加值，不断通过节能、减排、降耗降低生产经营成本。最后，不断培育优秀的产业集群，提升湖北省的工业经济效益水平。

3. 优化服务业结构，实现产业升级

不断优化服务业结构、拓展服务业领域、扩大服务业总量，最终提高服务业层次。持续对传统产业升级高端化，如搞好商品流通、交通运输、邮电通信、房地产、餐饮娱乐、物流服务等，同时重点发展新兴生产性服务业，带动与之相关的现代制造业的发展，比如以鄂西生态文化旅游圈为代表的生态文化旅游业。逐步形成以传统产业为基础，新兴产业为支撑，产业布局合理，统筹城乡发展的现代服务业格局。一是完善并落实相关政策和法规，加速市场化进程，逐步放开生产性服务业投资。大力发展生产性服务业，如资本服务、会计服务、信息服务、经营服务、技术研发、人力资源、法律服务等行业。加大力度构筑与先进制造业紧密融合并配套的产业链，推动湖北省先进制造业与服务业的齐步式发展。二是立足于湖北省独特的区位优势和水陆空交通枢纽基础，特别是武汉市连南接北、承东启西的区位优势，组建具有竞争优势的大型物流集团，同时不断加快现代化物流产业园区建设，形成以武汉为中枢，以宜昌、襄阳、荆州、十堰、黄石等城市为分支的现代物流网络体系。三是着力打造长江三峡、神农架、清江画廊等重点生态旅游景区和武当山、明显陵、襄阳古隆中、荆州古城、随州炎帝神农故里等特色文化景区，开发了三峡、三国、武当、神农、土家民俗系列特色商品和纪念品，拉长旅游产业链条，拉动鄂西生态文化旅游产业的发展。

（三）加强科技创新，推动产业发展

战略性新兴产业是知识技术密集、物质资源消耗少、成长潜力大、综合效益好的产业，发展的关键在于开发拥有自主知识产权的核心技术并加以推广应用。2006 年，我国政府颁布了《国家中长期科学和技术发展规划纲要（2006~2020)》，纲要强调技术的自主创新性和技术的前瞻性。湖北省应该在国家的指导下，确定未来的科技发展方向和发展重点，制定切合自身特点的科学技术中长期发展规划，加大技术创新力度和创新投资，全面实施科技创新的重大专项计划，推动战略性新兴产业的发展。结合湖北经济社会发展全局，围绕地球空间信息、信息光电子、新能源汽车、智能制造装备、船舶及海洋工程装备、高性能钢铁材料、粮食、畜禽、淡水水产、生物制药、互联网+大健康、环境保护、资源综合利用等重点产业链实施一批科技重大专项，集中资源、持续投入，推动科技成果产业化，力争培育若干具有核心自主知识产权和较强市场竞争力、对孵化一批创新型企业具有重大推动作用的战略性产业，打造一批新兴产业基地、产业集群，为湖北经济发展注入新动力。

加强区域科技创新。围绕省委、省政府提出的"一元多层次"区域发展战略，深入推进武汉全面创新改革试验。加快推进武汉建设国家全面改革创新试验区。开展全方位、全体系、全区域、全领域的全面创新改革，破除体制机制障碍，完善创新生态系统，打造国家创新中心，建成国家创新型城市。加快构建以企业为主体，"产业链、创新链、人才链、资金链、政策链"五链统筹的产业创新体系，聚焦信息技术、生命健康、智能装备三大战略性新兴产业及其细分领域，聚焦传统支柱产业转型升级，促进工业化和信息化融合、制造业与服务业融合，把武汉建设成为战略性新兴产业的育成区、传统产业向中高端转型升级的示范区，建设成为具有全球影响力的产业创新中心。加快推进市州多层次创新示范。以襄阳、宜昌为创新先行区，形成区域创新发展增长极；推进孝感、黄石、荆州、随州、荆门等有条件的地市建设国家创新型试点城市；支持十堰、黄冈、咸宁、恩施、鄂州等建设区域创新中心；全面推进县域科技创新。

依托各地的产业基础和资源条件，因地制宜地推进主导产业特色化、规模化、集群化发展，培育和发展一批特色鲜明、竞争力强的产业集群。加快培育乡镇特色产业群，集中扶持一批重点镇或中心镇，做强做大镇域经济。充分发挥园区集聚集约效应，加强规划布局和政策扶持，推进县域工业园区、农业科技园

区、可持续发展实验区等建设。完善科技成果转化推广体系，支持高等学校、科研院所承担农技推广项目，深入开展科技特派员农村科技创业行动。优化投资环境，加大招商引资力度，通过引进先进的技术或成果，消化吸收再创新。促进县市之间以及与中心城市间的联合与协作，鼓励县域企业与高等学校、科研机构开展合作，引导高等学校、科研院所等机构的科技人才到县市创办产学研合作实体。

(四) 加大科技创新投入，畅通企业融资渠道

技术创新是优化产业结构，实现产业高端化发展的关键，而科技型企业作为科技创新活动的主要承担者，是最具创新活力和能力的主体，对此，国家和各级政府应该给予科技型企业大力支持。而目前科技创新企业技术创新最大的问题在于资金，战略性新兴产业的发展需要大量的资金投入，因此应鼓励企业上市融资。目前我国创业板共有上市公司 296 家，其中湖北只有 10 家，仅占总数的 3.38%。湖北省应鼓励科技型企业上市融资，将有实力和潜力的企业纳入上市企业准备库，经过预备、辅导、上市三个过程，充分地利用中小板和创业板市场，解决企业资金不充裕的后顾之忧。同时湖北也应充分利用好用于扶持科技型中小企业的技术创新活动的中小企业创新基金。湖北省可以采取进一步的措施，通过加强创新基金的宣传工作，不断扩大创新基金的使用面和效果，积极鼓励并组织企业进行项目申报。利用好湖北自身的科教优势，建立优质企业项目库，在提高立项率的同时，实现产学研相结合的协调发展。完善项目管理机制，严格监管立项的后续工作，做好项目的监理、验收工作，确保创新基金项目能够按期落实到位，按期完成。重点突出知识产权保护，企业孵化和项目运作的各环节应涵盖知识产权管理与保护。除了创新基金外，湖北省还可以从多方面加大投入，支持企业创新。如建立湖北省战略性新兴产业发展基金，吸引民间资本进入，促进新兴产业的发展。建立各种新兴产业发展的专项发展基金，如建立生物产业基金、环保能源发展基金、电动汽车发展基金等，推动战略性新兴产业跨越式的发展。

同时，优化整合省各部门管理的科技计划（专项、基金等），设立知识创新、技术创新、成果转化、创新创业服务四类专项计划。知识创新和技术创新采取持续稳定的前资助方式，成果转化采取定向有偿投资的方式，创新创业服务采取前资助、后补助和政府采购服务相结合的方式。建立和完善财政科技投入稳定增长的制度环境，进一步提高财政科技投入占财政支出的比重。加强科技投入与规划实施的衔接，建立财政科技投入的统筹协调机制，加强政府相关部门之间科技预

算资金的统筹协调，优化财政科技资金配置，确保投向关键领域和薄弱环节，最大限度地发挥财政科技资金的使用效益。将科技投入要求纳入地方各级党政领导、相关责任人政绩考核范畴，引导和督促各级政府保证科技投入的规范开展。

大力发展创业投资，壮大创业投资引导基金规模，鼓励各市州设立创投引导基金，吸引省内外创投资本参与科技创新和成果转化，促进湖北省创投资本规模化发展。营造良好的科技金融生态环境，促进科技型中小企业发展和高新技术产业化；提升资本市场对创新的支持，建立科技部门、上市主管部门和证券监管部门的信息沟通机制，建立科技型企业上市后备资源库。规范发展区域性股权市场，加快建设各类服务科技型中小企业和科技成果转化的区域性股权市场。加强科技金融产品和服务创新，引导扩大科技信贷和科技保险，建立健全政府引导、省市联动、多方参与的科技贷款风险补偿机制。建设全省科技金融创新创业服务平台，配合国家技术转移中部中心建设，建立和完善全省性科技金融创新创业服务平台，确定科技型中小企业划型标准，完善科技型企业征信体系建设，打造集成多方资源、提供全方位服务、覆盖科技型企业全生命周期的科技金融服务平台。

参考文献

[1] 崔磊. 浅谈对我国电子信息产业发展提出的几点建议 [J]. 知识经济，2011（11）.

[2] 邓忠明. 2013 年湖北省石化行业经济运行特点分析 [J]. 中国石油和化工经济分析，2014（5）.

[3] 董慧丽，夏志强. 全面深入推进"两圈一带"总体战略 [J]. 学习月刊，2011（15）.

[4] 湖北省经信委重化产业处. 2010 年湖北石化行业经济运行情况分析 [J]. 中国石油和化工经济分析，2011（6）.

[5] 金碧辉. 湖北汽车产业发展战略研究 [J]. 城市建设理论研究：电子版，2011（34）.

[6] 刘长发. 基于转型升级要求的建材工业发展战略思考 [J]. 建材发展导向，2013（3）.

[7] 刘怡玮. 我国现代生物医药产业现状及对策 [J]. 企业导报，2015（10）.

[8] 骆红静，吕晓东，杨桂英，杨秀霞. 2014 年世界和中国石化工业综述及 2015 年展望 [J]. 国际石油经济，2015（5）.

[9] 马勇，何莲. 鄂西生态文化旅游圈区域共生——产业协调发展模式构建 [J]. 湖北社会科学，2010（1）.

[10] 申海鹏. "十二五"期间食品行业发展状况 [J]. 食品安全导刊，2015（3）.

[11] 石子敬，向波，邓放明. 湖南省医药食品工业发展现状与对策分析 [J]. 粮食科技与

经济，2015（1）.

[12] 孙中叶，黄向阳.河南省食品工业的竞争力比较及发展战略［J］.粮食问题研究，2015（3）.

[13] 汪家宝.我国医药产业可持续发展路径研究［J］.南京财经大学学报，2014（3）.

[14] 王治国，齐婉岑.新常态下辽宁装备制造业发展对策研究［J］.企业导报，2015（10）.

[15] 夏振坤，秦尊文.湖北"一主两副"战略与武汉中心城市建设［J］.学习与实践，2012（9）.

[16] 谢光彩，廖德华，曾维平.湖南有色金属产业可持续发展对策研究［J］.现代矿业，2014（4）.

[17] 徐光瑞.中国工业发展质量的现状与对策［J］.经济纵横，2014（11）.

[18] 杨美芳.2013年福建省石化行业发展概况及2014年预测［J］.中国石油和化工经济分析，2014（4）.

[19] 杨舟琴.浅谈我国长三角地区纺织经济面临的挑战［J］.新经济，2015（14）.

[20] 张丹宁，陈阳.中国装备制造业发展水平及模式研究［J］.数量经济技术经济研究，2014（7）.

[21] 张士秀.建材产业中长期发展战略思考［C］//中国建材产业转型升级创新发展研究论文集，2013.

[22] 赵凌云，夏志强，董慧丽.加快实施"一主两副"战略：完善"金三角"中心城市布局［J］.学习月刊，2011（1）.

[23] 中国建筑材料联合会.2014年建材工业经济运行形势及政策建议［J］.中国经贸导刊，2015（6）.

[24] 中国建筑材料联合会.建材工业2014年经济运行形势分析及2015年趋势判断［N］.中国建材报，2015-03-05.

[25] 钟新桥，范志雄.湖北产业结构发展分析与调整战略研究［J］.武汉工业学院学报，2009（2）.

[26] 钟新桥.湖北产业战略型布局与发展研究［M］.北京：科学出版社，2014.

[27] 周立伟，舒朝霞.2012年世界和中国石化工业综述［J］.国际石油经济，2013（5）.

[28] 周睿全.无纺布产业集群的发展现状、问题及对策——以仙桃市彭场镇无纺布产业集群为例［J］.科技创业月刊，2011（18）.

[29] 周莎丽.湖北汽车产业创新发展研究［J］.绿色科技，2015（2）.

第三篇

区域与城乡

第六章　区域经济发展空间格局

长期以来，受自然条件的制约以及计划经济时期政策导向的影响，湖北省形成了武汉独大、东西部发展相互隔离的经济格局，地区发展潜力受到制约。近年来，国家一系列宏观经济政策的倾斜为湖北省优化区域经济空间格局提供了机遇，湖北省委、省政府审时度势，先后提出了加快武汉城市圈产业转型升级和一体化进程，建设"宜荆荆"、"襄十随"城市群，促进长江经济带开发开放，打造汉江生态经济带，革命老区、少数民族地区振兴发展规划等一系列发展举措，致力于改善地方投融资环境，挖掘区域发展特色和潜力，促进各类经济要素的流动与优化配置，打造中部地区核心增长极。

第一节　区域经济空间格局现状及演化

一、区域空间格局现状

区域空间格局显示了各种经济活动在区域内的空间分布及组合形态。由于各种经济活动不断将分散在地理空间上的相关要素组织起来，沟通协调，克服地理空间对经济活动的约束，降低成本，提高经济效益。经济要素之间通过相互分工、联系、配合，产生了区域空间格局的基本形态。湖北省目前的空间格局以武汉等中心城市为支点，东部主要地市的城市规模、等级明显高于西部地区，长江、汉江、铁路干线、高速公路等作为区域内主要的联系纽带，区域间经济联系总体较为薄弱，东西部综合发展水平差异显著。

（一）省域节点城市布局

点、线、网络和域面是区域空间结构组成的四个基本要素。在省域范围内，城市是最基本的点状形态，湖北省目前所辖的17个二级行政单位，各个节点城市的经济发展状况呈现出显著的不平衡性。湖北省会武汉市是华中地区最大的水陆交通枢纽、综合性工业城市，湖北省经济、政治、科技、文化中心，2015年常住人口1060.77万人，GDP总量10905.6亿元，固定资产投资额7725.26亿元，是省内唯一的特大型城市，城市规模和等级远超省内其他地市。第二梯队的宜昌、襄阳两市总人口数在400万~600万人，GDP总量降至3400亿元，年固定资产投资额降至3000亿元左右，城市建设与发展能力严重落后于广东、江苏、山东等东部发达省份的省内副中心城市。第三梯队的荆州、黄冈、荆门等八个地市人口数由在200万~600万人，GDP总量维持在800亿~1500亿元，年固定资产投资额降至1000亿元左右，城市规模、等级退居国内四线、五线城市行列。第四梯队的鄂州、仙桃、潜江、天门、恩施五市人口数在100万~300万人，GDP总量小于800亿元，其中鄂州、仙桃、潜江和天门主要依托于武汉的发展。四级梯队之间的经济体量差距过大，武汉优势地位明显（见表6-1）。

表6-1 2015年湖北省市州林区发展情况

市级区划		常住人口（万人）	地区生产总值（亿元）	全社会固定资产投资（亿元）
第一梯队	武汉	1060.77	10905.60	7725.26
第二梯队	宜昌	411.50	3384.80	3085.35
	襄阳	561.40	3382.12	3071.94
第三梯队	荆州	570.59	1590.50	1950.49
	黄冈	629.10	1589.24	2027.25
	荆门	289.63	1388.46	1456.93
	孝感	487.80	1457.20	1824.92
	黄石	245.80	1228.11	1380.02
	十堰	338.30	1300.12	1307.25
	咸宁	250.70	1030.07	1372.52
	随州	219.08	785.26	959.66
第四梯队	鄂州	105.95	730.01	823.69
	仙桃	115.50	597.61	461.60
	潜江	95.80	557.57	438.90
	天门	129.20	440.10	392.11
	恩施	332.7	670.81	726.1
	神农架	7.68	20.95	36.38

资料来源：《湖北统计年鉴》（2016）。

从节点城市的空间布局来看，湖北省东部地区的城市发展程度要明显优于西部地区，以武汉为中心，包括黄石、黄冈、咸宁、孝感、鄂州、仙桃、潜江、天门在内的九大城市共同构成湖北省东部城市发展集群，2015年九地市常住总人口数3120.62人，占湖北省总人口的53.33%，GDP总量18536亿元，占湖北省总量的62.76%，区域经济密度达到约3200万元/平方千米，是中西部地区的3.2倍。

鄂西地区主要包括宜昌、襄阳、十堰三大核心节点城市，以及恩施自治州、神农架林区等地，除宜昌、襄阳、十堰三市主城区拥有一定现代工业基础外，本区多为边远山区和少数民族聚居区，地势复杂险峻，交通通达度低，经济基础薄弱，环境承载力差，2015年全区总面积约占全省的50%，但总人口仅占全省的28.22%，GDP总量共计8758.8亿元，占全省比重的29.64%，其中宜昌、襄阳两市的GDP总量达到6766.92亿元，区域经济密度约为900万元/平方千米。

荆门、荆州、随州三市地处湖北省中部，总人口占全省18.44%，2015年GDP总量3764.22亿元，约占湖北省比重的12.74%。湖北省中部区域定位较模糊，根据"核心—边缘"区域理论，本区与鄂西山区同为湖北省内发展定位较为尴尬的边缘地带，较难受到武汉、宜昌、襄阳等核心区域的辐射带动，中部发展能力滞后一定程度上阻碍了鄂东与鄂西之间的经济联系（见表6-2）。

表6-2　湖北省各区域发展情况

主要区域	总人口占全省比重（%）	GDP总量占全省比重（%）	经济密度（万元/平方千米）
东部地区	53.33	62.76	3200
其中：武汉市	18.13	36.90	12840
中部地区	18.44	12.74	1000
西部地区	28.22	29.64	900

资料来源：《湖北统计年鉴》（2016）。

（二）省域主要经济轴线

节点城镇之间通过河流、交通线等实体通道，或者商品、信息的交流相互联结，构成区域格局中的线状形态。经济轴线是支撑区域发展的骨架。

长江和汉江是湖北省内两条重要的发展轴线，长江由湖北省东部至西南部，在湖北省境内的流程达1061千米，流域面积18.44万平方千米，流经黄石、鄂州、武汉、赤壁、荆州、宜昌、秭归等26个县（市），联结了宜昌与武汉两大省域中心城市，流域内 GDP 总量 19797.86 亿元，占湖北省 GDP 总量的 72.3%。湖北省境内的长江干流通航能力达到万吨级，发电能力达到 57.35 万千瓦，满足两岸灌溉、供水需求，直接带动沿江地区的工农业发展和物流交通。当前国家力主推动长江经济带建设，长江作为中国中部经济大通道的发展优势不断凸显，为湖北省加强沿江地区经济联系提供了更好的契机。

汉江由湖北省东部流至西北部，在湖北省境内的流程约 902 千米，流域面积 6.24 万平方千米，流经丹江口、十堰、荆州、天门等县（市），联结了襄阳与武汉两大省域中心城市，流域内 GDP 总量 17567.65 亿元，占湖北省 GDP 总量的 54.39%。长江和汉江构成了湖北省三角形区域格局基本架构中的两条主要轴线。

路网方面，湖北省目前形成了"四纵三横"的铁路交通网，京广线、京九线、焦柳线和京广高铁组成省内四条南北向交通动脉，合武、汉宜、宜万线，武九、汉丹、襄渝线，长荆、麻武线组成的三条东西向交通动脉，在省内主要铁路轴线中，纵向线路偏重鄂东地区，三条纵线均位于武汉及其以东地区，仅焦柳线贯通襄阳与宜昌，鄂西山区缺乏南北沟通的主干线。横向线路以汉宜、汉丹铁路为主体，长荆、麻武线线路短，运力不足，江汉平原腹地缺乏铁路大通道。

高速公路方面，共有麻城至通山、大悟至赤壁、襄阳至公安、郧县至宜昌等七条纵向高速公路，麻城至巴东、英山至郧西、阳新至来凤等四条横向高速公路，以及武汉周边三条绕城高速。2015 年湖北省高速公路总里程达到 6204 千米，新增高速公路里程 1108 千米，仅次于贵州省（1121 千米），排名全国第二。湖北省加大了对鄂西高速公路建设的投资力度，但鄂西高速公路密度仍然仅为鄂东地区的 1/2，交通线路密集程度的差异影响了区域经济联系程度。

（三）省域两大经济区域

域面是经济轴线及其所辐射范围组成的复合型区域，包括城市圈、经济区带等。湖北省在地理空间上形成了鄂东、鄂西两大主体经济区域。

鄂东经济区域：鄂东地区以武汉为龙头，形成了钢铁、汽车、造船等传统制造业和光电子、信息、新材料等高新产业集群，随着 2003 年武汉城市圈建设规划的落实和不断推进，区域经济联系日益密切，逐步成长为中部地区极具竞争力的核心经济区域。

鄂西经济区域：鄂西地区区域面积较大，区域经济发展较为滞后，现代工业主要呈点状分布，仅宜昌、襄阳、十堰三个核心城市拥有较强的工业实力，彼此间发展相对隔离，无法形成有力的区域集聚优势。近年来，由于湖北省委、省政府的大力推动，鄂西区域发展能力有所增强。

除了上述两省域经济区域，湖北鄂西北区域主推襄阳、十堰与随州合力打造的以汽车产业为主导的区域经济体，鄂西南以宜昌为主导，向东加强与荆门、荆州的经济联系，恩施则借助民族地区的发展优势，向西谋求与湘、渝、黔交界地区合作，开发当地特色资源，实现民族地区生态产业、特色产业的协同发展。

总体来看，鄂西区域经济发展实力明显落后于鄂东，上述三个经济区域尚处于起步初期，各地方发展定位和基础尚未合理统筹，相关配套设施多数仍在建设过程中，区域分工与协同效应未能充分显现。

（四）区域分工格局

湖北省区域分工格局具有明显的历史传承性和政策导向性特征。从三大产业结构来看，目前省内大部分地区第二产业产值占 GDP 比重达到或超过 50%，但仅武汉市第三产业产值比重达到 50%，三大产业结构升级为"三二一"结构，其余地市三大产业结构基本为"二三一"结构，第三产业产值比重在 15%~20%。孝感、荆州、黄冈、随州、恩施等市三大产业结构相对较为均衡，第二产业比重并不突出。

江汉平原自古就是长江流域的重要粮仓，地处江汉平原的荆门、随州等地是湖北省内重要的商品粮基地，农业占其产业结构比重接近 20%；恩施、黄冈等地近年来大力发展旅游业，三大产业结构中以第三产业和第一产业为重，工业实力较为薄弱；新中国成立以来先后在湖北布局的几大老工业基地则依托其工业基础发展起来，确立了以第二产业为支柱的产业结构，2015 年宜昌市三大产业比例为 1：5.5：2.9，襄阳市为 1：4.8：2.6，黄石市为 1：6.3：4，鄂州市为 1：5：2.6，这些地区工业实力雄厚，但产业结构单一，第三产业发展滞后，传统工业也面临改造升级的压力（见表 6-3）。

表 6-3 湖北省各市州林区三次产业结构

单位：%

市级区划	第一产业占比	第二产业占比	第三产业占比
武汉	3.3	45.7	51.0
黄石	8.8	55.4	35.8
十堰	12.1	48.9	39.0
宜昌	10.7	58.7	30.6

续表

市级区划	第一产业占比	第二产业占比	第三产业占比
襄阳	11.9	56.9	31.3
鄂州	11.6	57.9	30.5
荆门	14.5	52.6	33.0
孝感	17.8	48.4	33.8
荆州	22.2	43.7	34.1
黄冈	23.9	38.9	37.2
咸宁	17.3	48.6	34.1
随州	16.8	47.9	35.2
恩施州	21.4	36.4	42.1
仙桃	14.7	53.2	32.0
潜江	12.5	54.7	32.7
天门	17.5	50.3	32.2
神农架	9.4	36.9	53.7

资料来源:《湖北统计年鉴》(2016)。

基于湖北省各地市的区位条件、资源环境承载力、产业分工和开发现状的不同,湖北省政府明确了各地市的发展定位,确立了省内主体功能区的空间范围和发展规划。主体功能区划分涵盖重点开发区域(包括国家级和省级重点开发区域)、限制开发区域和禁止开发区域三个层次,其中重点开发区域是指"资源环境承载能力较强,经济和人口集聚条件较好,能够对区域经济格局产生重大影响,扮演增长极角色的区域",国家级重点开发区域主要布局在武汉城市圈核心区域,省级重点开发区域主要布局在省域两江发展轴线上。限制开发区域主要包括农产品主产区和重点生态功能区,农产品主产区"耕地面积较多,农业发展条件较好,必须把增强农业综合生产能力作为首要任务,限制大规模高强度工业化、城镇化开发",主要包括江汉平原和鄂北岗地等地区;重点生态功能区具有较高的生态功能价值且资源环境承载能力较低,不具备大规模高强度开发的条件,因而将增强生态产品生产能力作为首要任务,主要分布在鄂西北秦巴山区、鄂东北大别山区、鄂西南武陵山区和鄂东南幕阜山区。禁止开发区域是"依法设立的各类自然文化资源保护区域,包括国家级和省级地质公园、世界自然文化遗产、风景名胜区、自然保护区、森林公园、湿地公园以及蓄滞洪区等,以点状形态布局在上述各种类型主体功能区中"。

区域主体功能明确之后,各区域未来的开发方式、发展的首要任务,以及重点支持的发展领域都将出现分异。对核心工业化、城市化地区主要支持其集聚经济和人口，加快产业改造升级；对农产品主产区主要支持农业综合生产能力建设、维护农业生态系统；对重点生态功能区主要支持地质、水土、生物多样性等方面的保护和修复。各区域主体功能与其他功能相互交叉、渗透、动态协调，但均以保障各自主体功能的落实和优化为基本要求，从而形成了各具特色、各有侧重的区域空间开发格局。

二、区域空间格局的演变

（一）武汉"一枝独秀"

武汉是湖北省省会，湖北省政治、经济、文化、科技、教育中心。武汉市拥有得天独厚的区位优势，地处中国版图的中心位置，与国内主要城市的距离均在1000千米之内，同时坐拥长江黄金水道，是长江中游的重镇，在国家高速铁路网布局中处于京广、沪汉蓉高速铁路的交会点，是中国内陆最大的水陆空交通枢纽。

优越的区位条件为武汉的经济发展提供了良好的基础，中国近代史上，武汉是第二批被迫对外开放的通商口岸之一，西方经济势力的侵入刺激了武汉近代工商业的崛起，洋务运动则奠定了武汉重工业的基础。这一时期，武汉不仅是中部地区近代化最突出的城市，更发展为中国仅次于上海的第二大城市。新中国成立之后，武汉被列为工业建设的重点，"一五"、"二五"计划的一批重要项目落户武汉，武汉的重工业基础得以强化，整个计划经济时期，武汉长期稳居全国十大中心城市之列，经济地位仅次于北京和上海。

改革开放以来，东南沿海地区快速发展，武汉市在国内的经济地位退居二线，传统经济模式僵化，发展动力不足，经济增速与东部发达地区的差距不断拉大。但武汉在湖北省依然占据绝对的龙头地位，湖北省始终坚持以武汉为中心的发展思路，给予武汉多方面的政策扶持和资金优惠，举全省之力改善武汉市基础设施条件和投资环境。武汉市 GDP 总量占湖北省比重由 20 世纪 80 年代的 25%提升至 2014 年的 36.8%，20 世纪 90 年代武汉市在湖北省的经济地位迅速攀升，2005 年之后，GDP 总量占湖北省比重基本稳定在 35%左右。

随着改革开放的不断深入，武汉市加快了经济结构调整和产业升级步伐，GDP 总量由 1980 年的 53.4 亿元增至 2015 年的 10905.6 亿元，年均增速达16.4%。进入 21 世纪，国家为加快内陆地区经济发展，缩小东西部区域差距，推行了"西部大开发"、"中部崛起"等一系列战略决策,为武汉承接东部产业转移提供了机遇。2008 年,以武汉为中心的"1+8"城市圈被批准为国家两型社会建设综合改革配套试验区,全面推动了武汉创新驱动型产业升级和循环经济发展,促进了金融体制、对外开放、行政管理体制的改革,使武汉在转变经济发展方式的实践中走在全国前列。2014 年,国务院在长江经济带建设的总体规划之下,提出了以武汉为中心的长江中游城市群发展规划,一系列中央政策的倾斜为武汉市新一轮发展提供了强劲的政策支持,在国内经济增速明显放缓的背景下,武汉市 2008 年以来的 GDP 年均保持 16% 以上的高速增长,明显高于全国平均水平,产业结构调整、生态建设和环境保护工作成效显著,区域竞争力和辐射带动能力明显增强,中部中心城市的战略定位日益凸显。

(二)次区域中心的转移

武汉市的快速发展促使湖北省内区域不平衡日益凸显,其他地市的经济实力和竞争力明显不足,城市之间出现明显断层。为缓解区域发展差距,解决武汉市辐射范围有限的实际问题,湖北省政府开始探索培育省域副中心城市。20 世纪 90 年代,湖北省将荆州、黄石作为省域副中心城市发展,但由于荆州市地处湖北省南部一隅,对鄂西北地区的辐射作用有限,黄石市距离武汉市较近,政策效应发生重叠,无法有效发挥省域副中心城市的效应。随后,湖北省调整战略方针,将黄石并入武汉城市圈发展,将襄阳、宜昌两市确立为省域副中心城市,分别辐射带动鄂西南与鄂西北的区域发展,缩小与东部地区的区域差距。宜昌带动和影响周边的荆州、荆门、恩施和神农架林区;襄阳带动和影响周边的十堰和随州。地理空间上武汉、宜昌、襄阳三市基本形成一个规则的等腰三角形,组成了湖北省区域格局的三个有力支点。

"宜昌、襄阳作为省域副中心拥有较强的经济和综合实力优势,两市在地区生产总值、地方一般预算收入、规模工业增加值、城镇固定资产投资额、外贸出口额等主要经济指标方面均列湖北省第二、第三位。"宜昌是"世界水电之都",坐拥三峡水电能源优势,加上长江中游起点、鄂渝两地要冲的地理优势,现已成为鄂西南地域中心,是"鄂西生态文化旅游圈"与"长江经济带"的核心城市,集电力、化工产业、航运业和旅游业为代表的现代服务业、民族地区跨越式发展、三峡库区生态建设等多项职能于一身。襄阳是有着 2800 多年历史的荆楚文化名城,鄂、豫、渝、陕毗邻地区唯一的区域中心城市和内陆地区重要的新型汽车城，打造鄂西北汽车产业走廊的龙头，努力建设中国汽车新城、中国织造名城、中国新能源之都、中国生态食品之都，助推区域产业结构优化和城市功能提升。

（三）区域空间格局的变迁

新中国成立以来，湖北省区域空间格局长期以武汉独大为基本特征，计划经济体制下，国家用于经济建设的经费有限，只能满足少数大城市的工业建设需要，由于交通运输不发达及行政阻碍，地区间缺少必要的经济联系，武汉的辐射带动作用无法显现。

"20世纪90年代，湖北省委、省政府为推动改变省会武汉一城独大的局面，确立了'一特五大'的城市发展战略，决定在继续发展武汉特大城市的同时，将黄石、荆州、襄阳、宜昌和十堰5市作为大城市来规划发展。"这一战略布局促进了湖北大城市的发展，有力地推动了湖北省的城市化进程。"一特五大"依然是基于单一节点（城市）为构成要素的区域格局，是区域格局的初级形式。随着区域间联动效应和要素流动性的进一步增强，"一特五大"的区域格局逐步优化，定位了武汉、襄阳、宜昌三大区域中心城市和长江经济带、汉江经济带两大经济走廊，武汉城市群、"襄十随"城市群和"宜荆荆"城市群集聚效应不断强化，形成以点带面，以两江为主要轴线的"金三角型"区域格局。

三、区域空间格局存在的主要问题

湖北省是典型的非均衡发展省份，由于省会武汉市偏居湖北省东部，对省内其他地区，特别是对广大鄂西地区的辐射带动能力十分有限，而鄂西地区受自然条件制约，并且由于涉及三峡库区、南水北调中线水源地、专属林区等国家重点生态规划区，发展能力与空间有限。在区域发展战略调整过程中，湖北省委、省政府致力于转变现有的区域经济格局。但就目前的发展形势而言，东西部之间的发展差距短期内仍然无法出现实质性改观，区域格局调整也将不断出现新的问题和挑战。具体归纳为以下几个方面：

（一）武汉与周边地市发展脱节

2007年，武汉"1+8"城市圈正式被国务院批复为"全国资源节约型和环境友好型社会建设综合配套改革试验区"，经过八年的发展已成为湖北省乃至中部地区重要的改革试验区和战略支点。但武汉城市圈承接东部产业转移的能力较弱，较之东部地区，自主创新能力也显得十分薄弱。从城市圈内部的经济结构来看，武汉市充分发挥了区域支点的相应作用，但黄石市作为城市圈内的副中心城市，其经济体量（1228.11亿元，2015年）仅为武汉市（10905.6亿元，2015年）的11.26%，无法有效担当起副区域中心的职能。除武汉市以外，其余八地市的高端制造业、循环产业等新兴业态均处于规划和起步阶段，区域整体的产业优化升级面临一系列风险与挑战，制约了整体竞争力的实现。

武汉城市圈与京津唐城市群、长三角城市群、珠三角城市群三大城市圈进行对比，武汉城市圈在产业结构、市场流动性、对外开放水平等诸多方面存在较大差距；同时与中西部地区后起的区域经济体，如长株潭城市群、中原城市群等相比也并无明显的发展优势，在当前中国经济转轨和布局优化的关键机遇期，只有不断促进区域转型升级，激发区域市场活力，才能真正实现跨越式发展。

（二）宜昌、襄阳的辐射带动能力不足

"2007年宜昌市和襄阳市被湖北省委、省政府正式确立为省内副中心城市，发展速度显著加快，尤其是襄阳市在经济总量和综合竞争力等方面的全国排名均有大幅提升。"但两市自身发展取得重大突破的同时，作为省域副中心城市的功能并没有相应增强。宜昌市和襄阳市产业结构单一，过度偏重于重工业，2015年宜昌市GDP总量3384.8亿元，其中重化工业贡献率接近50%；襄阳市GDP总量3382.12亿元，重工业贡献率达到45%。两市国民经济和地方财政都高度依赖三峡集团、湖北宜化、东风汽车等大型国有企业，相比之下，中小企业的发展能力没有被充分地激发，市场整体活跃度不足。

由于宜昌、襄阳两市的经济发展主要依赖资源、资本、政策等要素的推动，新兴产业、高技术产业、文化产业、高端服务业的发展相对滞后，技术、人才、信息、文化等能够高效流动的生产要素在其经济发展中的作用并不突出，这也直接导致了两市对周边地区的辐射带动能力偏弱。

（三）经济欠发达地区边缘化

湖北省除三大核心城市群之外，还拥有大面积的经济欠发达地区，广泛分布在边远山区、少数民族聚居地区等地。这些地区生态环境脆弱，交通通达度差，经济发展能力具有明显的先天局限性。对于三峡库区、专属林区、专属水源地等重点环境保护区，当地限制大规模发展现代工业，进一步制约了地方发展能力。

近年来湖北省加大了扶贫力度，对大别山区、武陵山区等重点贫困地区分别给予了大量的资金和政策支持，一定程度上促进了地方经济的发展，伴随鄂西生态旅游圈的建设，武陵山区、秦巴山区的特色旅游业快速兴起，成长为地方经济的新增长点。但这些地区发展起点低，基础设施建设相对滞后，由于缺乏现代市场竞争意识和品牌意识，造成服务业发展方式粗放、急功近利，缺乏合理有效的规划和标准化经营理念，发展水平难以满足不断变化的市场需求。另外，广大欠发达地区在解决实际问题中未能充分发挥主观能动性，挖掘自身发展优势，而是过度依赖上级政府的政策支持。旅游业等产业的开发在拉动景区及周边快速发展的同时，也加剧了区域内发展不平衡，打破了当地居民原有的生活环境和状态，如果地方政府相应的服务或保障措施不能及时跟上，可能引发诸多不必要的社会问题。

第二节　区域经济发展与差异

一、湖北省区域经济差异程度

湖北省区域经济水平差异较大，并且随着发展进程的加快，区域差异呈现逐年增大的趋势。2015 年，湖北省 17 个地级行政单位中，武汉市人均 GDP 最高，为 104132 元；恩施土家族苗族自治州最低，为 20453 元，两者相差 5.09 倍。而 2000 年武汉市人均 GDP 为 16109 元，恩施土家族苗族自治州为 3700 元，两者相差 4.35 倍。2000~2015 年，武汉市人均 GDP 增速达 13.38%，而恩施土家族苗族自治州人均 GDP 增速为 11.98%。通过测算武汉市与恩施土家族苗族自治州之间经济发展差距，2000~2011 年，两地人均 GDP 差值呈加速扩大趋势，变异系数由 0.4 增至 0.65。2011 年之后，随着湖北省区域发展战略的调整和恩施土家族苗族自治州旅游业的兴起，两地人均 GDP 差值扩大的速度略有放缓，变异系数由 0.65 回落至 0.63，但绝对差异水平仍然十分巨大。

通过引入相对发展率指标（N），来对比分析湖北省各级行政单位的经济发展速度与湖北省总体发展速度的比例关系。以湖北省整体人均 GDP 变化为基准，N>1 的行政单位，人均 GDP 增速快于湖北省整体水平，反之则表示其人均 GDP 增速落后于湖北省平均水平。

2000~2006 年，湖北省地级行政单位共 12 个，人均 GDP 增速快于湖北省整体水平的地级市仅武汉、黄石、宜昌、鄂州四市，其中武汉市相对发展率达到 2.22，其他三市均不足 1.3，与湖北省整体水平相比，优势并不突出。而相对发展率小于 1 的八个地级市中，荆门、孝感、荆州、黄冈、恩施土家族苗族自治州均小于 0.6，其人均 GDP 增速明显落后于湖北省的平均水平。相对发展率指标最高的武汉市（2.22）与最低的黄冈市（0.42）相差 1.8，表现出湖北省各地市发展进程显现出明显分化。

2006~2015 年，湖北省地级行政单位扩充至 17 个，相对发展率>1 的地级市增加为五个。武汉市的发展优势进一步扩大，相对发展率上涨至 2.8，襄阳作为副区域中心城市的发展优势凸显，相对发展率达到 1.2，黄石则跌至 0.9。黄石、十堰、孝感等 12 个地级市人均 GDP 增速均低于湖北省平均水平，其中孝感、荆州、黄冈、恩施、天门的相对发展率不足 0.5，恩施仅为 0.3。尽管武汉市辐射带动作用显著增强，促进了周边黄石、咸宁、鄂州、仙桃等地的发展，但这种带动效应具有明显的等级特征，并没能有效改善区域差异情况，而宜昌市、襄阳市两大省域副区域中心的辐射带动作用仍未显现，鄂西地区的发展普遍滞后。2013年，相对发展率最高的武汉市与最低的恩施差值扩大到 2.5，区域发展的不平衡性持续加剧。

二、区域经济差异指标测算

为了更全面地掌握湖北省 17 个地级行政单位的经济发展能力和经济差异状况，选用主成分分析法，构建包括经济实力与活力、产业竞争力、金融环境、市场环境、社会环境五个方面的综合评价指标体系，指标体系共计 22 个子指标，（见表 6-4）。

表 6-4　湖北省区域经济评估指标体系

评价项目	评价类别	指标体系
1.经济实力与活力	1.1 经济发展水平	1.1.1 地区生产总值（万元）
		1.1.2 全社会固定资产投资完成额（万元）
		1.1.3 全社会消费品零售总额（万元）
	1.2 经济活力与效益	1.2.1 规模以上工业增加值（亿元）
		1.2.2 工业总产值（万元）

续表

评价项目	评价类别	指标体系
2.产业竞争力	2.1 产业规模	2.1.1 第一产业生产总值（万元）
		2.1.2 第二产业生产总值（万元）
		2.1.3 第三产业生产总值（万元）
3.金融环境	3.1 吸引外资能力	3.1.1 实际利用外资（万美元）
	3.2 金融市场活力	3.2.1 年末金融机构各项存款余额（亿元）
		3.2.2 年末金融机构各项贷款余额（亿元）
		3.2.3 人均贷款余额（万元）
4.市场环境	4.1 农村市场活力	4.1.1 农村居民人均纯收入（元）
		4.1.2 农村居民人均消费性支出（元）
	4.2 城镇市场潜力	4.2.1 城镇居民人均可支配收入（元）
	4.3 市场综合潜力	4.3.1 人均存款余额（万元）
5.社会环境	5.1 政府信用	5.1.1 地方财政收入总额（万元）
		5.1.2 地方财政支出总额（万元）
		5.1.3 人均财政收入（元）
		5.1.4 人均财政支出（元）
	5.2 社会发展	5.2.1 就业率（%）
		5.2.2 人均公共设施面积（平方米）

通过对原始数据标准化和相关检验之后，得到各因子对应的特征值及累计方差贡献率，其中前五个因子所对应的特征值分别为 11.785、2.586、1.794、1.180、1.098，累计方差贡献率为 87.823%（见表 6-5），表明这五个主因子可以代表绝大部分信息，能够充分反映湖北省各地级市的经济综合发展差异情况。

表 6-5 因子指标方差贡献率

	总方差解释								
成分	初始特征值			提取的载荷平方和			旋转后的载荷平方和		
	总计	占比（%）	累计占比（%）	总计	占比（%）	累计占比（%）	总计	占比（%）	累计占比（%）
1	11.785	56.118	56.118	11.785	56.118	56.118	8.581	40.863	40.863
2	2.586	12.316	68.434	2.586	12.316	68.434	3.292	15.674	56.537
3	1.794	8.542	76.975	1.794	8.542	76.975	3.058	14.563	71.100
4	1.180	5.619	82.594	1.180	5.619	82.594	2.259	10.756	81.856
5	1.098	5.229	87.823	1.098	5.229	87.823	1.253	5.968	87.823
6	0.552	2.626	90.450						
7	0.439	2.091	92.541						
8	0.361	1.721	94.262						

成分	初始特征值			提取的载荷平方和			旋转后的载荷平方和		
	总计	占比（%）	累计占比（%）	总计	占比（%）	累计占比（%）	总计	占比（%）	累计占比（%）
9	0.323	1.538	95.800						
10	0.282	1.343	97.143						
11	0.160	0.763	97.906						
12	0.142	0.675	98.581						
13	0.089	0.426	99.007						
14	0.069	0.330	99.337						
15	0.056	0.267	99.604						
16	0.040	0.190	99.794						
17	0.021	0.098	99.892						
18	0.017	0.083	99.925						
19	0.011	0.052	99.944						
20	0.008	0.040	99.985						
21	0.003	0.015	100.000						
22	4.907E-6	2.337E-5	100.000						

标题行：总方差解释

为突出各主因子代表的变量，了解每个主因子的明确意义，以便于对每个因子负荷做出合理的解释，采用方差最大正交旋转方法对因子载荷进行旋转，从而得到正交旋转因子载荷矩阵（见表6-6），并根据矩阵中的相关系数对各因子进行分类。

表6-6 正交旋转因子载荷矩阵

序号	指标名称	成分				
		1	2	3	4	5
1	地区生产总值（万元）	0.897	0.378	0.163	0.075	−0.002
2	全社会固定资产投资完成额（万元）	0.858	0.232	0.308	−0.053	−0.041
3	全社会消费品零售总额（万元）	0.848	−0.092	0.180	0.363	−0.073
4	规模以上工业增加值（亿元）	0.843	0.246	0.268	−0.260	0.050
5	工业总产值（万元）	0.841	0.401	0.172	0.134	−0.069
6	第一产业生产总值（万元）	0.836	0.445	0.143	0.196	−0.078
7	第二产业生产总值（万元）	0.815	0.458	0.131	0.175	−0.077
8	第三产业生产总值（万元）	0.790	0.210	−0.107	−0.197	0.372
9	实际利用外资（万美元）	0.774	0.477	0.127	0.178	−0.070
10	年末金融机构各项存款余额（亿元）	0.761	0.275	0.089	0.417	−0.159

表6-6 正交旋转因子载荷矩阵

序号	指标名称	成分				
		1	2	3	4	5
11	年末金融机构各项贷款余额（亿元）	0.737	0.027	0.595	−0.202	−0.021
12	人均贷款余额（万元）	0.617	0.297	0.034	0.255	−0.242
13	农村居民人均纯收入（元）	0.508	0.778	0.112	0.055	0.019
14	农村居民人均消费性支出（元）	0.384	0.748	0.041	0.143	−0.024
15	城镇居民人均可支配收入（元）	0.239	0.720	0.394	0.017	−0.148
16	人均存款余额（万元）	0.039	0.208	0.866	0.378	0.007
17	地方财政收入总额（万元）	0.120	0.193	0.850	0.317	0.211
18	地方财政支出总额（万元）	0.545	0.066	0.789	−0.017	−0.114
19	人均财政收入（元）	0.053	−0.019	0.268	0.913	0.094
20	人均财政支出（元）	0.178	0.490	0.183	0.716	−0.134
21	就业率（%）	−0.077	−0.109	0.081	0.025	0.945
22	人均公共设施面积（平方米）	−0.132	0.021	0.053	0.184	0.916

第一主因子对地区生产总值、全社会固定资产投资额、全社会消费品零售总额、规模以上工业增加值、工业总产值、第一产业生产总值、第二产业生产总值、第三产业生产总值、实际利用外资额、年末金融机构各项存款余额、地方财政收入总额、地方财政支出总额12个指标具有较大的负荷，主要反映了区域经济实力与活力、产业竞争力、吸引外资能力、政府信用，因此命名为地区综合经济影响力因子。

第二主因子对农村居民人均收入、农村居民人均消费性支出、城镇居民人均可支配收入三个指标的负荷较大，主要反映了区域城乡居民的收入情况，可以称为市场环境因子。

第三主因子对年末金融机构各项贷款余额、人均贷款余额、人均存款余额三个指标有较大的负荷，在很大程度上反映了一个地区的信用体系发达度，即获得资金的难易程度，可以称为金融环境因子。

第四主因子对人均财政收入、人均财政支出两个指标有较大负荷，较好地反映了政府信用，可以称为政府信用因子。

第五主因子对就业率、人均公共设施占有面积两个指标的载荷超过0.9，可见就业率和人均公共设施占有面积对区域社会环境的影响力较大，可称为社会环境因子。

经过运算，对各地区经济发展水平和经济差异进行综合评价，F为各县域经济发展状况综合分值；其中 $\omega_1 = \lambda_i / \sum \lambda_i$；$\lambda_i$ 为第 i 个主因子对应的特征根（i = 1，2，3，4，5）；ω_1 为公因子 i 的解释方差贡献率，它是各因子的方差贡献率与五个主成分的累计贡献率的比值，作为公因子 i 解释地区经济发展能力的权重。F_i 为各地区经济发展能力在各公因子上的负载，ε 为五个公因子所不能解释的地区经济发展能力的部分，由于五个公共因子累计解释方差贡献率为 87.823%，所以 ε 可以忽略不计。该模型演变为：

$$F = 0.40863F_1 + 0.15674F_2 + 0.14563F_3 + 0.10756F_4 + 0.05968F_5$$

根据 SPSS16.0 运算结果，计算出湖北省 17 个行政单位经济发展能力的五个因子得分和综合得分，按照综合得分大小对各地区进行排序（见表 6-7）。

表 6-7　因子得分

县域	F_1	F_2	F_3	F_4	F_5	综合得分
武汉市	4.74538	2.26846	1.97438	2.13683	1.88346	2.47635
仙桃市	2.59406	−0.30828	0.12142	−0.9088	0.63393	0.96946
潜江市	2.4673	−0.85544	0.1739	0.46086	−0.00653	0.94864
黄石市	1.64558	1.30917	0.14879	0.20754	−0.51782	0.89072
鄂州市	1.0103	0.19317	2.39059	−0.2444	−0.89371	0.71163
宜昌市	0.27646	1.9867	0.35527	1.85729	0.22427	0.68926
襄阳市	1.89074	0.04429	−0.49245	−0.75779	0.10022	0.63231
天门市	1.96702	−0.76716	−0.04216	−1.38881	0.1273	0.53561
荆门市	1.30227	0.34893	−0.3982	−0.52635	−0.54399	0.43977
孝感市	0.48835	−0.83968	3.06946	−1.16819	−1.12452	0.32219
黄冈市	−0.73754	−0.1064	2.66335	1.38891	0.07769	0.22384
咸宁市	0.49567	0.68595	−0.52983	0.36888	−1.13911	0.2046
十堰市	0.09048	0.71134	−0.41098	0.48032	0.2146	0.15308
随州市	0.15761	0.50179	−0.26799	−0.76062	1.03267	0.08384
荆州市	0.40915	1.77232	0.6375	−1.09872	−0.68486	−0.07129
恩施州	−0.16401	−2.43193	2.35147	−0.53649	−2.13221	−0.17429
神农架林区	0.05681	−2.87626	−3.18526	−2.61464	0.65914	−2.07506

从综合得分来看，武汉市数值为 2.48，遥遥领先于其他地市，其中在综合经济影响力因子（F_1）方面的得分尤为突出，而在金融环境因子（F_3）和社会环境因子（F_5）上的得分相对较弱，低于综合得分。湖北省其他地市综合得分均小于 1，其中仙桃、潜江、黄石、鄂州、宜昌、襄阳、天门得分在 0.5~1，两大省域副中心城市和武汉城市圈的其他城市属于综合竞争力排名中的第二梯队，但它们的

发展各有短板，武汉城市圈内其他城市在市场环境因子（F_2）和社会环境因子（F_5）上得分较低，潜江、黄石等市甚至出现负值，反映出地方发展环境和人民实际生活水平并没有随经济增长速度相应改善，宜昌和襄阳在金融环境因子（F_3）上得分较低，显示出金融市场的不健全，投融资活跃度低。表中从荆门到神农架林区的9个地市综合得分小于0.5，各地市均存在明显的发展制约因素，如荆门在金融环境因子（F_3）、政府信用因子（F_4）和社会环境因子（F_5）上的得分明显小于0，而孝感则在市场环境因子（F_2）上的得分明显小于0。在所有地市中，荆州、恩施和神农架林区的综合得分小于0，反映出三地各方面发展条件的不足，经济发展的制约性较强。

根据因子得分计算值，绘制湖北省区域发展能力等级分布图（见图6-1）。武汉市工业基础雄厚，产业结构在省内位于最高端，城乡居民收入水平较高，地区投融资环境良好，政策扶持力度较大，经济实力稳居湖北省龙头。黄石、仙桃、鄂州等地接受武汉辐射影响，承接产业转移，高端制造业快速发展，产业升级加快；随着武汉城市圈建设，投融资、政策环境持续改善，发展势头良好。而武汉周边的黄冈、咸宁等市受部分边远山区发展条件制约，整体发展能力相对落后。作为省域副中心城市的宜昌市和襄阳市各自建立起具有自身发展优势和特色的产业体系，充分发挥长江、汉江水系在航运、能源、灌溉、生态等方面的综合价值，打造新型发展模式，全力实现跨越式发展，但两市作为副区域中心城市的

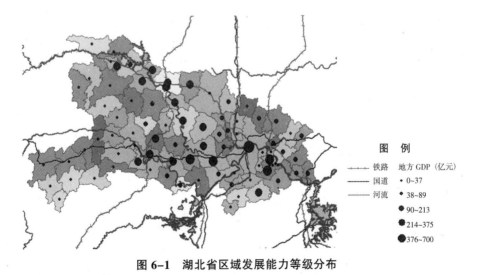

图6-1 湖北省区域发展能力等级分布

资料来源：《湖北省统计年鉴》（2015）。

辐射带动效应并未明显显现，尤其是对于鄂西地区，这是湖北省区域差距的主要症结所在。同时地处鄂北、鄂南地区的随州市和荆州市发展被边缘化。

第三节　区域整合联动与协同发展

区域整合联动与协同发展是促进区域生产要素流动和优化配置的必由之路，合理完善的区域规划及相关联动保障机制，能够节约核心地区与经济腹地之间的沟通成本，带动各区域发挥地方特色及产业优势，强化区域核心竞争力，实现跨越式发展。湖北省内的区域整合联动在西部大开发、中部崛起、长江经济带、"一带一路"等一系列发展战略的引导和大力支持下，逐步摸索出适应省内发展需要的模式，一定程度上改善了省内区域经济结构性问题，缩小了地区发展差异水平。

一、区域整合联动的主要条件

区域间的整合联动需要在前期的调研论证过程中充分考察各地方的实际发展情况和发展潜力，考察其能否满足一系列基本的区域发展条件，并据此综合评价区域联动的可行性，这是能否实现区域间"1+1>2"的协同效应的重要保障。区域整合联动的条件涵盖了地理区位、经济实力、区域环境、思想观念等方面，既包括对区域中心的要求，也包括对区域腹地的要求，下面将具体分析各类主要条件，并检验湖北省内各区域是否满足相应的条件。

（一）区域经济发展基础

区域经济联动与经济力量整合很大程度上是对资源进行优化配置，既包括对自有资源优化利用，也包括吸引外部资源。具有较强经济基础的地区，才拥有足够的经济吸引力，能够突破区域的限制，促使联动与整合的范围扩大，将周边经济要素更科学有效地组合、转化和创新利用，实现资源优化配置，进而提升经济效益。经济实力薄弱的区域，由于经济主体对外部资源的需求不强，对外部市场的扩张动力不足，联动与整合的范围就较窄，收益很小。从国内已有的区域经济联动与经济力量整合案例来看，"珠三角"、"长三角"、"京津冀"等区域整合程度高于其他地区，这与其雄厚的经济基础密切相关。

湖北省目前的整体经济水平位居全国各省级行政单位的中上游，中部六省中落后于河南省，位居第二，在长江沿线 11 个省市中位居第五，在国家落实转变经济发展方式、优化经济结构的过程中，2015 年湖北省 GDP 增速（7.9%）高于全国平均水平（6.9%），展现出新形势下更为强劲的发展势头。并且湖北省历史底蕴深厚，近代以来工商业发达，商品经济萌芽早，各类市场主体及市场要素较为活跃，在计划经济时期又先后布局了众多的大型工业企业，具有较为雄厚的重工业基础。综合来看，湖北省的经济发展水平在我国内陆省份中相对突出，具备催生、实现区域整合联动效应的基本条件（见表 6-8）。

表 6-8　中部六省 GDP 总量

单位：亿元

	2015 年	2014 年	同比增速（%）
河南	37010.3	34938.2	5.9
山西	12802.6	12761.5	0.3
湖北	29550.19	27379.2	7.9
安徽	22005.6	20848.7	5.5
湖南	29047.2	27037.3	7.4
江西	16723.8	15714.6	6.4
全国平均	—	—	6.90

资料来源：《湖北统计年鉴》（2016）。

（二）合理有序的产业结构

产业链上下游的交互和联动是实现区域经济整合联动的基本推动力，产业间的集聚扩散效应能够带动区际的生产要素流动，进而带动区域间的整合联动。当产业规模较小或者结构较低端时，产业内部分工无法影响外部资源的配置，无法与其他区域的相关产业进行互补和配套，区域之间难以形成产业链利益共同体，区域经济联动与整合就将失去意愿和动力。只有当产业结构的配置更为高级，才能促使产业内部分工产生外溢效益，加速跨区域产业之间的加工、营销和服务联动，使区域间的经济联系更加紧密。合理有序的产业结构需要的是区域间在产业细分和不同产业环节上各有所专，各有所长，由此才能形成产业的配套衔接，如果各区域的产业结构过于雷同，则区域间的竞争势必大过合作的意愿。

湖北省目前产业结构过于偏重重工业，东部高端制造业和现代服务业的发展水平明显优于西部，但东部"武汉城市圈"九市内部差异显著。2015年武汉市生产总值占到武汉城市圈总额的58.84%，武汉市周边八个地市均以承接武汉市的产业转移为重点，第一产业产值占圈内第一产业总量的77.59%，第三产业占比为31.95%，这样的区域产业分工模式是单向的产业扩散而非双向的产业互动，各地级市的产业配置较为被动，难以真正发挥自身的产业特色（见表6-9）。在产业结构方面，鄂西北地区的基础要优于鄂西南地区，鄂西北地区近年来主推汽车产业为支柱、绿色环保产业为特色的产业结构，并且在产业细分上各有侧重，有力推动了区域联动的进展，但总体上产业结构较低端，第三产业的辐射带动力难以发挥，仍然是鄂西地区经济发展面临的主要问题。

表6-9　武汉城市圈基本经济指标

单位：亿元

地区	地区生产总值	第一产业	第二产业	第三产业	占城市圈比重（%）
武汉	10905.60	359.81	4981.54	5564.25	58.84
黄石	1228.11	108.56	679.88	439.67	6.63
鄂州	730.01	84.66	422.44	222.91	3.94
孝感	1457.20	259.45	705.76	491.99	7.86
黄冈	1589.24	379.62	618.42	591.20	8.57
咸宁	1030.07	178.59	500.47	351.01	5.56
仙桃	597.61	87.99	318.14	191.48	3.22
潜江	557.57	69.88	305.17	182.52	3.01
天门	440.10	76.92	221.46	141.72	2.37
其他八市总计	7629.91	1245.67	3771.74	2612.50	41.16
城市圈总计	18535.51	1605.48	8753.28	8176.75	100.00

资料来源：《湖北统计年鉴》（2016）。

（三）实力较强的区域增长极

区域经济的发展主要依靠区域增长中心的辐射带动才能够实现，根据"核心—边缘"理论，任何区域都需要区域增长极，具备足够的综合实力影响周边的经济腹地，主导区域发展模式和方向。区域增长极一般设定为综合性较强的区域中心城市，其经济规模比较可观，整体实力比较雄厚，聚集了各类资金、人才、信息和技术，同时交通路网、通信等基础设施、配套建设完备，是区域经济活动的聚集点和经济交流的枢纽，通过带动区域合理分工和资源优化配置，带动区域经济发展。中心城市最重要的是要具有核心竞争力，这是中心城市能够发挥优势与辐射效应的关键所在。

湖北省设定的三个区域中心城市，即武汉市、宜昌市和襄阳市，分别作为鄂东、鄂西南和鄂西北区域发展的重要引擎。其中武汉市作为湖北省发展建设的重中之重，近年来高新技术产业方兴未艾，不断完善基础建设，全面提升城市软、硬实力，城市形象和综合实力有了明显提高，2016 年 12 月，武汉市获批"中国制造 2025"试点城市，武汉市的发展定位是我国中部地区的中心城市，全国重要的工业基地、科教基地和综合交通枢纽，辐射范围将超越省域范围。宜昌、襄阳两市在 2003 年后逐步奠定了省域副中心城市的地位，在湖北省政府的大力支持下，龙头产业实现新的突破，产业多元化又有新进展，城市规划建设标准不断提升，城市地位和综合实力不断强化。可以看出湖北省具备了能够带动省域联动发展的增长极。

（四）良好的区域腹地环境

区域整合联动除了要有足够强劲的发动机推动，还需要良好的区域腹地环境能够承接、消化、吸收中心城市所带来的传导效益，因此，对所辐射区域内的环境也有相应的要求和条件。区域环境包括硬环境和软环境，硬环境由自然资源、配套产业、基础设施和生活设施等构成，区域腹地首先要保障中心城市的各类生产、生活资源供给；其次，还要具备各种承接中心城市产业和职能转移，并将其创新发展的条件。软环境则由历史文化渊源、地方习俗、制度安排、劳动力知识技能等构成，相似的历史文化背景和风俗习惯会形成天然的聚合力，并更容易产生规模效益，可以大大降低生产要素交换、流动的隐性成本。而政府配套服务政策、制度安排等，从制度上保障了区域间资源流转的效率，这些因素都是各行政区选择经济合作伙伴需要重点考虑的问题。

就湖北省内情况而言，各区域的城市等级差距十分明显，武汉周边八地市GDP 总和（41.16%，2015 年）不及武汉市（58.84%，2015 年），但各地市的整体实力较为接近。腹地经济结构、资源和生态环境的多元性为同武汉市之间的要素流转及产业互动提供了更多的空间，各地市依托省会发展的意愿也十分强烈，腹地环境十分适宜区域联动的进一步推进。相比之下，鄂西地区的腹地环境不及鄂东地区优越，首先是周边地市与宜昌、襄阳的等级差距并没有东部那样显著，区域内大片偏远落后地区难以转化为实际意义上的经济腹地，区域资源、产业、配套设施的多元性相对不足，由于交通通达性、民族构成、历史渊源等情况，部分区域对中心城市的联动发展意愿不强，致使区域内的聚合力弱化。

（五）规范的市场运作机制

区域经济联动与经济力量整合作为一种内生与经济发展和体制转轨的进程、由区域内部各地区之间商品和要素流动密度不断加大而生产的区域整体化趋势增强的过程，要求政府在制定和执行区域发展政策过程中遵循市场运作规律，将区域经济发展的主动权交还给企业和民间组织，顺应经济资源和市场要素流动的意愿与规律，放弃更多阻碍区域间资源要素流动的管制，从而真正达到区域资源优化配置的应有效益，这是市场运行机制的客观要求。如果市场运行机制不健全，区域之间的经济联动将缺乏媒介，区域生产要素配置和产品流动也将缺乏纽带，市场调节与配置功能也就无法发挥，区域经济联动与经济力量整合也就会沦为政府间的"拉郎配"，区域整体效应将无法真正实现。

（六）正确的开放意识与观念

意识、观念及思维习惯会直接影响到经济活动参与者的行为选择和决定。在区域经济关系中，如果一个地区的封闭意识与落后观念较重，就可能滋生自足、自满、自大、固步自封等群体性格特征，并在经济行为中产生较强的排外性，无形中给区域经济的整合联动造成巨大的隐性成本和阻碍，并逐步与外界发展形势相脱节。而开放意识与观念则具有辐射性和广泛的参与性，易于接受外部因素的进入，并在此基础上加以改造和创新，因而有利于区域经济整合联动。市场经济环境下，竞争机遇与挑战并存，只有群体性开放包容的心态，才能更加积极地应对市场中的形势，在发展中力求变革与突破。改革开放 30 多年来，随着物质财富的积累，人们的市场意识和心态都有了更多深层次的改变，但在广大内陆地区，特别是经济腹地中的欠发达地区，传统思维模式仍然支配着人们的生产生活习惯，这将会对深化区域经济的整合联动带来一定阻力。

二、湖北省区域整合联动的主要模式

湖北省目前已经形成了以武汉、宜昌、襄阳为支点的三大经济核心区，长江和汉江为轴线的经济带，并在武陵山区、大别山区等边远地区开展了各项扶贫开发和特色产业规划，为带动当地的特色产业集群和区域联动铺平了道路。湖北省的整合联动发展模式既是出于适应省内区域经济特色，解决区域经济中存在的矛盾考虑，也是顺应新时期国家转型发展的要求，兼具了地域特色和时代特色。但由于不同地区间推进的力度和进度存在明显差别，面临的瓶颈和制约因素也各有不同，因此区域整合联动的效应还难以充分实现。下面将分别从三大核心经济区、长江经济带开放开发、汉江生态经济带开放开发和连片贫困地区的精准扶贫等方面对湖北省区域整合联动模式进行分析。

（一）三大核心经济区

2003年，湖北省确立了"一主两副"的发展战略，并将其列为湖北省"十一五"、"十二五"规划的重点部署内容，着力提升武汉、宜昌、襄阳三市的综合竞争力和辐射带动能力。2010年，湖北省政府工作报告正式明确了"宜荆荆"、"襄十随"城市群的建设方案，来帮助宜昌、襄阳两市逐步实现辐射、整合、拉动"副中心"城市的作用，形成强有力的区域集群效应，培育省域新兴增长极。至此，湖北省形成了三大区域联动发展的模式。

武汉城市圈位于经济条件较优越的东部地区，是湖北省首个国务院批复的国家级改革试验区，也是湖北省起步最早的联动发展规划区域。自2007年武汉城市圈被批准为"全国资源节约型和环境友好型社会建设综合配套改革试验区"起，武汉市GDP总量由2007年的1662亿元增至2015年的10905.6亿元，在全国32个省会城市、直辖市中综合竞争力排名由第九位升至第八位。目前，武汉市产业结构已基本实现由传统重工业为主向高端制造业、高端服务业的转变。

武汉城市圈配套建设相继投产，城市圈一体化进程加速。2007~2009年，国家先后在中部地区规划部署了武汉城市圈、长株潭城市圈、中原城市圈、鄱阳湖生态经济区等区域发展规划。武汉城市圈人均GDP达到56347.3元，在几大区域中较为突出，但同时也是区域中心城市与副中心城市GDP差异最为明显的，武汉市的GDP总量占到全区的88.4%，作为区域副中心城市的黄石，GDP总量仅为武汉的1/10，使得产业对接和相互协调配合缺乏足够的基础，区域组织架构暂时难以达到最理想的状态。而其他典型区域中的中心城市并没有像武汉市一样表现出如此强势的经济地位，与副中心城市的关系也更为协调，如长沙、株洲和湘潭，郑州和洛阳，南昌和九江之间的经济差异并不突出，城市等级和产业分布也更为有序，长远来看，这样更有利于区域内部联动效益的发挥。

从区域的三大产业比重来看，一方面，武汉城市圈是第二、第三次产业较为协调的区域，其他区域的三大产业比重中第二产业的优势较为显著；另一方面，这也反映了武汉城市圈的工业实力有所不足。从基础设施的通达性方面考虑，以区域内高速公路通车里程为代表，四大典型区域的高速路网密度相差不大，武汉城市圈的密度达到每平方千米 41.23 米，仅次于长株潭城市圈。经过多年的大力投资建设，武汉城市圈内部的基础设施条件和通达性有了很大提升，是区域内要素流动的有力保障，同时也说明经过前期的发展，相关配套设施和基础建设已经不再构成制约区域联动效益的最主要因素，未来的主要制约因素在于各地市之间的软实力差异（见表 6-10）。

表 6-10 我国中部各区域发展情况对比（2014 年）

主要区域	区域面积（万平方千米）	人均 GDP（元）	中心城市 GDP 占比（%）	三大产业比重	高速公路密度（米/平方千米）
武汉城市圈	5.78	56347.3	88.4	1：5.4：4.6	41.23
长株潭城市圈	2.80	80611.2	67.8	1：10.4：7	44.8
中原城市群	5.87	42298.6	36.9	1：7.6：5.5	38.2
鄱阳湖生态经济区	5.12	44652	40.8	1：6.2：4	40.9

资料来源：《中国区域经济统计年鉴》（2015）。

"宜荆荆"和"襄十随"城市群是湖北省两大次核心经济区域，两区域地处湖北省经济条件较为薄弱的鄂西地区，且整合发展起步较晚，目前整体规划方案尚不够系统，对整合联动过程中可能出现的问题和难点估计不足，区域联动效益也还没有充分显现。因此，两地是湖北省内规模较小、发展程度较低的区域，但在未来将成为湖北省优化区域结构、平衡东西部发展水平的重要战略接续区。

2010 年，湖北省将"宜荆荆"和"襄十随"城市群的发展规划提上日程之后，地方政府纷纷制定措施，积极响应。

首先打破了阻碍各地市往来的部分体制障碍，并逐步完善了三方不定期对接、应急响应机制，形成良好的区域政策环境。

其次是大力推进了基础设施建设，十宜铁路、荆岳铁路、焦柳铁路沿线、汉宜、汉十高速公路等重大基础建设工程相继通车，改善了鄂西交通状况，构建起"宜荆荆"、"襄十随"区域内的"1 小时"经济圈。由于鄂西幅员辽阔地势复杂多变，目前的交通路网发展程度仅能满足核心城市和节点城市的连接需要，广大腹地的交通条件仍然没有实质性的改观。

2010~2015 年，"宜荆荆"三地人均 GDP 由 18000 元增至 46501.7 元，"襄十随"三地人均 GDP 由 13000 元增至 45222.6 元，经济建设成效显著，宜昌、襄阳两个副中心城市 GDP 总量分别由 890 亿元、703 亿元增至 3129.3 亿元、3105 亿元，城市综合竞争力排名均晋升国内百强。目前，宜昌、襄阳市 GDP 占"宜荆荆"和"襄十随"比重分别达到 52.9% 和 61.8%，在区域中的经济地位日益突出，但两市的整体实力与综合竞争力仍显薄弱，难以发挥多样化的辐射带动效应。

从三大产业比重来看，"宜荆荆"和"襄十随"两大区域的产业结构仍较为低端，有很大的优化空间，尤其是"宜荆荆"三地的主导产业差异较大，产业分工和接续难以有效实施，同时两大区域的第三产业以旅游业为重，高端服务业缺乏专业化和规模化的培育，第三产业发展滞后抑制了区域内的要素流转和经济活跃度，直接影响到区域联动的绩效。

综合分析，"宜荆荆"和"襄十随"城市群拥有良好的发展机遇和政府的政策支持，但无论是从中心城市的实力还是经济腹地的条件来看，都较为薄弱，要真正实现区域联动发展的绩效，需要解决的问题较多（见表6-11）。

表6-11 "宜荆荆"和"襄十随"区域经济发展情况（2015年）

主要区域	区域面积（平方千米）	人均 GDP（元）	中心城市 GDP 占比（%）	三次产业比重
宜荆荆城市群	4.76	46501.7	52.9	1:3.6:2
襄十随城市群	5.30	45222.6	61.8	1:4.1:2.4

资料来源：《湖北统计年鉴》（2016）。

（二）长江经济带开放开发

2009 年 11 月，湖北省出台了《关于加快湖北长江经济带新一轮开放开发的决定》。2010 年 8 月，湖北省正式印发了《湖北长江经济带开放开发总体规划（2009~2020）》。湖北省主动对接、深度融入长江经济带开放开发，2015 年湖北长江经济带区域总人口数 3607.11 万人，占湖北省比重为 61.64%；地区生产总值 21129.14 亿元，占湖北省比重为 71.50%；固定资产投资总额 19090.68 亿元，地方一般预算收入 2096.55 亿元，社会消费品零售总额 9710.08 亿元，分别占到湖北省的 65.40%、69.76%、69.34%（见表6-12）。

为加强规划实施，编制基础项目库。按照"策划一批、推进一批、实施一批、建成一批"梯度推进格局，在沿江八市（州）上报的基础上，编制完成了湖北省长江经济带产业基础项目库。2011 年至 2015 年 8 月，湖北省与中央企业共签订了 456 个项目合作协议，投资总额 11458.08 亿元，共同推进长江经济带建设。

为寻求规划实施的切入点，要加快以港口为重点的交通设施建设，通过港口

表 6-12   湖北长江经济带主要经济指标（2015 年）

	湖北长江经济带	湖北省	占全省比重（%）
总人口（万人）	3607.11	5851.5	61.64
地区生产总值（亿元）	21129.14	29550.19	71.50
第一产业（亿元）	1969.51	3309.84	59.50
第二产业（亿元）	10128.66	13503.56	75.01
第三产业（亿元）	9030.97	12736.79	70.90
固定资产投资总额（亿元）	19090.68	29191.06	65.40
地方一般预算收入（亿元）	2096.55	3005.53	69.76
社会消费品零售总额（亿元）	9710.08	14003.24	69.34

资料来源：《湖北统计年鉴》（2016）。

的发展推动产业的发展，以产业的聚集带动城市的发展，港城相互促进，产生港城集聚效应和城市自增长效应。

港口方面，武汉新港三期集装箱码头正加速建设，宜昌港改扩建项目快速启动，荆州组合港中盐卡码头已完成二期工程。

湖北长江经济带新一轮开放开发以来，武汉在建设国家中心城市和国家化大都市征程中迈出了新的步伐。2015 年，武汉 GDP 为 10905.60 亿元，规模以上工业总产值 12862.95 亿元，占比在 1/3 左右。武汉作为湖北乃至中部地区经济发展的"龙头"和"主发动机"作用得到充分发挥，为湖北建设中部"支点"立下"首功"。宜昌市坚持"沿江突破"战略，着力打造"沿江万亿经济走廊"，宜昌市生产总值增幅连续 10 年高于全国、湖北省平均水平，2015 年达到 3384.8 亿元，在中部和长江沿线同等城市中分别居第二、第四位。

2012 年 2 月，湘、鄂、赣三省共同签订了《加快构建长江中游城市群战略合作框架协议》，随后，安徽加入长江中游城市群建设范围；2013 年 3 月，湘、鄂、赣、皖四省人民政府联合向国务院上报了《关于加快长江中游城市群一体化建设的请示》，2015 年，国家发展和改革委员会制定了《长江中游城市群发展规划》实施方案。目前，长江中游城市群的交通、水利、旅游、社会民生等重点领域合作取得了实质性进展；湘、鄂、赣、皖四省达成"武汉共识"和"长沙宣言"，黄梅小池与九江的对接等深入实施。洞庭湖生态经济示范区、龙凤经济协作区、大别山革命老区等跨省合作，长江中上游地区与俄伏尔加河沿岸联邦区合作，目前取得了不同程度的进展。

域内共有各级各类开发区 64 家，实际开发面积 1238 平方千米。2016 年 6

月湖北省三个开发区（宜昌高新技术产业开发区、荆州经济技术开发区、湖北浠水经济开发区）被确定为长江经济带国家级转型示范开发区。

长江经济带成为沿江经济社会发展的重要支撑和增长极。长江经济带国家级转型升级示范开发区，将引导长江经济带产业转型升级和分工协作，促进产业转移和生产要素跨区域合理流动和优化配置，推动经济提质增效升级。

（三）汉江生态经济带开放开发

汉江流域自然资源丰富、经济基础雄厚、生态条件优越，是连接武汉城市圈和鄂西生态文化旅游圈的重要轴线、连接鄂西北与江汉平原的重要纽带，具有"融合两圈、连接一带、贯通南北、承东启西"的功能，在湖北省经济社会发展格局中具有重要的战略地位和突出的带动作用。2015年，湖北省颁布了《湖北汉江生态经济带开放开发总体规划（2014~2025年)》。

湖北汉江生态经济带生态条件优越。分布有秦巴山区、大别山区等国家层面重点生态功能区和江汉平原、鄂中丘陵、鄂北岗地等国家农产品主产区。丹江口水库是南水北调中线工程水源地，在维护我国水生态安全中具有特殊地位。神农架是全球中纬度地区保持最好的亚热带森林生态系统之一，是我国生态保护的一面旗帜。

湖北汉江生态经济带综合实力较强。2013年，地区生产总值10544.9亿元，社会消费品零售总额504.79亿元，出口贸易总额59.48亿美元，分别占湖北省的42.7%、48.2%、26%。常住人口2236.28万人，占湖北省的38.6%，城镇化率达到54.5%。湖北汉江生态经济带是全国重要的粮食生产基地之一，是湖北省的汽车工业走廊和新兴工业基地；湖北省重要的产业集聚区，有国家级开发区四家，国家级高新区三家，占湖北省的一半以上；湖北省城市新区建设的先行区、省政府批准的三个城市新区中，有两个在汉江流域内。

作为长江的最大支流，汉江生态经济带理应作为长江经济带的重要组成部分，因此，湖北省积极开展湖北汉江生态经济带开放开发的研究，抢抓国家长江经济带开放开发的机遇。

国务院出台《关于依托黄金水道推动长江经济带发展的指导意见》，明确提出促进经济增长空间从沿海向沿江内陆拓展，把长江经济带打造成具有全球影响力的内河经济带、东中西互动合作的协调发展带、沿海沿江沿边全面推进的对内对外开放带、生态文明建设的先行示范带，包括湖北汉江生态经济带在内的长江流域正在成为国家开发建设的重点区域。湖北省委十届三次全会将湖北区域发展战略由"两圈一带"丰富、发展为"两圈两带",湖北汉江生态经济带开放开发战略得到前所未有的重视和支持。

高举中国特色社会主义伟大旗帜,按照"四个全面"战略布局的要求,深入贯彻落实科学发展观,坚持绿色、市场、民生三维纲要,以生态文明建设为主线,以推进生态环保、水资源综合利用、基础设施建设、生态产业发展和新型城镇化为重点任务,以改革创新为动力,转变发展方式,创新发展途径,全面提升核心竞争力和综合实力,努力把湖北汉江生态经济带建设成为长江经济带绿色增长极,为"建成支点、走在前列"做出更大贡献。

生态优先,持续发展。以生态文明建设为统领,突出水资源保护和有效利用,加快生态环保、生态产业、生态城镇建设,开展流域生态补偿试点,促进可持续发展,努力建设"美丽汉江"。

重点带动,协调发展。既发挥武汉、襄阳中心城市的带动作用,又统筹考虑,推进各区域协调发展;既彰显不同区域的个性特色,又整合汉江流域资源,谋求整体推进、联动发展。

市场主导,政府推动。发挥市场在资源配置中的决定性作用,着力消除市场壁垒,促进生产要素高效流动和资源优化配置。更好地发挥政府的引导及监管作用,营造公开、公平、公正的市场环境,建设统一开放、竞争有序的现代市场体系。

改革引领,开放合作。主动适应和引领经济发展新常态,坚持体制机制创新,推动重点领域改革先行先试;扩大对内对外开放,深化区域与国际合作,构建开放型经济新体制,形成全方位开放新格局。

到2025年,将湖北汉江生态经济带建成"绿色汉江"、"富强汉江"、"安澜汉江"、"畅通汉江"、"幸福汉江"。

"绿色汉江"。环境保护和生态建设取得明显成效,绿色经济、循环经济、低碳经济有较大发展;工业污染、生活污染和农业面源污染防治达标,"三废"处理率及资源循环利用率高于全省平均水平;丹江口水库和汉江干流水质稳定,达到国家地表水Ⅱ类标准,主要支流水功能达标率95%;森林覆盖率达到44.4%。

"富强汉江"。经济发展速度高于全省平均水平;区域分工合理,优势产业高端化、新兴产业规模化、特色产业集群化的态势凸显;传统产业转型升级,战略性新兴产业竞争力进一步提升，文化旅游等现代服务业成为支柱产业；粮食等主要农产品保障能力进一步增强。

"安澜汉江"。人水和谐的防洪抗旱减灾体系日趋完善；干流梯级开发工程全部建成，岸线资源得到严格保护及合理利用；水土流失治理率达到60%以上。

"畅通汉江"。建成水运、铁路、公路、航空四位一体的综合交通运输体系，对接武汉长江中游航运中心，形成现代水利航运带。

"幸福汉江"。社会公共服务基本实现均等化，新型城镇化示范遍布全域，常住人口城镇化率达到65%；城乡饮水安全、移民后期扶持、血吸虫病防治等任务全面完成；居民收入与经济发展同步增长，社会风尚良好，人民生活更加和谐稳定。

（四）连片贫困地区的精准扶贫

2011年起，湖北先后启动大别山革命老区经济社会发展试验区、武陵山少数民族经济社会发展试验区的建设。大别山革命老区经济社会发展试验区初期范围包括湖北省黄冈市的红安县、麻城市、英山县、罗田县、团风县、蕲春县，孝感市的大悟县、孝昌县八个县市，经过一次扩容，共涉及四个市、18个县（市、区）。湖北武陵山少数民族经济社会发展试验区包括恩施土家苗族自治州、宜昌市长阳和五峰两个土家族自治县等共10个县市，面积2.95万平方千米，是我国内陆跨省交界地区面积最大、人口最多的少数民族聚居区，也是全国18个集中连片特殊困难地区之一。

精准扶贫是湖北扶贫攻坚的硬任务。湖北作为扶贫大省，国家明确的11个连片特困地区有三个涉及湖北，加上省定的幕阜山片区，一共是四个片区，涵盖37个县市、4821个村、192万户、590万人。2015年，湖北省通过了《中共湖北省委省政府关于全力推进精准扶贫精准脱贫的决定》。

湖北省的精准扶贫以"四个全面"战略布局为统领，以"三维"纲要为基本遵循，以"精准扶贫、不落一人"为总要求，以连片特困地区为主战场，以建档立卡贫困人口为主要对象，坚持开发扶贫与社会保障两轮驱动、片区攻坚与精准扶贫同步推进、政府市场社会"三位一体"、资源开发与绿色发展统筹兼顾、扶贫开发与基层组织建设有机结合，改革创新扶贫开发体制机制，强化各级党委、政府"一把手"负总责的扶贫工作责任制，层层签订军令状，扎实推进精准扶贫、精准脱贫，确保到2019年建档立卡扶贫对象稳定脱贫、贫困村全部出列、贫困县全部"摘帽",贫困地区发展差距明显缩小,湖北省在中部地区率先全面建成小康社会。

按照《中共湖北省委省政府关于全力推进精准扶贫精准脱贫的决定》的部署,湖北省采取积极措施,确保扶贫攻坚决战决胜。

第一,加大扶贫攻坚硬投入。要强化财政投入保障机制。省、市(州)、插花地区县(市)分别按当年地方财政收入增量的15%增列专项扶贫预算。各级财政当年清理回收可统筹使用的存量资金中50%以上用于精准扶贫。要强化行业部门投入机制。各级行业部门要将更多的资源投向贫困地区贫困户。要健全社会力量帮扶投入机制。全力打造"10·17"扶贫日等公益品牌,促进社会各方面资源向贫困地区聚集。要创新金融扶贫投入机制。支持贫困县统筹财政资金建立风险补偿机制、担保金机制,创新发展扶贫小额信贷,实行贫困户人身财产扶贫小额保险全覆盖。要探索建立扶贫资源资本化投入机制。积极推行农村资源变股权、资金变股金、农民变股民的改革试点,最大限度地释放贫困村贫困户的资产潜能,增加贫困户的资产收益。要建立土地资产收益支持扶贫机制。城乡建设用地占补平衡、增减挂钩试点政策优先保障贫困县和贫困村。要建立扶贫投入县级整合机制。实行资金、项目、招投标、管理、责任"五到县"。要建立贫困地区生态动态补偿机制。要完善扶贫资金使用绩效监管机制。

第二,扛起扶贫攻坚硬责任。要全面落实扶贫开发党委政府主体责任,按照军事作战原则,实行挂图指挥作战,将减贫脱贫任务按年度细化分解,层层签订减贫脱贫责任书。省委、省政府对全省扶贫开发负总责,成立扶贫攻坚领导小组。省里负责制定目标、出台政策、调配重大项目、筹措资金等重大事项。市州党委、政府主导,县委、县政府作为作战单位负责具体落实,突出县级落实的主体地位,形成责任到人、任务上肩、上下贯通、横向到边、纵向到底的责任体系。

第三,构建"1+N"扶贫攻坚硬支撑。所谓"1",就是湖北省委十届六次全会出台的《中共湖北省委湖北省人民政府关于全力推进精准扶贫精准脱贫的决定》。所谓"N",就是建立健全八大支撑机制:一是约束机制。对贫困县在"摘帽"前能干什么、不能干什么、集中干什么有明确规定。二是帮扶机制。成立扶贫工作队,对全省贫困村实行全覆盖,限时完成脱贫任务,不脱贫、不脱钩。三是考核机制。在贫困县限期三年"摘帽"期间,主要考核扶贫开发工作及成效,不以GDP考核为主。四是退出机制。确定贫困县退出标准,建立退出指标体系、退出机制和后续帮扶机制。五是创新机制。要整合各种资源为"精准"服务。六是责任制。责任制核心就是问责、追责，形成闭环效应。七是精神支撑机制。精神区位是决定工作最后成效的关键因素。能不能完成扶贫攻坚任务，关键在于形成精神激励导向，提振全省各级干部精神状态，使各级干部盯住扶贫攻坚目标执着用力。八是用人导向机制。鼓励干部在贫困地区有追求、有作为，形成以科学发展论英雄、凭为民实绩用干部的导向。

参考文献

[1] 陈培阳，朱喜钢. 基于不同尺度的中国区域经济差异 [J]. 地理学报，2012 (8).

[2] 邓正琦，李碧宏. 区域经济联动与整合研究 [M]. 北京：中国社会科学出版社，2008.

[3] 郭旭红，瞿商. 区域发展的战略定位和设计——以湖北省为例 [J]. 华东经济管理，2015 (4).

[4] 韩民春，曹玉平，白小平. 湖北省省域副中心城市发展研究 [J]. 湖北大学学报 (哲学社会科学版)，2011 (1).

[5] 湖北：创新引领建设"一主两副"中心城市 [N]. 人民日报，2012-08-22.

[6] 湖北汉江生态经济带开放开发总体规划 (2014~2025 年) [R]. 湖北省人民政府，2015.

[7] 湖北省国民经济和社会发展报告 [M]. 武汉：湖北科学技术出版社，2013.

[8] 湖北省社会科学院. 湖北省经济社会发展年度报告 2014 [M]. 武汉：湖北人民出版社.

[9] 李成悦，王腾等. 湖北省区域经济格局时空演化及其影响因素分析 [J]. 国土与自然资源研究，2014 (1).

[10] 秦尊文. 关于省域副中心城市的理论思考 [N]. 湖北日报，2011-10-16.

[11] 沈洁. 湖北省区域经济空间分异与驱动力分析 [D]. 武汉：华中师范大学，2012.

[12] 王璐. 湖北省区域经济发展差异及其时空格局研究 [J]. 国土与自然资源研究，2003 (3).

第七章 新型城镇化与城乡网络化发展

城镇化是一个自然历史过程，是我国发展必要经历的经济社会发展阶段。2015年，湖北省城镇化率已达56.66%，在城镇化发展过程中既有机会又存在挑战。完善城镇体系，打造城市群，优化城市空间格局，缩小城乡差距，加强新农村建设，提升湖北省区域一体化水平等，既是湖北省新型城镇化建设与城乡网络化发展的目标与途径，也是湖北省带动中部崛起的重要战略支点。

第一节 城镇体系与新型城镇化

一、湖北省城镇体系与城市群

（一）城镇体系形成发展与现状

通过城镇体系的发展，可以全面了解湖北省社会发展的基本态势，深入探寻湖北省内各地区社会经济发展的基本状况，全面认识湖北省社会结构的变迁，从而详细了解到湖北省内各地区之间的经济贸易联系、城乡之间的经济贸易互动，以及人口的增减与流动。

1. 湖北城镇体系形成的历史演变与特点

湖北省位于我国长江中游，地形似盆地状，盆地中心为富饶广阔的江汉平原，资源丰富，人口稠密，省内水陆交通廊道纵横，内外交通方便，长江横贯东西，有沪蓉高速公路、沪渝沿江铁路、318国道等重要交通干线纵横交错。具有"九省通衢"之美誉。依托区位、资源等优势，湖北省城镇体系快速形成并得以发展，再加上历史上自清明以来已形成的比较稳定的行政省域疆界，因此形成了以武汉为中心的城镇网络体系，各城镇分布脉络及层次也比较清晰。

湖北省城镇历史发展悠久。早在东末时期，楚国主要版图就在当今的湖北省境内，当时其都城就是现在湖北省的荆州和襄阳的宜城，同时荆州也是当时我国南方的重要都会，著名的楚文化中心。明清以来，湖北省东部地区汉水与长江汇口处的汉口镇，凭借自身的交通区位优势成为物资集散的重要交通枢纽，经济联系大大超出了江汉流域至湖北省的范围，并发展成当时全国的四大商业名镇之一，是我国中部区域经济发展和自发形成的城镇网络的重要中心。

近代时期，帝国主义列强的入侵，打开了我国贸易来往的大门，湖北省长江沿岸的重要港口也成为当时对外通商的口岸，故此湖北省城镇的主要职能也发生了较大的变化。位于沿江的通商口岸城市，被帝国主义划分为租界并修建码头、仓库，开办初级的农产品加工厂，商业活动聚集于此，贸易流动、货物往来成为汉口的重要职能。

新中国成立后，为促进全国均衡发展，我国对内陆地区发展开始了两大规模对内陆地区的投资高潮，分别是第一个五年建设（1953~1957 年）和"三线建设"（1966~1975 年）。湖北省成为当时我国进行重点建设的主要省份之一，发展成为我国重要的冶金、机械、纺织和电力等工业基地之一。随着湖北省工业化进程的加速，借助丰富的资源优势以及地理区位优势，湖北省兴起了一批新兴工矿城镇，使湖北的城镇在数量、结构、布局，特别是区域的主要职能方面发生了巨大的变化。目前湖北省城镇人口总数由 1949 年的 227 万人增加到 2014 年的5816 万人，城镇化率达到 55.67%，高于全国平均水平。

近年来，随着城镇化水平的提高以及工业化、农业现代化的加速，分布范围更广的农村集镇也逐渐发展起来。同时，城镇职能也大多从过去的单一货物集散地和物流中转港向依据地方特色的多功能的城市性质演化，并初步形成了以武汉为中心的，分工特色鲜明的多层次的城镇网络体系。

2. 湖北城镇体系的现状

（1）湖北省城镇体系的规模等级结构现状。根据国家建设部最新制定的我国城镇分类标准，综合考虑各城镇的区位条件、经济实力、人口规模等相关因素，依据《湖北省城镇化与城镇发展战略规划》、《湖北城镇体系规划》（2001~2020）将全省城镇等级分为 6 级，1 级为省域中心城市、2 级为区域性中心城市、3 级为地区性中心城市、4级为市（县）域中心城市、5级和6级分别是重点镇和一般镇。1级省域中心城市为湖北武汉市。

区域性中心城市分为两类：Ⅰ类为承担省域副中心城市职能的宜昌、襄阳；Ⅱ类包括黄石、荆州、十堰。地区性中心城市分为两类地区性中心城市，包括辖有县市的荆门、孝感、黄冈、咸宁、恩施、随州为Ⅰ类；自辖县的鄂州、仙桃、潜江、天门为Ⅱ类；市（县）域中心城市分为两类：Ⅰ类是县级市；Ⅱ类为县城。重点镇由各市县选择1~2个条件较好的镇，共100个，其他为一般镇。等级不同的城镇发展重点也不同，省域中心城市及区域中心城市重点发展制造业以及采取有效措施促进第三产业的发展，提高城市综合竞争力，强化对周边区域的辐射带动作用。武汉、襄阳、宜昌等湖北省的中心城市，要通过都市区组合发展与周边城镇相互作用，在分工互补过程中形成梯级城市密集区；其他各等级的中心城市则应加快其特色产业，不断发展壮大其经济实力与规模，提高自身城市综合竞争力（见表7-1）。

表 7-1 湖北省城镇规模分级现状

等级	规模（万人）	城镇个数（个）	城镇名称	常住人口（万人）	城镇化率（%）	占比（%）
超特大城市	>1000	1	武汉市	1060.77	79.30	5.88
特大城市	500~1000	3	黄冈市	629.10	43.20	17.6
			荆州市	570.59	57.10	
			襄阳市	561.40	57.30	
大城市 100万~500万	Ⅰ型大城市（300~500）	4	孝感市	487.80	53.60	23.5
			宜昌市	411.50	56.70	
			十堰市	338.30	52.40	
			恩施州	332.70	39.98	
	Ⅱ型大城市（100~300）	7	荆门市	289.63	52.76	41.1
			咸宁市	250.70	49.95	
			黄石市	245.80	60.9	
			随州市	219.08	47.90	
			天门市	129.20	50.50	
			仙桃市	115.50	54.6	
			鄂州市	105.95	64.08	
中等城市	50~100	1	潜江市	95.80	57.70	5.88
小城市/区	<50	1	神农架林区	7.68	48.31	5.88

资料来源：《湖北统计年鉴》（2016）。

湖北的位序规模现状为 $S_2=1.6$，$S_4=0.58$，$S_{11}=0.5$，可见湖北省的首位度明显下降（见表7-2），武汉一城独大的城镇格局有消失趋势，城镇体系逐渐从集聚发展阶段向集聚效应扩散阶段发展，逐步形成双核或多极的区域空间结构，而非从前过度的首位分布结构。但是湖北的二三线城镇规模仍较小，没有受到超大城市规模扩散效应的影响，发展缓慢。

表 7-2　湖北省前 11 位城镇排序（按城镇常住人口规模）

城市	常住人口（万人）	位序	城市	常住人口（万人）	位序
武汉市	1060.77	1	十堰市	338.30	7
黄冈市	629.10	2	恩施州	332.70	8
荆州市	570.59	3	荆门市	289.63	9
襄阳市	561.40	4	咸宁市	250.70	10
孝感市	485.30	5	黄石市	244.50	11
宜昌市	487.80	6			

资料来源：《湖北统计年鉴》（2016）。

（2）湖北省城镇体系的职能结构现状。城镇职能是城镇在区域的发展过程中所承担的任务和起到的作用，是城镇功能的具体体现。城镇职能分为基本职能和主导职能，基本职能主要是指政治、经济、文化中心的体现。但是不同的城镇因为其不同的发展条件和社会经济基础等，还可能具有其他多种职能，在众多职能中能够在区域经济发展具有较大优势或者占据主导优势的职能称为主导职能和突出职能。

武汉是湖北的省会城市，是集湖北省政治、经济和文化三位一体的综合型城市，同时也是我国华中地区重要的区域性综合产业城市。宜昌、襄阳、黄石、荆州、十堰、鄂州、荆门、孝感、黄冈、咸宁和随州 11 个地级市是由历史上传统府城的延续和现代工业与交通发展基础上形成的中心城市，在湖北省内发挥着政治、经济和文化中心等职能的作用。

采用韦布（J. W.Webb）职能指数和专门化指数，分析湖北省主要城市的专门化程度和职能地域组合特征。韦布职能指数计算公式为：$F = (P/Mp) P$，P 为城市某种职能部门就业人口百分比，Mp 为城镇体系中所有城市的该种职能部门就业人口百分比的平均值。专门化指数的计算公式为：$S_i = \sum_{i=1}^{n} [(P/Mp) P] / 100$。$S_i$ 大于或等于 1。将 19 个经济部门按照职能指数从高到低进行排序，如果某一部门的职能指数达到相继的下一部门指数的 2 倍以上，则认为这个部门是此城市的主导职能。采用此方法对 2013 年湖北省 12 个主要城市中的 19 个经济部门进行了职能指数与专门化指数进行计算，其结果如表 7-3 所示。

表 7-3 湖北省主要城市职能指数

	武汉	宜昌	襄阳	黄石	荆州	十堰	鄂州	荆门	孝感	黄冈	咸宁	随州
第一产业（农、林、牧、渔业）	0.08	1.3	0.1	0	0.4	0.3	0.4	0	0.3	2.9	0	0.1
第二产业												
(1) 采矿业	0.108	0.1	131.1	36.5	7.6	2.7	0.1	2.5	28.7	16.5	0.1	0.4
(2) 制造业	251	59	162	57	129	109	204	41	68	71	28	22
(3) 电力、燃气及水的生产和供应业	100	33	80	24	40	88	80	9	53	42	18	9
(4) 建筑业	364	52	79	53	137	48	110	37	35	160	25	364
第三产业												
(1) 交通运输、仓储和邮政业	377	52	194	40	239	50	84	19	54	46	32	14
(2) 信息传输、计算机服务和软件业	396	73	92	28	206	96	70	23	76	77	44	20
(3) 批发和零售业	346	32	202	26	64	216	125	23	76	58	18	16
(4) 住宿、餐饮业	456	36	209	34	51	87	133	31	57	56	32	19
(5) 金融业	466	91	85	29	73	108	107	20	56	102	38	25
(6) 房地产业	349	34	159	33	147	144	150	27	35	78	31	14
(7) 租赁和商业服务业	350	22	288	40	206	100	73	26	29	22	32	12
(8) 科学研究、技术服务和地质勘查业	587	43	161	41	49	36	156	11	37	41	25	11
(9) 水利、环境和公共设施管理业	361	91	105	31	100	63	188	32	61	82	32	53
(10) 居民服务、修理和其他服务业	165	20	175	13	196	261	261	59	18	27	3	3
(11) 教育	338	101	80	53	111	73	138	24	52	125	69	37
(12) 卫生、社会保障和社会福利业	299	109	87	60	102	94	132	24	58	120	78	38
(13) 文化、体育、娱乐用房屋	438	67.2	173	46.5	136.7	72.6	89.7	18.1	54	59.5	29.9	438
(14) 公共管理和社会组织	212	129	84	58	106	87	132	23	64	125	80	212

资料来源：《湖北统计年鉴》(2014)。

结果表明，湖北省城市职能专门化程度不明显，城市建设缺乏特色，职能分工不明晰。综合性职能城市所占比重较多，主导职能聚集在第二产业，多数城市以制造业为主导职能，部分城市主导职能雷同化现象较明显。荆州以农业为主导职能，武汉以制造业和建筑业为主要主导职能，第三产业中的批发零售与教育职能所占比重较高。

　　（3）湖北省城镇体系的空间结构。湖北省城镇空间分布特征为东密西疏，主要城市集聚于沿交通干线。鄂西地区以丹江口—远安—宜昌—宜都一线为界，面积超过全省的 40%，但是城市的数量不足全省的 20%，建制镇数量占全省的 23%。鄂东地区城镇数量多、密度高、规模大，形成了武汉—鄂州（黄冈）—黄石城市连绵区雏形特征。全省各城镇大多沿高速公路、铁路及长江、汉水等交通干线分布，这些城镇既是全省经济开发和生产力集中的主要地带，也是城镇分布和经济发展的主要轴线。2015 年，纳入全省县域经济工作考核范围的县（市、区）80 个，县级市 24 个，县 40 个，湖北省域将逐步建成以"三区三轴"的三角形空间结构和特色分明的湖北城镇空间发展格局。"三区"分别指以武汉为核心的大都市连绵区，其中包括武汉周边 100 千米范围内的黄石、鄂州、黄冈、孝感、咸宁、应城、汉川、云梦、大冶、天门、仙桃、潜江等城市；以宜昌为核心的宜昌大都市区，包括其周边 50 千米范围的当阳、宜都、枝江、秭归、长阳等市（县）；以襄阳为核心的襄阳大都市区，包括襄阳周边 50 千米范围内的老河口、谷城、宜城、枣阳、南漳等市（县）。"三轴"分别指沪蓉高速公路长江湖北段城镇复合发展轴，这一轴连通恩施、宜昌、宜都、枝江、荆州、潜江、仙桃、武汉、鄂州、黄冈、黄石、大冶、蕲春、武穴等城市；武银高速公路暨汉渝铁路湖北段城镇复合发展轴，这一轴连通谷城、老河口、襄阳、枣阳、随州、安陆、云梦、孝感等城市；以及北起襄阳、南到枝城，连接宜城、钟祥、荆门、当阳、宜昌等城市的"襄荆宜"高速公路暨焦柳铁路湖北段城镇复合发展轴。湖北省大部分城镇集聚在这"三区"、"三轴"内，也是湖北省经济活跃区与产业集聚区。值得一提的是，集中在沪蓉高速公路城镇复合轴上的黄石至宜昌段，以武汉为核心携黄石、鄂州、黄冈、武汉、仙桃、潜江、荆州、宜昌八个大中城市形成的"8＋1"武汉城市圈将形成长江经济带的大都市连绵区，是国家为推动新型城镇化重点建设的长江中游城市群成员之一，在全国城镇体系具有举足轻重的地位并发挥着十分重要的作用。

（二）城市群（带）

构建城市群是各地区区域规划中的重点内容，"圈"、"带"结合发展逐渐成为趋势。2016年，湖北省《政府工作报告》抢抓国家新十年深入实施中部地区崛起战略的机遇，加快形成区域多极动力、多极支撑的新格局。加快"两圈两带一群"、"一主两副多极"的建设。继续推进武汉城市圈一体化发展和鄂西生态文化旅游圈建设，加强两带融合发展，积极争取汉江生态经济带建设上升为国家战略。按照生态优先、绿色发展的要求，加快形成"一带一路"和长江经济带、长江中游城市群建设在湖北贯通融合的新格局，共同把长江经济带建设成为我国生态文明建设的先行示范带、创新驱动带、协调发展带。加快推进三峡城市群、汉江城市群建设，支持襄阳、宜昌建设实力更强的省域副中心城市，带动"宜荆荆"、"襄十随"城市群的建设。

1. 湖北省城市群发展现状

湖北城市群的整体布局基本上是沿两江（长江、汉江），两线（京广线、焦柳线）排列而成，以"一主两副"为顶点形成"两江两线"大三角形状。鄂东是以武汉为中心的集孝感、天门、潜江、仙桃、鄂州、咸宁、黄冈、黄石的"8+1"武汉3小时城市圈。鄂西北是以襄阳市为中心的包含十堰市、随州市1小时"襄十随"城市群。鄂中南是以宜昌为中心的荆州、荆门的1小时"宜荆荆"城市群。构成了"三足鼎立"的湖北城市群整体框架（见表7-4）。2015年国家发展和改革委员会发布了《长江中游城市群发展规划》，确定长江中游城市群包括湖南、湖北、江西三省共31个市。长江中游城市群是以武汉城市圈、环长株潭城市群、环鄱阳湖城市群为主体形成的特大型城市群，湖北省武汉、黄石、鄂州、黄冈、孝感、咸宁、仙桃、潜江、天门、襄阳、宜昌、荆州、荆门纳入长江中游城市群规划范围中，为带动中部崛起起到重要作用。

表7-4　湖北省城市群发展现状一览

城市群	涉及的城市	中心城市	城市群规模（常住人口/万人）	人均GDP（元）	国土面积占省总面积百分比（%）
武汉城市圈	武汉、黄石、鄂州、黄冈、咸宁、孝感、潜江、天门、仙桃	武汉	3120.62	59699	68.81
"襄十随"城市群	襄阳、十堰、随州	襄阳	1118.78	44903	25.58
"宜荆荆"城市群	宜昌、荆州、荆门	宜昌	1271.72	52713	28.53

资料来源：《湖北统计年鉴》（2016）。

2.湖北省城市群发展主要路径

城市群发展是打破行政壁垒，探索新型城镇化，促进区域一体化的主要路径与发展趋势，城市群将替代独立城市形成我国新的经济增长极。自2015年4月国务院批准实施《长江中游城市群发展规划》以来，湖北省生态文明建设、新型城镇化发展迎来了新的机遇与挑战。

武汉城市圈、"襄十随"和"宜荆荆"城市群是湖北省城市群在未来发展道路上的重要载体，在今后发展中要做好新型城镇化的有序进行，重点引导广大农村居民向城镇集中、向城市群集中，提高城镇化质量。支持鼓励有一定经济实力的中小城市、中心镇提高其经济质量与城市适度规模，初步形成以武汉城市圈为核心，协调两大辅助城市群，同时以各县域中心镇和特色镇为节点，分别以湖北省长江经济带和汉江生态经济带为经济纽带与生态纽带的城市体系。

未来湖北省城市群发展过程中首先要坚持规划先行的原则，科学有效的编制好城市群区域规划，包括交通、产业发展等专项规划，有效促进区域互动、产业融合、可持续协调发展。

其次，用差异化竞争来引领湖北省内城市群的联动发展，减少同质竞争，提高湖北省城市群的整体竞争力。集中打造一批重点中心镇，简政放权，壮大城镇经济实力，突出城镇人文特色与生态景观特色。提高城市的创新能力，强化推行战略新兴产业的发展和高新技术产业的发展，带动产业结构转型，提高城市群在区域中的功能以及与区域城市间的协调发展。

最后，抓住长江经济带建设与长江中游城市群国家发展战略机遇，提高湖北省城市群在战略区域中的综合实力，做好产业结构的转移承接与升级，抓住战略机遇，强化自身产业分工，提高自身综合实力。

湖北省城市群现状分布如图7-1所示。

二、湖北省新型城镇化

（一）湖北省城镇化道路与特点

1.湖北省城镇化发展阶段

第一阶段（1949~1960年）：湖北城镇化率从8.8%增长到17.1%，城市数量略显上升，大城市人口上升数量快于小城市，小城市人口扩增数量高于小城镇。城市人口增长的特点是以机械增长为主。

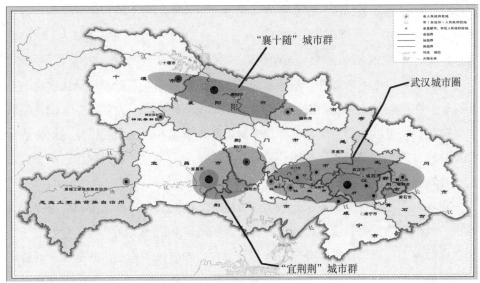

图 7-1　湖北省城市群现状分布

第二阶段（1961~1978 年）：湖北省城市化呈现"零增长"，人口城镇化进入了停滞排倒时期。中小城市、小城镇人口的数量增长快于大城市人口的增长，仍然是计划经济体制下城镇人口机械增长占主要地位。

第三阶段（1979~1990 年）：湖北省人口城镇化进入高速发展时期，城镇化率从 16% 增加到 28.9%，城镇建制标准降低，数量明显增加。乡村进城人口（暂时性迁移人口和通勤性流动人口）增加。

第四阶段（改革开放至今）：加速发展阶段。截至 2015 年，湖北省城市化率达到 56.6%，较"十一五"末提升 7.13%，年均提高 1.43 个百分点，高于全国、领先中部。且每年保持 1.43 个百分点增长率，呈现出快速发展态势，近两年来尤为突出。

长江经济带的加速开放开发，高铁时代的全面到来进一步拓展湖北省的城镇发展空间，沿江城镇带和沿铁路城镇带发展迅猛，城镇的空间布局得到进一步发展与优化。随着武汉城市圈的发展上升为国家战略、长江中游城市群规划的出台，一批中小城市因受到了大城市的辐射带动作用为下一步湖北省城镇化加快发展奠定了重要基础。

城乡一体化建设加快。鄂州城乡一体化试点的城市、仙桃新农村建设试验区成立、88 个新农村建设乡镇试点的建设，逐步形成了一条具有湖北特色的新农村建设、城镇化发展路径，在全省城镇化建设以及全国新型城镇化发展中发挥了重要的示范作用。鄂州市率先创新发展模式，2015年鄂州城镇化率为64.08%，分别比湖北省（55.66%）、全国城镇化率（56.1%）高出8.42个、7.98个百分点。

城乡基础设施不断改善。基础设施城乡一体化是湖北省新型城镇化建设的重要目标。在此期间，湖北不断加强对城乡基础设施的投入，做到城乡基础设施城乡共享化，促进城乡的互通共荣。加强城镇基础设施和社会文化设施建设生态保护设施建设力度，城镇整体功能与城市发展质量逐步提升，城镇的综合服务能力进一步增强，居民生活质量不断提高。

户籍制度改革促进城乡二元结构逐步减弱。湖北省在户籍制度改革方面，为推进一元化户籍管理制度，相继出台了一系列政策和措施，尤其是在基础设施与福利保障方面提高了持有农业户口与非农业户口的居民平等性、共享性。促进了人口在城乡间的有序流动，农村人口进入城镇的门槛不断较低，不公平待遇逐步消除，城镇化水平不断提高，城乡结构不断优化。2011年3月，武汉正式实施《居住证管理暂行办法》，将居住证全面取代暂住证，有效地解决了因户口证件的不同而出现的不公平待遇。

小城镇发展逐步受到重视。按照城市人口规模划分，湖北省的中等城市和小城市（含建制镇）分别占到54.5%和12.9%的比例。由于小城镇和县城离农村距离最近，小城镇和县城成为湖北农村城镇化的主要阵地。

2. 湖北城镇化发展存在的主要问题

第一，湖北城市整体综合竞争力有待加强。2015年，湖北省的城市化率位于全国第14位，高于全国的平均水平，但是在2015年全国城市竞争力中，湖北省只有武汉市进入了全国宜商城市竞争力、知识城市竞争力和文化城市竞争力的前十名。湖北省咸宁市进入了生态城市竞争前十名。比较东部沿海发达城市与城市群，湖北省的城市综合竞争力较弱。

第二，城市发展不平衡，城镇体系出现断层现象。武汉一城独大的现象仍然严重，且城市规模效应没有完全扩散。国际知名房地产及投资管理服务机构联合发布的2015年《中国城市60强》，湖北省武汉市在全国城市体系中被列为全国1.5线城市，而其两大副中心城市宜昌和襄阳仅是全国城市体系中的三线起步城市，城市间发展不均衡，特大城市规模效应影响辐射较低，城镇体系结构不合理，不利于实现大中小城市的协调发展与县域经济的共同发展。

第三，城乡二元结构差距依然存在，城市化质量有待提升。2015 年，湖北省城乡收入比为 1.32∶1，城乡收入差距逐年递减，虽然合理的城乡收入差距比为 1.5∶1，但还未达到理想水平。

第四，湖北省是农业大省，但是农机化发展水平仍然不高，关键环节机械化发展缓慢，"四化"（工业化、信息化、城市化与农业现代化）的发展还未同步，尤其信息化应用仍以低水平、浅层次的单位应用为主，集成应用和融合创新水平有待提升。说明湖北产业发展失衡，四化建设力度还需要加大。

第五，半城市化、伪城市化现象出现。按常住人口估计，2015 年湖北省城市化率达到 56.66%，但是按户籍人口估算湖北省的城市化率仅达到 34.6%。进城的农民以及其随迁家属在就业、医疗、教育、养老、保障性住房等方面未能与城镇居民的基本公共服务完全同等化，农村剩余劳动力转移城市所面临的问题还未得到有效解决，城乡分割等城市化病依然存在。

（二）新常态下湖北省新型城镇化路径

相对传统城镇化而言，新型城镇化突出以人为核心，重在提高城市化质量，推动城市现代化、生态化的新路径，且新型城镇化的"新"就是改变过去一味追求城市规模的扩张与城市化率的加速提升，"摊大饼"的发展模式，解决过去传统城市化进程中出现的"城市病"、"伪城市化"、"城乡差距加大"、"环境污染"等城市化问题。在中国经济步入新常态的阶段下，湖北省城镇化发展需要遵循城镇化的发展规律，要将以人为核心的新型城镇化发展作为湖北省城镇化的指导思想，提高城镇化质量，探索出一条符合自己城镇化发展的新路径、新方式。

第一，应遵循市场化的运行机制，因地制宜，切合实际选择符合湖北省的城镇化发展道路。同时要对城镇化发展的本质特征、内在动力及发展逻辑有清醒的认识和科学的把握。城市化是经济社会发展的过程和必然结果，城镇的形成不是行政干预和偶然因素促成的结果，而是区域社会经济社会发展所自然形成的经济贸易中心。在中国经济进入新常态的背景下，认清湖北省城市化的发展规律，不盲目提高城市化率，在市场经济为主导的经济社会发展机制下，减少行政上的干预，重在解决城镇化过程中出现的问题，重视城镇化质量与效率的提升。

第二，提高湖北省城市综合竞争力与城市化质量。新型城镇化的要求是不断提升城镇化建设的质量内涵，推动城镇化由数量规模的发展向注重质量内涵的提升转变。面对日益严峻的能源和环境约束，湖北省必须转变经济发展方式，由传统粗放性发展转为注重生态保护的集约性发展。

第三，实现城乡一体化发展，打造新型农村社区。新型城镇化要求我们要加快破除城乡二元的体制性障碍，形成城乡一体的新格局。按照以人为核心的原则，建立新型农村社区，打破原有的村庄界限，先从农村入手，将原有分散的村庄搬迁合并，统一建设新的住房，提供一体化的服务设施，做到与城市社区相对接，既不破坏农村原有的特色文化，又能使农村享受到与城市市民同等的公共服务。对农村土地统一规划与调整，提高农村土地利用率。

第四，推进四化同步协调发展，以工促农，促进农村城市化、农业现代化发展。解决城市化滞后于工业化的问题就是要进行产业的改革与升级，重点打造能够吸纳、转移农村劳动力的产业行业，形成高技术、高密集劳动力协调发展的产业结构。同时加强对农业机械化、技术化的财政支持，对农民务农进行专业化的培训与技术指导，加强"四化"的相互作用并达到协调同步发展。最后，缩小省域内城镇化与城镇化质量的差距，城市之间实现抱团重组，分工化发展。强化"宜荆荆"、"襄十随"城市群两翼的建设。提高省域副中心城市宜昌和襄阳的经济与城市规模，完善城市功能，打造优势产业，壮大经济实力，带动周边区域发展。湖北省中等城市和小城市（含建制镇）占湖北省城镇比例的一半，合理规划中小城镇的布局，按照各城镇的产业特色，因地制宜地进行抱团分工化发展，带动周边农村城镇化的发展。

新常态下湖北省城镇化的发展一定要注重城市化质量的提升，做好城乡统筹、城乡一体化的同时，也要提高城市发展的质量，以人为核心，提高城市现代化的水平，包括城市经济质量、城市社会发展的质量、城市生态环境质量、居民生活质量的提升，不盲目追求传统城市的大规模扩张和单纯量化上的城镇化率的提高。

第二节　新农村建设与发展

城乡二元结构以及"三农"问题一直是我国工业化与城镇化发展所带来的主要问题。而新农村建设恰是解决"三农"问题的重要途径，通过建设新农村可以促进农业发展,、农民增收致富,农村现代化发展,优化农村环境,加强农村文化。同时可以实现区域发展同步,"四化"同步,城乡一体化发展,从而最终实现全民建成小康社会的伟大目标。"生产发展、生活富裕、乡村文明、村容整洁、管理民主"既是我国《"十一五"规划纲要建议》赋予新农村建设的解释与内涵,也是对新农村建设工作的要求以及 2020 年所要达成的目标。新型城镇化建设的主要目的是解决传统城镇化发展过程中"城市病"等主要问题,而新农村建设的"新"一方面是更深层次理解"三农"问题的全新方式与观念;另一方面是从根本上解决"三农"问题的策略与制度创新。2015 年,中央《关于加大改革创新力度加快农业现代化建设的若干意见》指出:围绕建设现代农业,加快转变农业发展方式;围绕促进农民增收,加大惠农政策力度;围绕城乡发展一体化,深入推进新农村建设;围绕增添农村发展活力,全面深化农村改革;围绕做好"三农"工作,加强农村法治建设。

一、湖北省农村发展现状及问题

近年来,湖北省农村工作围绕"农业强、农民富、农村美"的总目标,认真贯彻落实中共十八届六中全会、中央经济工作会议和中央农村工作会议精神,按照"落实政策、改革创新、加快发展"的思路贯彻落实国家新农村建设工作,吹响了全面深化农村改革的号角,已经逐步从农业大省向农业强省迈进。

(一)湖北省农村发展现状

1. 县域经济发展迅猛,农村经济蓬勃发展

湖北省发展农业生产的自然资源丰富,借助其得天独厚的农业资源和生产条件,农业生产和农村经济得到蓬勃发展。粮食总产超 540 亿斤,创历史最高纪录。淡水水产品、油菜籽产量稳居全国第一。主要农作物综合机械化率超过 65%,各类新型农业经营主体达到 16.4 万家。农产品加工业主营业务收入过万亿元,居全国第五位。农产品质量安全水平保持全国前列。是全国重要的粮棉油主产区,淡水水产品生产基地。

农民持续增收成效显著。2015 年,湖北省农村家庭年人均收入 11843.89 元,比上年增长 8.3%。创新现代农业发展方式。牢固树立大农业、大食物观念,着力构建现代农业产业体系、生产体系、经营体系,推动粮经饲统筹、农科教结合、种养加一体、第一、第二、第三产业融合发展,推进农业产业链整合和价值

链提升，培育农民增收新模式，促进农业增效、农民增收。认真落实藏粮于地、藏粮于技战略，全面落实粮食安全行政首长责任制，全面完成永久基本农田划定工作。发展大田托管、农产品加工、仓储物流等市场化服务，促进农业与旅游、健康养老等深度融合，培育农村电商、农产品定制等"互联网+"新业态，拓展农业发展新空间。

湖北省对县域经济的发展高度重视。2015年，湖北省县域经济延续了"稳中求进、进中向好"的发展势头。县域经济活力增强，2015年大冶、宜都蝉联县域经济与县域基本竞争力百强县并再进位。大冶市自2012年率先进入百强后，2013年前移三位，2014年位列93位，2015年位次再次前移了五位；宜都市2014年跻身全国强县行列，2015年位次上升五位，潜江市、枣阳市、红安县、丹江口市、东宝区、通山县、来凤县纳入"全国电子商务进农村综合示范点县"，电子商务、网络零售等新业态的蓬勃发展，优化了湖北省的县域城乡结构。

2. 农村基础设施建设不断加强，公共服务水平不断提高

湖北省在农村基础设施的建设力度与推进生态家园工作上投入力度加大。2015年，新修通乡油路250千米、通村油路10000千米、新建沼气池20万口、"百镇千村"示范工程的实施、500个村的整治示范点的成立等无一不说明在湖北省农村生活水平不断提高的基础上，湖北省农村义务教育机制全面实行，在全国率先启动"农村教师资助行动计划"，面向社会公开招聘2万多个农村义务教育学校（不含县城）教师岗位。新录用教师将实行"国标、省考、县聘、校用"的新机制。新型农村合作医疗已覆盖全省有农业人口的95个县市区，参合率约为90%，筹集新农合作资金33.37亿元，缓解了农民的医疗费用负担。湖北省农村社会救助体系越加完善。目前湖北省城市低保对象130万人、农村低保对象230万人、城市"三无"对象3.5万人、农村五保对象27万人、供养孤儿3万人，每年救助灾民约200万人次、年救助流浪乞讨人员15万人次。农村文化体育建设不断加强，至2015年湖北省已投入2亿元补助县级的图书馆与文化馆的建设，乡镇文化站的建设也不断加强，2015年湖北省省级乡镇综合文化站共754个，其中一级站188个、二级站250个、三级站316个。农村文化活动多彩丰富，送戏下乡、送电影下乡、送书下乡活动顺利开展。为推动农村现代化"四化"同步建设，湖北省年均开展农业适用技术培训500万人（次），推广农业新品种、新技术100多顷，应用面积达3000万亩次，转岗就业培训20万人以上。

转移农村人力资源效率增高，农业综合生产力有了跨越式的提高。

3. 农村信息化发展建设已初具规模

2006 年，湖北省提前完成了"村村通工程"建设目标。2007 年，中国电信湖北公司全面启动的"1234 兴农计划"，从基础网络覆盖、农村用户发展、信息应用引导三个层面，积极推进了湖北省农村信息化进程，取得了初步成效。农村信息基础网络覆盖力全面增强，农村电话和宽带用户发展迅速，农村信息化应用也得以深入推进。

2012 年，湖北省获批成为第二批五个国家农村信息化示范省，2015 年初，湖北省基本完成了"资源共享、互为开放、实时互动、专业服务"的农村信息服务体系。截至 2015 年，农村宽带建设投入加大。近两年，湖北省共获得国家农村宽带建设补贴资金 4.43 亿元，引导湖北电信、移动、联通、广电等企业投入 22 亿元，新建或升级行政村宽带网络，共惠及全省 13 个市（州）、75 个县（市、区）、13842 个行政村。其中，国家"宽带乡村"项目的 1 亿元资金，用于支持黄冈市、恩施土家族苗族自治州、十堰市、孝感市四个市（州）共 21 个县（市、区）的农村宽带建设；国家电信普遍服务专项资金 3.43 亿元，用于支持咸宁市、襄阳市、随州市、黄石市、荆门市、宜昌市、荆州市、孝感市、黄冈市、天门市、神农架林区 11 个地市共 54 个县（市、区）的行政村通宽带和宽带升级改造建设，各试点地区也按比例配套相应的建设资金。湖北省农村布局发展宽带网络以湖北电信公司为主，除十堰市、襄阳市、荆门市、潜江市以外，湖北电信公司在其余 12 个市（州）、直管市行政村的覆盖率都达到 90% 以上。在武汉市、黄石市、荆州市、孝感市和鄂州市等地，湖北广电网络公司和楚天网络公司农村行政村通宽带率都分别超过 50%，在仙桃市、天门市和潜江市，广电企业行政村通宽带率达到了 100%。湖北省已建成农村宽带端口 270 万个，其中光纤端口 90 万个，全省行政村通宽带率和通光纤率分别达到 95.5%（不含移动）和 86%。宜昌市、孝感市、鄂州市、仙桃市、潜江市、天门市行政村通宽带率达到 100%，宜昌市、鄂州市、仙桃市、天门市行政村光纤通达率达到 100%。湖北省农村宽带用户数达 155 万户，其中光纤宽带用户约 30 万户。此外，全省农村已建成各类基站 5.5 万个，其中 4G 基站数 2 万个，移动信号已基本覆盖全部农村地区，4G 信号覆盖了 50% 以上行政村。

2015 年，湖北省已经形成了初步"智慧乡村"的规划方案，意在打造全国首个"智慧乡村"。其中智慧村务、智慧农业、智慧医疗、智慧安防、智慧家居、智慧电子商务和智慧旅游七大模块是胡桥村"智慧乡村"建设的重要内容,力争将胡桥村建设成国内首个"智慧乡村"的标杆与示范点。

4. 乡村游遍地开花,贫穷村脱贫变景点

自 2008 年开始,湖北省在财政、住建、发改、人社、交通、扶贫等部门的支持下,大力发展乡村旅游,带动消费,形成产业,在促进贫困农民就业、拓宽增收渠道等方面发挥了积极作用。直接带动就业 38 万多人,农民人均增收达 1800 元以上。2015 年,湖北省已先后投入资金 3 亿多元,其中农家乐就达 1.7 亿元,大力扶持乡村旅游业,进一步发挥乡村旅游在服务业中的引擎和龙头作用,促进贫困县区农民脱贫致富。

在生态环境保护方面,湖北省制定了《关于加强农村环境保护工作的意见》,采取了一系列措施,如加大农村环保投入、进行环保试点等措施来综合整治农村生态环境,取得了较好的效果。

(二) 湖北省农村发展存在的问题

随着湖北省社会主义新农村建设的逐步开展与深入,湖北省农村发展的活力已逐渐释放,逐步向着新农村建设的目标迈进。但是在湖北省农村发展过程中依然存在着一些历史遗留问题和发展过程中出现的新状况、新问题。

1. 资金短缺、投入不足、乡村负债现象严重

在新农村建设中,国家对农村的基础设施建设投入力度不断加大,但是每年投入到农业的固定资产满足不了新农村建设中农业发展的需要。作为农业大省的湖北省,对以农业为主的第一产业的固定资产投资比例非常小,满足不了新农村建设发展初期的资金要求,现代化务农设备以及培训无法及时跟上,致使新农村建设进程缓慢。龙头企业对农业发展和农民增收的带动作用不强,农产品的市场竞争力和影响力较弱,县域财政实力不足,投资硬环境吸引力不足,民营企业发展不充分。甚至有些地区资金投入与重点项目建设不匹配,把新农村建设作为形象工程和政治运动,乱占耕地,乱上项目,资金利用不到位、利用率低。不但没有改善农村居民的农村生活现状,反而给农民造成了新的负担。

2. 农村完全务农劳动力短缺,素质参差不齐

随着城镇化的不断推进,湖北省农村常住人口数由 2000 年的 13557 人下降到 2015 年的 7309 人,2011 年农村人口首次低于城镇人口,2000 年农村人口占

总人口比重从 59.52% 下降到 2015 年的 44.43%。完全务农农民逐渐减少。受资源少、比较效益相对低下的限制，农村劳动力逐渐转移到第二、第三产业就业，从事农业生产活动的农民逐年减少。2015 年，全国外出就业的农村劳动力达到 10260 万人，比 2014 年的 9820 万人增加了 440 万人，增长了 4.5%。纯务农人员的减少与外出务工农民的增加，这两个因素致使农村真正从事农业生产的人员不断减少，这也是导致土地荒置现象的主要原因。同时湖北省农村教育水平相对落后，在外受过教育的高学历人才都选择教育质量较高、机会较多的城镇发展，留下少数只能从事简单农务工作的老人、妇女等。农村高素质人才流出现象严重，农业现代化与机械化的人力缺乏更加遏制了农村生产率的提高。

3. 农村土地流转市场化程度低，监管缺失，农民利益受损

湖北省农村土地流转市场的市场化水平较低。2014 年，流入农户的土地流转总面积为 1475 万亩，占全省耕地总面积的 32.6%。而流入企业和合作社的流转土地共占当年流转总面积的 30.41%，基于纯粹经济收益考量的流转比例不高，主要是农户之间自发的，依靠亲缘关系进行情感中介方式的土地流转占据较大比例。目前湖北省在农村土地流转的法律与监管制度上还不健全，流转主体、流转合同以及流转程序都不规范，导致农民的利益受损，容易引发农村社会的动荡与不稳定。

4. 农村特色产品缺乏品牌效应，龙头企业带动辐射低

湖北省已形成了特色化的农产品与产业，但是特色资源开发力度还不够。已逐渐具备市场条件的特色农产品，由于缺乏加工与精加工程序以及品牌建设力度，失去品牌效益。具有国内外市场大品牌潜力的产品还有待培育与开发，具有湖北乡村特色旅游资源的开发潜力还未深入挖掘，乡村旅游对湖北省新农村建设的真正驱动引擎力量效果还不突出。

5. 农村社会保障建设体系不完整，法律制度保护缺位

湖北省农村社会保障体系和法律法规保护体系的建立处于滞后阶段，如失地农民基本生活保障力度不够，留在农村的失地农民无法享受低保，现行的农村特困救助标准较低，无法满足基本生活需要。在养老保险制度建设上，湖北省没有制定专门针对农村养老保险问题的法律法规，没有专业机构负责农村养老保险基金的管理与营运，养老基金管理人才缺乏，管理制度缺失。大病医疗救助制度仍需完善，疾病问题一直是困扰农村生活的问题，湖北省新农村合作医疗制度覆盖

面小，农村医疗保障制度上不去，"因病致穷，因病返穷"的现象仍然存在。

6. 农村生态保护问题

由于长期传统的粗放式资源开采，湖北省的农村生态环境非常严峻。例如，农业生产水产养殖引起的水污染较为严重，不但造成了农业生态以及农业可持续发展的问题，甚至影响到农民的日常生活与生命健康；同时由于缺乏系统、科学的技术培训，没有合理地进行农药、化肥使用，肥料垃圾的处理工作没有尽快落实，造使耕地污染、农田退化严重，影响农业的可持续发展。固体废物处置没有科学系统的规定，随意堆放导致农民生活环境恶化。

二、湖北省新农村建设模式与绩效

（一）湖北新农村建设模式

所谓社会主义新农村建设模式，是指在充分分析资源、经济、技术、制度等因素的基础上，对具有典型代表性的新农村建设先进经验进行集中反映和高度概括，使之能在相同的条件下推广并创新发展。全国各地积极响应党中央建设社会主义新农村的号召，结合本地现状与特色资源，不断创新，打造出许多适合自身农村发展，解决自身农村问题的新农村建设模式。经过几年的实践探索和政策引导，湖北省在借鉴其他地区新农村建设成功经验的基础上，结合自身现状和过去农村发展存在的问题，在推进社会主义新农村建设中总结了若干切实可行的发展模式，创新性地落实了"生产发展、生活富裕、乡风文明、村容整洁、管理民主"的二十字方针，在以后的工作中值得参考借鉴并改善创新。

1. 全面建设，综合开发模式

全面建设，综合开发模式是始终把提高农业综合生产力作为主要任务，大力推进现代农业，为生产发展奠定基础，提高新农村建设的综合实力与竞争力。

湖北省老河口市采取"点、线、面"递推的方式，呈现"点上出彩、线上开花、面上推开"的全面推进新农村建设新态势。在老河口市分布比较零散的村庄上选定具有代表性的14个村先行开展试点，探索有效形式，因地制宜、因村制宜，科学编制村庄建设规划，全面开展村庄整治工作，大力改善农村交通条件，整合土地整理项目、规模经营，使14个试点村在新农村建设上逐渐成效，各具特色。其中李楼办事处方营村、仙人渡镇柴店岗村、朱楼村三个试点村成为全省新农村建设示范村。同时借助14个试点村新农村建设见效之势，以公路沿线村容村貌、路容路貌为载体，组织开展了百里生态文明走廊创建活动，进一步对公路沿线村庄开展新农村建设工作，收到良好的成效。逐步延伸之后在全市范围内的村庄全面推开。以突出特色，培植产业，城镇归聚，以城带乡，关注民生，全面发展，全面指导，整体推进老河口市的新农村建设工作。

2. 乡村生态文化旅游带动模式

乡村文化旅游是新带动农村建设的特色模式之一，新农村建设为乡村的生态旅游提供了发展的平台与机会。两者相辅相成，相得益彰。2010~2015年，湖北4A级以上景区由70多家增加到290多家；五年来，湖北乡村旅游经济保持着平均20%的高速增长，成为湖北增长最快的产业之一。湖北省鄂州市涂家垴镇万秀村地理区位虽然不优越，但是自然环境优美。万秀村发挥自身优势，由镇专项资金和村民资金共同投入约200万元，打造省级宜居村庄和生态村。全村共有155户村民，现有80户参与农家乐。湖北省最大的蓝莓基地也设在此处，近几年都会举办大型的蓝莓采摘节吸引游客超过2万人次。聘用了周边60岁以上的村民100多人，人均工资达到3000元。村民的生活改善得越来越好了，还自筹资金、自我规划建设新农村家园。规划拟定以竹文化为主题建设300多亩竹林、花园、果园和蔬菜基地；同时翻新房屋。较为成熟的乡村生态旅游的模式还有湖北省梁子湖区，为了全面打造全国生态文明示范区，梁子湖区划定严禁挖山区域、规定三条红线，严禁填湖、严禁未批先建，全面退出传统落后性的工业发展模式，专注发展生态农业和生态旅游业。

3. 以工促农，产业帮扶模式

以工促农，产业帮扶模式可以实现新农村建设与工业的协同发展、共同发展，做到优势互补，提高新农村建设的效率。湖北省政府制定创新产业扶贫政策模式，做到以工促农，通过产业帮扶同心协力推进脱贫攻坚。大冶市的还地桥镇马石村是大冶市连接鄂州西部的重要交通走廊，交通区位好，但集体本土经济较薄弱。市级新农村建设工作队通过与美岛公司合作，利用该村交通枢纽的优势，建立了一家由村委会建设厂房、提供劳动力，由美岛公司无偿提供设备和进行员工技术培训的服装厂。实现来自本地和附近的居民家门口就业的愿望。

荆门市掇刀区斗立村，充分利用自身的石膏矿产资源，创建了13家石膏加工企业、3个石膏矿和8家膏粉厂等经济体。同时加快结构调整，大力发展特色产业，现已形成花卉苗木、养殖、务工经济三大支柱产业，建立优质水稻基地、山鸡养殖场。工业化进农村，产业化促农业是工业化反哺农村的重要举措，是实现城乡一体化共享生产成果的良好模式。

4. 创新基层组织机制，"三三制模式"

农村基层党组织是党在农村全部工作的组织基础与农村各项工作的领导核心，在推进社会主义新农村建设中起着非常重要的作用。

"三三制模式"是湖北襄阳市推行的国内首创的一种具有本地特色的农村基层组设建设新模式，"三三制模式"是指村级党组织、村民自治组织、村级经济组织的主要负责人由党支书一肩挑，其他成员相互交叉任职，组织架构上实行"党务、行政、经济"三位一体。这种制度机制的创新不仅提高了基层组织的工作效率，保护了农民的合法权益，调动了农民的新农村建设的积极性，精简高效的农村基层组织架构，是新农村建设工作强有力的支持和基础，得到了高度肯定。

5. 加大基础设施建设，实现"恩施模式"

"恩施模式"是湖北省新农村建设的成功模式之一，其特色就是通过加强农村基础设施建设来提高新农村建设的竞争力，是全力打造新农村建设模式的"升级版"。

为了使湖北省新农村建设得到整体均衡发展，湖北省加大基础设施新建力度，通过改水、改路、改厕、改厨、改圈，建池、建家、建园，提高农村文明程度、提高基层组织战斗力，以建设生态家园为载体，打造绿色生态型社会主义新农村。

湖北省恩施土家族苗族自治州位于鄂西南的武陵山余脉与大巴山之间，是武陵山区典型的欠发达地区，经济发展和城镇化发展相对滞后。恩施州积极推进以"五改三建"为主要内容的生态家园文明新村建设，使广大农户用上了洁净能源。以沼气池为重点的生态家园建设成为全国新农村建设的重要典范，被总结为"恩施模式"，为欠发达地区的新农村建设提供了新思路，并予以推广。

除以上五种成效显著的湖北新农村建设工作模式外，湖北省在借鉴原有成功的新农村建设模式的基础上，结合各自农村特色，不断推进创新发展模式，使湖北新农村建设绩效不断上升，成果显著。

(二) 湖北省新农村建设绩效

湖北省因地制宜，敢于创新，已形成了符合自身现状与特点的新农村建设模式，紧跟党中央的指导，从实际出发，统筹规划，新农村建设工作上取得了阶段性的显著成果。从湖北省新农村建设绩效得分来看，湖北省新农村建设工作呈现出快速、稳定、健康的上涨态势。湖北省通过建设新农村建设示范村，鼓励各市县按照新农村建设要求，结合实际，积极探索创新发展模式，实现农民增收，提高农村居民生活质量，为扎实推进湖北省新农村建设、全面建设小康社会做出贡献。在近几年新农建设工作中扎实稳进，以"生产发展、生活宽裕、乡风文明、村容整洁、管理民主"① 原则构建湖北省新农村建设工作绩效评价标准（见表7-5），对湖北省新农村建设绩效进行量化考核（见图7-2）。

表7-5 湖北省新农村建设绩效考核指标体系

标准层		指标层
湖北省新农村建设标准	生产发展	第一产业占 GDP 比重（%）
		农、林、牧、渔业生产总值指数
		非农业人员占从业人员比重（%）
		有效灌溉面积比重（%）
	生活富裕	农民人均纯收入（元）
		农村恩格尔系数
		医疗保健支出比例（%）
		每千农业人口乡村医生和卫生员数（人）
		农村用电量（亿千瓦/小时）
	乡村文明	农村居民家庭人均基础培训费支出占总支出的比例（%）
		卫生厕所比例（%）
		文教娱乐支出比例（%）
		乡村文化站个数（个）
		科学技术协会、科普基础设施建设县以上科协农村示范基地个数（个）
	村容整洁	农村居民家庭人均基础培训费支出占总支出的比例（%） 卫生厕所比例（%） 文教娱乐支出比例（%） 乡村文化站个数（个） 科学技术协会、科普基础设施建设县以上科协农村示范基地个数（个）
	管理民主	村务公开率（%） 村民选举参与率（%）

---

① 中共十六届五中全会提出，建设社会主义新农村是我国现代化建设进程中的重大历史任务。将"生产发展、生活宽裕、乡风文明、村容整洁、管理民主"作为新农村建设的要求，也是2020年所要实现的总体目标。

1. 生产发展绩效

生产发展是新农村建设的首要任务，是新农村建设工作得以有效推进的基础与保障。若要提高生产发展绩效，就要提高农业生产水平，提高生产率。湖北省新农村建设中生产发展绩效呈现出不稳定、缓慢下降态势（见图7-2）。

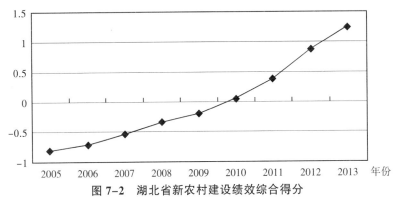

图 7-2　湖北省新农村建设绩效综合得分

资料来源：《湖北统计年鉴》（2006~2014）。

随着湖北省城市化进程的不断发展，城市化率的不断提高、农业用地的流失、劳动力的转变与剩余劳动力的迁移，都是造成湖北省农业生产水平下降的原因。只有实现农业现代化、农业产业化才是提高湖北省农业生产水平的重要措施。湖北省现代农业建设还处于起步阶段，所面临的问题主要表现在人均耕地面积少，农业生态环境脆弱与资源环境问题约束加剧；基础设施薄弱，抗御灾害能力有限；劳动力季节性短缺问题突出等。这些问题既是湖北省在农业生产发展中所面临的严峻问题，同时也是挑战与机遇，湖北省应在这特殊的历史时期中抓住机遇，应对挑战，坚持用现代化发展理念引领农业，用现代化条件装备农业，用现代产业体系提升农业，只有将湖北省农业产业化，才能够提升农业生产效率，提高湖北省新农村建设中的生产发展绩效（见图7-3）。

2. 生活富裕绩效

提高农民收入水平与生活保障水平是提高农村生活水平的重要基础，是新农村建设工作中的主要工作，据国家统计局湖北调查总队发布的数据，2014年，湖北农民收入得到历史性提高。农村农民人均可支配收入达10849元，三项指标（总额、增额与增速）均高于全国平均水平，领跑中部六省。在生活保障方面，虽然湖北省农村老龄化上升速度逐年增高，但湖北省政府采取措施加大养老保险覆盖力度，在 2012 年就将养老保险的覆盖率实现程度达到了 100%，农村老人生活得到了保障。同时湖北省提高农村居民重大疾病医疗保障水平试点工作，2014年构筑"四道医疗保障线"，农村大病补偿可达 90%。在新农村建设中，湖北省农村生活富裕绩效逐年增高（见图 7-4）。

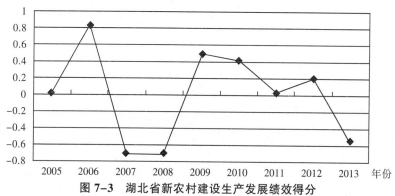

图 7-3 湖北省新农村建设生产发展绩效得分

资料来源：《湖北统计年鉴》（2006~2014）。

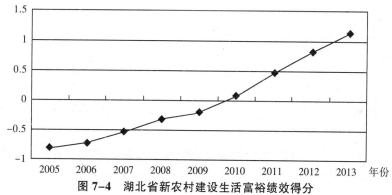

图 7-4 湖北省新农村建设生活富裕绩效得分

资料来源：《湖北统计年鉴》（2006~2014）。

3. 乡村文明绩效

乡村文明建设的内容包括乡村特有的风俗、社会治安、法制、文化等诸多方面。着眼于提高农民群众的思想、文化、道德水平，形成健康向上的农村特有的乡风与农民的精神面貌。2013 年，湖北省各地农村共有 1028 个文化站，每年平均播放电影 30 万场，送戏下乡每年均 3 万余场，并开展以"治五乱、刹三风、建新村"为主要内容的文明新村创建活动，农村文明程度和农民整体素质得到明显的提高，"八个一"文明新村逐年增加。在新农村建设中，乡村文明绩效明显提高（见图7-5）。同时乡风文明建设工作中仍然有些问题不容忽视，如农村基层文化活动缺乏创造力，高雅文化活动不够多，生活文化品位不高。据调查，看电视、打麻将还是农民休闲娱乐的主要方式之一，容易形成赌博、迷信等现象，影响农村社会的和谐与稳定，为农村社会治安稳定埋下隐患。

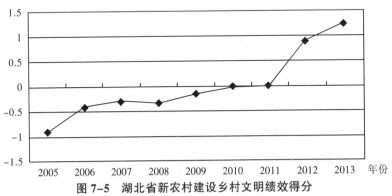

图7-5 湖北省新农村建设乡村文明绩效得分

资料来源：《湖北统计年鉴》（2006~2014）。

4. 村容整洁与民主管理管理

村容整洁要求的主要目标是，使人望得见山，看得见水，记得住乡愁。按照新农村建设中"村容整洁"的要求，为农村地区居民提供更好的生产、生活和生态条件是这一方面建设的重中之重，保护农村传统文化特色也是达到村容整洁要求的难点与重点。

湖北省在村容整洁基本工作建设方面，推广节地、节水、节肥、节能等资源节约型技术，加快发展循环农业，推进形成"资源—产品—废弃物—再生资源"的循环农业方式。打造了秸秆综合利用循环经济产业链，"十二五"以来，湖北省秸秆综合利用率达到80%，到2020年，湖北省秸秆综合利用率力争达到95%以上，建成较为完备的秸秆收集储运体系，形成布局合理、多元化利用的产业化格局。湖北省通过运用现代化技术，将可持续资源产业化，注重农村环境的保护，依法抵制农村林木乱砍滥伐现象，投入建设垃圾处理厂，运用高科技手段提高垃圾处理率，并从2013年开始，倡导建设"美丽乡村"。近年来，整洁美丽乡村如雨后春笋般涌现，湖北省村容整洁明显提高（见图7-6）。

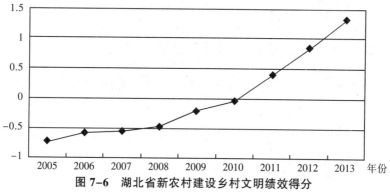

图7-6 湖北省新农村建设乡村文明绩效得分

资料来源：《湖北统计年鉴》（2006~2014）。

同时，农村民主管理也不断加强。湖北省各地都不断完善村务公开和民主议事制度，健全村民自治机制。2013年，全省村务公开率达到近100%，建立了村貌代表会议制度的村就占98%，建立了民主理财小组的村占97%，农民群众的知情权、参与权、管理权、监督权得到了较好的保障。农民在新村建设的积极性大幅度提高，民主管理绩效平稳上升（见图7-7）。

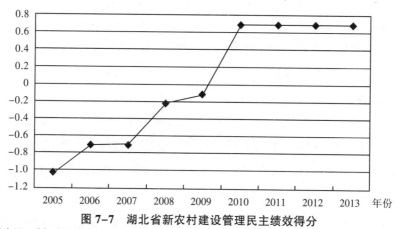

图7-7 湖北省新农村建设管理民主绩效得分

资料来源：《湖北统计年鉴》（2006~2014）。

近几年来，湖北省新农村建设工作确实取得了显著的成绩，但随着时代的变化、国家经济结构的升级、产业结构的转换、城市化进程的不断推进，湖北省新农村建设工作也要紧跟时代与国家发展的大方向，及时发现问题，采取有效解决措施，结合实际，保持自身的工作特色。不盲目追求新农村建设成绩的提升，而忽视农民民生及农村环境的保护，导致质量与效率的下降，影响城乡一体化发展与建设小康社会目标的迈进。

三、新常态下湖北省新农村建设的路径与政策

在国家重视、政府支持、村民响应下，湖北省新农村建设工作如火如荼地进行着，在新常态大背景下，湖北的新农村建设也应该符合新常态要求，结合湖北农业、农村以及农民民生的现状与问题，按照中央提出建设社会主义新农村"二十字"方针，着重于新农村建设质量的提升。加大工业反哺力度，促进农业产业化形成，实现工业生产与农业生产密切联系并有机结合，城市化与新农村建设相互促进，从而实现农业现代化。建立完善农村农业法律法规，加大基础设施建设力度，加强强农、惠农政策实施，实现城乡之间的生活条件与精神文化日益接近。完善创新农村投融资平台与渠道，鼓励高学历创新人才到基层服务创业，真正实现大众创新、万众创业。促进农民持续增收，改善农村面貌，培养新型技术性农民，增加农业和农村投入，是湖北省新农村建设得以持续发展的主要路径。为了使湖北省新农村建设工作顺利实施，湖北省政府及相关部门制定完善了一系列政策条例，优化完善湖北省新农村建设投资环境，鼓励各村镇因地制宜，大力推动湖北省新农村建设工作的实施。具体政策如下：

(一) 坚持规划先行，创新工作机制，提升试点示范工作亮点

湖北省政府要求各地区要结合本地实际，组织村镇领导与相关专家深入调研，认真编制本地区新农村建设规划。确定目标、有序计划、制定方案将村镇建设规划与土地利用总体规划、湖北城镇化发展战略规划相结合，围绕党中央提出的新农村建设"二十字"工作方针，科学、有序、合理地实施规划内容，有重点，讲质量，因地制宜，彰显特色。规划中要结合湖北省委出台的 2015 年 1 号文件中提出的农村发展目标与若干意见，立足适应经济发展新常态，围绕加快推进农业现代化为主线，要避免乡村在工业化过程中与城市同构化的发展趋势，提高农村特色经济发展，为湖北省农业发展、农村繁荣、农民富裕目标提供发展方向与措施建议。

(二) 完善新农村建设的制度环境，建立新农村建设的投融资机制

完善成熟的制度环境是新农村建设工作的重要基础。现行的户籍管理制度，是新农村建设与新型城镇化发展的主要障碍之一，需加大力度改革现行的户籍管理制度，对于有相对稳定的收入，有固定住所，并已在城市工作若干年的农民

工，可以接纳为城市居民，并对其在薪酬、医疗保障、五险一金以及子女教育等与城市居民进行无差别对待，维护农民工的合法权益，护融共通，共享社会经济的繁荣所带来的福利与保障。建立各级财政对农村投入的稳定增长机制，构建新农村建设资金筹措机制。投融资既是新农村建设工作发展的基础与保障，也是湖北省新农村建设中主要面临的问题。坚持以政府为主导、多元投入，积极引导工商资本和民间资本投入新农村建设，是加强新农村建设的投融资机制的主要途径，同时也可以调动村民参与新农村建设的热情与积极性，实现人人参与、人人共享的发展目标。

（三）落实和完善各项惠农政策，保障农民的合法权益

切合实际，从村民真正需求与权益角度，落实完善各项惠农政策。在基本生活上实行粮食直补、良种补贴。在提高农业现代化上实行农机具购置补贴、农业生产资料增收综合直补。在人力培训上坚持强化对农民工转移就业培训，提高培训补贴标准，统一各方面培训补助标准，提高农民及农民工的参与热情、积极性，确保湖北省农村劳动力转移顺利实施，以及农村劳动率的提升。在加强农村劳动力职业技能培训的同时，开展劳务品牌创建，保障进城农民工及其随迁家属平等享受城镇基本公共服务。

（四）提升农村人口的人力资本，提高农民科技文化水平

制定农民教育与劳动力市场相关的法律法规，在条件相对成熟的地区强化义务教育制度，遏制文盲产生，为农民教育的持续、深入开展提供法律保证。以法律的手段惠及于民，以法律的手段扫除农民对教育的惰性。加强农村劳动力市场的法规管制，保障农村劳动力的合法权益。构建完善的劳动力市场组织体系，不仅可以促进农村剩余劳动力的转移与就业，同时也促进农村劳动力结构的升级。实现教育的规模效益和资源的优化配置，将设立分散、规模较小、区域接近的学校撤点并校，分层、分段构成合理的农村成人教育体系，建立各类职业学校、业余学校、夜校等进行教育培训，提高农民的科技文化水平。

（五）构建农村环境保护法律法规，促进新农村建设可持续发展

各级政府要将农村农业环境保护纳入国民经济和社会发展计划中，建立环境保护责任制度，落实环境保护资金，采取有效措施，解决农村"脏、乱、差"问题，并防治在农业生产生活中产生的废气、废水、废液、废渣、粉尘和恶臭气体等环境的污染和危害。提高各级政府及职能部门的监督管理作用，强化对管理制

度的执行力度。建立垃圾清运和集中处理系统，规划建立垃圾存放池，同时建立各级政府的农村农业环境考核制度，将环境保护机制纳入各级政府年度目标考核中，并将其作为新农村建设工作绩效评价的一个重要指标。走农业生态发展之路，用循环经济理念指导农村经济发展，大力扶植建设农业生物科技企业，鼓励农户使用沼气，促进农林木协调发展并复合经营。针对湖北省农村环境保护存在的问题，将《湖北省农业换进保护条例》的修订纳入立法规划中，严格执行，要求农民个体及乡镇企业做到谁污染谁治理。同时加强农药、化肥、植物生长调节剂等农用化学物质的使用规范，制定农村生活垃圾污染环境防治的具体办法。在离城镇较近的村镇要严格控制工业和城市环境污染向农村转移，建立相应的监管机构，从城市引进或培养高水平、高素质的环境管理人员，提高农村环境。积极开展宣传和培训工作，组织形式多样的活动宣传和普及农村环境保护的政策法律，让村民意识到农业环境保护的利好性与紧迫性，提高村民的环境保护意识及利用法律的手段维护自己合法权益的能力。

（六）提高乡村公共服务水平，建设美丽新农村

将村级公共服务和社会管理经费纳入财政预算，实行村民"民主议事，民主决议"，决定村级公共事务项目和专项资金的使用、监督和管理。建造集中式污水处理设施，城市周边的污水可纳入城市污水及管网统一处理，居住分散、经济条件较差的村庄采取低成本、分散式处理。加强农村安全饮水工程的建设，运用城乡水网的农村延伸等方式，实行村村通自来水工程。加强最低生活保障、失业救助和社会治安与社会服务体系建设，提高社会服务和保障能力。加强农村医疗卫生、文化娱乐、体育健身、休闲度假基础设施建设，提高农民综合素质，提升农村社会文明程度，加强农村基层党建工作，打造美好新农村。

第三节　城乡网络化发展格局与趋势

中共十八大报告指出"统筹城乡发展，实现城乡一体化是破解'三农'问题的根本出路，是缩小城乡差别、实现城乡共同繁荣的根本途径，是全面建成小康社会、实现中华民族伟大复兴中国梦的根本要求"。城乡一体化发展应符合可持

续协调发展理念，并不是城乡同质化发展，应在城乡一体化中扮演好自己的角色，发挥自己的特色和功能，城乡之间应设置不同容量、便捷的现代交通网络、亲和型的城乡复合系统，使城市与乡村在共同的现代化与网络化基础设施的条件下共享现代物质文明和精神文明。现代城乡网络化发展模式是解决城镇化、新农村建设、城乡一体化的重要创新模式与可行途径。

一、湖北省城乡一体化发展现状及问题

（一）湖北省城乡一体化发展特征

所谓城乡一体化，是指打破相对发达的城市和相对落后的农村相互分割的堡垒，城市功能与农村功能完善，能够互补与协调发展。农村居民与城市居民在基础设施与生活保障、教育、医疗等没有根本差别，城乡之间是一个有机的系统，二者相互作用、资源共享、利益共享、优势互补、共同发展。

湖北省是全国较早实行城乡一体化发展试点的省份，运用武汉中心区的辐射能力，带动城市圈内区域一体化发展，是湖北省城乡一体化的特色。作为武汉城市圈成员之一的鄂州市，是第一个城乡一体化的试点，"全域鄂州"的理念是鄂州市城乡一体化工作的亮点之一，按照"1311"模式（1个主城区、3个新城区、10个特色镇、106个中心村），构建了现代化、网络型的市、区、镇、村建设体系，构筑起城乡互动发展、整体推进的空间发展形态，鄂州市被国家住建部专家评为将城乡融为一体进行全域统筹规划的全国第一例城市。借鉴鄂州城乡一体化发展经验，湖北省各市因地制宜，纷纷以土地管理、户籍制度的改革创新为着力点，实施迁村腾地、撤村并点，推进新农村建设；以城际铁路"一站一城"建设为重点，推进小城镇建设。充分发挥大中城市的资金、技术和信息优势，促进资源和劳动密集型产业向农村转移，发展优势特色产业。

湖北省城乡一体化发展的步伐明显加快。2015年，湖北省共新增300万以上的农村人口转移进入城镇，全省城镇化水平达到56.66%；农业劳动生产率、农业综合生产能力和农村第二、第三产业从业人员占农村劳动力的比重均明显提高，财政收入用于"三农"的比重明显改善，二元经济结构特征明显减弱。

1. 城乡经济快速发展，居民收入不断上升

2015年，湖北城镇居民人均可支配收入27051元，相比2014年增长8.8%，但仍低于全国平均水平。湖北省农村居民人均可支配收入达11844元，增长

9.2%。并保持了连续 11 年快速增长的态势，高出全国平均水平 0.34%，实现了农民可支配收入的总额和增额均继续位列中部六省第一。2015 年，由于全社会经济进入了经济结构调整与换挡平稳发展期，经济集中度较高的城镇发展受到了影响，但对于经济整体较落后的农村来说是一个实现跨越式发展的历史性机遇。湖北省在新农村建设工作上抓住了机遇，使湖北省农村的发展得到了突破性进步。

2. 城乡规划一体化体系逐步形成

城乡统筹，改变城乡规划分割的管理体制，明确规划区域，打破城乡规划相脱离的状况是湖北省十一届人大常委会第二十五次会议通过的《湖北省城乡规划条例》正式实施的主要内容。该条例发布实施后，湖北省城乡规划一体化的理念逐步形成，以全域规划为理念，突破了传统的城乡规划编制方法，提高了与土地利用总体规划等相关规划的对接和协调，创新了基层村镇规划建设管理服务的制度，树立了城乡统一规划、协调发展的理念。

鄂州市作为城乡一体化试点，对全市域 1596 平方千米的面积进行科学规划，对鄂州全域的经济趋势、发展潜力和区位优势科学分析，合理地进行城市功能分区，打造全域鄂州，建设宜居、宜业组群大城市。城乡一体化试点规划包含鄂州城乡总体规划和长港示范区、3 座新城、10 个特色镇和 106 个新社区，各规划相互衔接，初步形成了城乡统筹、全面覆盖的规划体系和监督执行体系。

3. 城乡产业融合速度加快，农业现代化快速发展

城乡一体化与新农村建设逐步加快了农业发展与城市的现代化、工业化进程联系，以工促农效果逐渐显现，湖北省农业现代化发展日益提高。产业结构调整加快，各种农产品产量提高，供给能力增强，农产品市场体系也逐渐成熟，日益现代化，农业逐步向科技型、生态型、服务型和效益型升级。同时农业发展质量也不断升高，农产品质量安全得到进一步保障，认证标识与追溯系统已逐步建立。

4. 农村基础设施建设不断完善，公共服务逐渐均等化

湖北省将城乡基础设施建设一体化和公共服务平等化，作为城乡一体化工作中的两大着力点，促进城乡共同繁荣和提高农民国民待遇的保障。以民为本，以人为核心。从城乡居民现实需求角度入手完善农村配套基础设施，加强城乡之间、村村之间的交通网络互通建设，加大路网、水网、林网、电网、信息网、商贸网等基础设施向农村延伸的力度，加快城乡生产要素的流动，促进城乡的互通共荣。城镇基础设施和社会文化设施建设的力度不断加大，城镇的整体功能逐步

提升，城镇的服务能力和供给能力进一步增强，城镇供水、燃气、公交、城市道路不断完善，用水普及率、人均城市道路面积、建成区绿化覆盖率、污水处理率等主要指标呈逐年上升态势，增强了城镇服务能力、供给能力，大大改善了城镇居民的生产和生活条件。对户籍制度进行改革，相继出台了一系列政策和措施，促进农村人口在居住、就业、教育、社保、医疗、基础设施等方面逐步与城市人口无差别化对待。农村人口进入城镇的限制和不公平待遇逐步消除，城镇社会经济的发展对农村人口的吸引力加大，使湖北人口城镇化水平明显提高，城乡结构不断优化。例如，湖北省孝感市出台的凡在该市企业连续工作满 1 年并按规定缴纳 1 年社保费的农民工均可在城镇落户的户籍制度改革政策；大中专毕业生到孝感工作来去自由，只需凭报到证、就业协议就可将户口迁到工作地，不因编制受限影响户口办理等若干惠民政策，大幅降低城镇落户门槛。

（二）湖北省城乡一体化发展存在的问题及原因

1. 城乡二元差异结构不合理

随着湖北省城镇化率的不断提高，城乡二元对比系数虽然较之前有了明显的改变，但是城乡差距仍明显，城市的极化效应造成了大量的资本、人口涌进城镇，形成了一定的恶性循环，加剧了城乡之间的二元差距。如果不改变过去一味追求城市数量与规模的城市化传统模式，城乡二元结构的特征会更加明显，给城市和乡村带来的问题会更加突出（见表 7-6）。

表 7-6　湖北省城镇化率与城乡二元对比

年份	2006	2007	2008	2009	2010	2011	2012	2013	2014	2015
城镇化率（%）	43.8	44.3	45.2	46	49.7	51.83	53.5	54.51	55.67	56.66
城乡二元对比系数	0.19	0.19	0.21	0.18	0.18	0.18	0.18	0.19	0.14	0.13

资料来源：《湖北统计年鉴》（2007~2016）。

2. 城乡居民收入差距仍处于不合理区间

近年来，湖北省在新农村建设中高度重视农民增收问题，出台了许多惠农政策，取得了较好的成效。2015 年，湖北城镇居民家庭可支配收入为 27051.47 元，有所提高。农民人均纯收入为 11843.89 元，增速明显并保持了连续 11 年快速增长态势，位于中部六省之一且快于城镇居民可支配收入。同时两者的收入比从 2008年的 2.82：1 减少到 2015 年的 2.28：1。但是该比例与国内外公认的城乡收入合理差距标准（2：1）相比仍然偏大，城乡收入差距依然处于不合理区（见表 7-7）。

表 7-7　湖北省城乡居民收入对比

年份	农民人均纯收入		城镇人均可支配收入		城乡收入比	城乡收入绝对差额（元）
	数额（元）	增长（%）	数额（元）	增长（%）		
2008	4656.38	16.57	13153.00	14.50	2.82∶1	8496.62
2009	5035.26	8.14	14367.00	9.20	2.85∶1	9331.74
2010	5832.00	15.82	16058.00	11.77	2.75∶1	10226.00
2011	6898.00	18.28	18374.00	14.42	2.66∶1	11476.00
2012	7852.00	13.83	20839.59	13.42	2.65∶1	12987.59
2013	8866.95	12.93	22906.42	9.92	2.58∶1	14039.47
2014	10849.06	11.93	24852.00	8.49	2.50∶1	14927.00
2015	11843.89	8.4	27051.47	8.13	2.28∶1	15207.58

资料来源：《湖北统计年鉴》（2009~2016）。

在市场经济条件下，合理调整城乡收入差距首先有利于调动广大劳动者的积极性和创造性，推动城市化和工业化进程，对经济发展产生积极的影响。但城乡收入差距过大会造成许多不利因素，如造成低收入群体心理失衡，增加社会中的利益冲突，影响社会稳定。其次，城市较高的收入水平会吸引农村人口过量地涌入城市，造成城市管理混乱，形成社会安全隐患。而且收入的不平等容易影响社会的公平，收入差距过大意味着农村越来越多的人群以及他们的子女无法享受与城市居民同等的教育、医疗等方面的机会，城乡公平、平等原则难以体现。

3. 城乡居民生活质量差异明显

由于过去过度追求城市化率的提高与城市规模的扩张导致城市环境受到污染，交通拥堵等城市问题出现，使得城市居民生活质量不但没有提高，反而下降。随着国家对"三农"问题的重视以及湖北省新农村建设工作的大力开展，湖北省农村居民生活质量不断上升，从而导致湖北省城乡居民生活质量差异日趋明显（见表 7-8）。

表 7-8　湖北省城乡居民恩格尔系数

年份	2009	2010	2011	2012	2013	2014	2015
农村恩格尔系数	44.78	43.10	39.00	37.61	36.76	31.4	21.4
城市恩格尔系数	40.40	38.70	40.75	40.30	39.74	34.9	30.1

资料来源：《湖北统计年鉴》（2010~2016）。

结合湖北省的实际情况可以看出，过去为了提高量化的城镇化率，没有合理规划土地，使得城市的规模扩张速度超过了经济和社会的承载力，居住在城市的居民不得不面对交通拥堵、环境污染、社会安全隐患等城市化所带来的城市病等问题，一味追求量化城镇化发展并没有考虑人的因素，导致城镇化的质量降低，居住在城市的居民生活质量也因此降低。同时因为城市化过程中被剥夺土地的农民缺乏基本的生活保障，以及因户籍制度所带来的生活基础设施与保障的差异化对待，导致城乡居民的生活质量不断下降，城乡差异日趋明显。

4. 城乡基本公共服务供给不足

湖北省的基本公共服务供给不足，农村地区居民还不能享受与城市基本公共服务同等的水平。从城乡家庭教育事业投入来看，2015 年城镇家庭文教类投入与农村文教类投入比值超过 2 （1148.33/715）。湖北教育经费投入明显偏向城镇，使得城市教育条件越来越好并趋向现代化，而广大农村的教育条件较差，农民子女受教育程度较低。同时，湖北省在农村公共医疗卫生资源投入上远低于城市，导致农村医疗卫生条件差，生病得不到及时的救治，因病返贫现象普遍。从就业方面看，由于教育水平较低，缺乏专业的技术培训，进城的农村劳动力只能在私营企业或者体力劳动为主的生产线上进行劳作，并经常性地被拖欠薪资。在就业平台服务上，因互联网等现代化的基础设施不完备，缺乏规范的劳动力信息发布平台，农村劳动力获取就业的信息闭塞，导致农村劳动力无业可就。

湖北省农村社会保障体系仅包含新型农村合作医疗和农村社会养老保险，新型农村合作医疗虽然覆盖面广，但存在很多问题，如申请保障程序过于烦琐，保障水平低。造成湖北省城乡公共服务不均衡主要有以下原因：首先，二元化的城乡基本公共服务供给体制非均等化，造成投入的差距。并且缺乏统一的基本公共服务标准，造成财政越好的城市基本公共服务方面的标准越高，财政越差的城市就故意避开对基本公共服务的投入，造成城乡差距的拉大。其次，有些城镇还是较注重经济的建设与提升，公共服务建设大都处于政策目标的第二位，造使公共服务供给不足。最后，公共服务提供方式的单一化也制约了基本公共服务的发展水平。虽然政府在公共服务投入方面占主导地位，但一些非政府部门、非营利组织乃至民间个人都可以成为公共服务的提供者，政府应该鼓励 PPP 基础设施的供给模式，使投融资渠道多样化，完善城乡公共服务体系。

二、湖北省城乡网络化发展模式与趋势

湖北省城乡一体化的发展取得了长足的进步，但距离城乡一体化，全面建成小康社会的战略目标还存在一定距离，城乡二元格局依然存在，城乡发展中出现的问题还未得到根本性的解决。在适应我国进入经济新常态、经济结构调整、减速换挡以及城镇化率不断提高的这一特殊历史时期下，城乡发展模式的创新对促进城乡要素互动、缩小城乡差距、协调城乡关系、统筹城乡经济社会发展具有积极且重要的现实意义。

（一）湖北省城乡网络化发展的内涵与必要性

城市化与城乡一体化的目的并不是一味追求城市规模的扩张，城镇化率的提高，建立新的城市，消灭旧有的农村，使城乡的形态和功能一元化与同质化，而应该使城市更像城市，农村更像农村。城乡作为社会发展的子系统之一，各自发挥自己相应的功能，协作互补，并共享创造出的现代物质文明与精神文明。结合湖北省的实际情况来看，湖北省的城市集聚特征非常明显，不可能避免城市在社会发展中的集聚效益与领导作用，同时湖北省的城市化率与生产力还未达到发达水平，农业现代化水平还未跟上，就更不可能把落后的乡村完全封闭起来，自给自足来解决发展问题。这样只能使城市发展更快，农村发展更加落后，城乡二元结构特征更明显。湖北省的城乡发展已进入了瓶颈阶段，只有改革创新发展模式，才能有效解决湖北省的"三农"问题，并把统筹城乡发展的战略决策落到实处。城乡网络化发展模式强调城乡之间生产要素的互动和协调发展，城市与乡村之间协作分工合理化。城市与乡村网络化发展符合湖北省城乡发展中的现实要求，是一种可行性与创新性兼具的发展模式。

城乡网络化发展是指使城乡之间多种社会经济活动主体构成一个有序的关联互动系统和运行过程，并通过各经济主体的相互作用的过程获得一种效益最大化的空间组织形式，是一种借助现代网络化的基础设施加强城乡之间各产业的内在联系与密切合作，形成要素流转通畅、组织功能完善、城乡之间共同发展的体系系统。城乡网络化发展模式的主要内容包括城镇网络化、基础设施网络化、产业网络化、企业网络化和市场网络化。城乡网络化发展模式除了可以缓解当下湖北城乡二元经济结构特征外，还有助于统筹处理发展大中小城市与城镇之间的关系；有助于统筹城乡之间的社会发展；有助于以工哺农，促进农业现代化的发

展；有助于城乡要素之间的高效互动，解决农民工转移就业生活问题。

1. 有助于解决大中小城市与发展小城镇之间的关系

湖北省城镇体系发展的问题之一就是特大城市没有发挥城市辐射带动作用，小城镇发展缺乏动力与活力。而城镇网络化的发展则更强调各大中小城镇之间的合作互补，完善其特色功能，发挥其作用，既防止城市之间趋同化发展，也加速小城镇的城市化水平提高，提高湖北省的城镇化质量。

2. 强化基础设施网络化功能，提高城乡经济活动运行效率

湖北省自然与人文资源丰富，是我国的科教大省，现代化工业发展与创新潜力巨大。提高基础设施网络化水平可以使城乡关联的通道更加通畅，从而促进各种资源和要素高效互动，使经济社会所创造出的物质与精神财富得到有效共享。

3. 加快产业网络化有助于以工促农，推进农业现代化水平提升

产业网络化可以依托基础设施网络化，处理好工业与农业、城市工业与农村工业各方面的关系。推进农产品产业化经营，促进产业集群效应的提升，将城市工业化所带来的科技红利分享到农村，推进农业现代化，提高生产效率。

4. 健全市场网络化有助于改变城乡市场分割局面，提高农村富余劳动力转移质量

市场网络化是指城乡市场种类日益完备、市场之间关联性和协调性逐步提高、市场空间结构层次不断丰富、核心辐射能力日趋增强和市场体系作用空间随之扩大的时空过程。健全市场网络化有助于打破地域界限，构筑城乡统一的商品市场、劳动力市场、生产资料市场，从而解决湖北省较低的农村市场化程度，以及明显的城乡二元差距和城乡体制流通不顺等问题。

（二）湖北省城乡网络化发展的措施与途径

城乡网络化是湖北省统筹城乡发展城乡一体化的创新和可行性较强的城乡一体化发展模式。城乡网络化发展是刺激城乡空间创新的动力因素，在进行城乡网络化发展时首先要树立城乡空间关联的意识，按照整体性原则、区域性原则、发展性原则、循序渐进原则和市场与政府调控相结合的原则提高湖北省城乡网络化的发展。

1. 加强土地利用总体规划和城镇体系建设

湖北省域内不仅存在城乡的差距而且城市与城市之间、城市内部的不平衡性相当突出，"武汉一城独大"的格局仍旧明显，并且城乡发展的差异高于城市发

展的差异。基于现状,湖北省首先应选择非均衡发展模式,依托自身资源优势与科教优势,培植并依托中心城市,重点发展经济轴线,充分发挥中心城市对周围乡村地区的向心吸引力和辐射扩散效应,带动城乡区域共同发展。通过大力加强城乡之间农、教、科的结合,鼓励城市科学技术资源向农村合理流动,为农民致富提供生产新模式、新技术,提高农业生产率。充分利用城市的信息优势,凭借现代化手段及时向农民发布关于农业科技、农产品价格、劳动力市场等各方面信息,提高信息交流的通达性。鼓励专业化、创新性人才将技术、信息与产业生产新模式带进农村,鼓励学成人才返乡就业创业,提供良好的县域经济投资环境,吸引大规模企业将产业链延伸到农村,带动农村市场体系的建设。还要重点加强小城镇的建设,小城镇是湖北城市化发展的重要阵地,同时在城乡网络化过程中起着重要的节点作用,加强对县级小城市和中小城镇的扶持,尤其是投融资体制的改革,实行投资主体的多元化、多途径、多渠道融资,有助于提高农村剩余劳动转移的质量。

2. 加大信息技术的发明和创新的投入力度

湖北省既是我国的农业大省,也是制造业大省,随着我国工业 4.0 时代的推进,也就是工业信息技术化的时代,信息技术的发明与创新成为了最主要的驱动因素。工农业的技术化使生产力提高,城市中有更多人从事第三产业,而且城市也吸纳了大量的农村人口,这不仅对产业结构进行了升级与调整,而且缩小了城乡之间的差异,只有区域和社会分工的差别,而无地位、经济、文化等方面的差异。湖北省作为科教大省,信息技术的发明创新潜力巨大,必须要借助这一历史时期,加大信息技术的投入力度,提高其在城乡网络化发展中的作用,借势成为科教强省。

3. 加大基础设施网络化的建设,优先发展交通及通信网络

基础设施建设是保障城乡社会经济活动运行的基础结构要素,基础设施的网络化是城乡空间相互作用与合作的先决条件。加强城乡网络化的发展必须首先发展交通及通信网络,增加空间的联系与经济活动,加强城乡空间经济作用,促进创新资源的有效流动。

4. 深化城乡劳动地域分工,密切城乡联系

城乡分工是社会劳动分工在地域空间上的反映,城乡分工是城乡相互作用与关联发展的基础。因为城乡资源的差异性决定了城乡在社会经济发展中起着不同

的职责与功能，正是职责与功能差异性的存在，才能带动城乡空间的联系与互补，是城乡网络化发展的动力之一。合理深化城乡之间专业化的地域分工，有利于城乡空间联系，起到互补互促的作用。

湖北省是农业大省，应该突出其特色，结合自身资源优势，城乡之间、农村与农村之间采取差异化发展，细化地域专业化的分工，突出各职能地位，加强城乡之间互补合作的联系，农村为城市提供基本生产消费原料的同时，城市也要积极为乡村提供必要的技术资金支持，为广大农村提供工业消费品，同时乡村在工业化过程中要避免与城市同构化的发展趋势，因地制宜地安排产业部门，加强与城市产业的生产联系，相互提供具有比较优势的产品资源，组建城乡地域的企业集团，加强城乡在生产经营过程中的联系，深化城乡劳动地域分工，优化配置城乡资源，节约社会劳动力，提高劳动生产率与价值。

5. 完善城乡市场机制，市场"牵引力"与政府"支撑力"相结合

由于过去户籍制度与城市福利制度的约束，城乡要素无法自由地流动，体制的约束外加政策的制衡使城乡经济联系的范围受到了极大限制。随着我国市场经济体制的改革，市场经济刺激了城乡之间的空间流动，促使城乡要素向有利于增值的地域流动，使市场经济发达的区域率先步入了城乡网络化发展的新阶段，如珠三角、长三角地区。

湖北省应加强市场经济体制的建设，建立适应湖北省市场经济要求的商品流通体制，包括农副产品、农业生产资料及工业消费品的流通体制。以调整城乡的集市贸易为发展龙头，培育农村市场体系，促进农村市场由集市贸易的初级市场向专业化的农村市场转化升级。由于湖北省城乡的市场经济还处于发展的初级阶段，需要借助政府的力量来维稳市场、扶持市场，规范和保护城乡联系的市场化趋势，加大基础设施投入，提高城乡之间交通基础设施的网络化建设，打破城乡地域分割和部门封锁，促进生产要素在城乡之间合理流动，调动城乡之间的市场活力。改革户籍制度和劳动用工制度，制定公平竞争、自由择业与就业制度，建设城乡统一的劳动力市场网络。只有将市场"牵引力"和政府"支撑力"有效结合起来，形成合力，才能以市场为导向健康可持续地提高城乡空间经济组织化的程度。

参考文献

[1] 曹立. 中国经济新常态 [M]. 北京：新华出版社，2014.

[2] 陈斌. 襄阳"三三制模式"对新农村建设的启示 [J]. 学术探索·理论研究，2011（3）.

[3] 戴宾. 城市群及其相关概念辨析 [J]. 财经科学，2004（6）.

[4] 郭宇，史相彩. 湖北省农村土地流转存在的问题及对策 [J]. 现代农业科技，2014（13）.

[5] 王珺. 武汉城市圈结构特征及成因研究 [D]. 武汉：华中科技大学，2006.

[6] 王秀红. 统筹城乡建设下的湖北农村生态环境保护跨越式发展 [J]. 北京电力高等专科学校学报（社会科学版），2011，28（10）.

[7] 项继权，袁方成. 湖北城镇化的发展及政策选择 [J]. 城市观察，2013，23（1）.

[8] 许学强，周一星，宁越敏. 城市地理学 [M]. 北京：高等教育出版社，2003.

[9] 曾菊新. 现代城乡网络化发展模式研究 [D]. 武汉：华中农业大学，1999.

[10] 曾菊新. 现代城乡网络化发展模式 [M]. 北京：科学出版社，2001.

[11] 周德钧. 近代湖北城镇发展研究 [M]. 北京：中国社会科学出版社，2012.

[12] 周一星，孙则昕. 再论中国城市的职能分类 [J]. 地理研究，1997（1）.

第四篇

持续发展与战略选择

第八章　生态文明与持续发展

湖北省作为生态资源大省，生态文明和环境保护是当前最大的民生工程。深入落实创新、协调、绿色、开放、共享的发展理念，从建设生态文明的战略高度，深刻认识并统筹协调生态环境保护和经济社会发展的关系，坚定不移地走绿色发展之路，全面推进生态省建设，是实现"十三五"时期在中部地区率先全面建成小康社会的重要举措。

第一节　"两型"社会建设与发展方式改变

一、"两型"社会建设历程及绩效

(一) 武汉城市圈"两型"社会的建设历程

1. 武汉城市圈的提出

2002 年，湖北省社会科学院陈文科在《发展大武汉集团城市的构想》中提出了"武汉城市圈"的概念雏形，并提出了组建集团城市的理由。当时中国区域经济正面临着"中部塌陷"的困境，武汉市作为湖北省会城市、区域经济的中心和主要增长极，其地位出现了明显的下滑，急需寻找突破的方向。因此，"武汉集团城市"概念的提出获得了广泛的关注。对于建设集团城市的必要性，陈文科指出，集团城市内聚力表现为具有吸纳大量人力、物力和财力的能力。城市圈的发展演化中，凝结了较大地区范围内的文化、科技、教育力量，强化了城市圈的内聚力。集团城市能够克服整个城市在资源、环境等方面的不足，在更大的区域范围内调整资源配置，实现圈内城市的共同成长。发达的交通条件使生产要素和产品流动加速，激发了城市间的要素流动和产品流动，为市场一体化创造了有利条件。从而使得城市间从地理位置、要素功能和产业结构进行区分等级，让各城市承担不同的经济功能，在更大的区域范围内实现单个城市无法达到的规模经济和集体效益。国内外的经验表明，以大都市为核心和主要增长极的城市群或城市圈对整体经济的带动作用越来越明显，如我国沿海发达地区已经或正在形成的珠江三角洲、长江三角洲和京津唐三大城市圈，而实力相对较弱的武汉及周边城市更应该"抱团发展"。随后，湖北省社会科学院、武汉市委、武汉市社会科学院、武汉市委研究室、武汉市委宣传部、武汉市经协办等单位组成专家组共同研究建立武汉及周边城市群的可行性问题；由武汉市委、市政府牵头召开武汉及周边八个城市领导座谈会，商讨武汉城市群发展的战略构想和发展思路，定名"武汉城市圈"并达成以下共识：一是充分认识加快武汉城市圈建设的重大意义；二是推进武汉城市圈发展的目标与思路；三是加强统一规划，推进基础设施建设一体化；四是集聚产业群，推进产业布局一体化；五是加快共同市场建设，推进城市圈区域市场一体化；六是统筹城乡发展，推进城市建设一体化；七是体制创新，加强政府协调。

2. 武汉城市圈"两型"社会示范区的成立

2004 年 4 月 7 日，湖北省政府下发《关于武汉市城市经济圈建设的若干问题的意见》，提出了武汉城市圈建设"四个一体化"——基础设施一体化、产业发展一体化、区域市场一体化、城市建设一体化的基本思路（后期完善为"五个一体化"）。随后，湖北省政府明确了"武汉城市圈"的称谓。2006 年，随着国家"中部崛起"10 号文件的颁布，"武汉城市圈"被列为中部四大城市圈之首，上升到国家层面。2006 年 6 月 30 日，武汉城市圈联席会议在武汉召开，会上，各城市还就建立武汉城市圈建委主任联席会机制和联络员制度，建立城市建设、规划和房地产互访机制，开通武汉城市圈电子信息平台，建立建筑业市场合作，建立建筑业科技合作机制和城建人才培训机制等问题联合签署了《武汉城市圈建委主任联席会合作协定》，2006 年 12 月，国家发改委把武汉城市圈列为重点跟踪考察点。

2007 年 7 月，"1 + 8 城市圈"正式确立，它是由武汉和黄石、鄂州、孝感、黄冈、咸宁、仙桃、潜江、天门八个周边城市组成的，目的是构建资源节约型和环境友好型社会。2007 年 12 月,国家发改委批准武汉城市圈为全国资源节约型和环境友好型社会建设综合配套改革试验。2008 年 9 月,《武汉城市圈资源节约型和环境友好型社会建设综合配套改革试验总体规划方案》获批,标志着武汉城市圈"两型"社会改革试验区进入全面实施阶段。

党中央非常重视武汉城市圈的发展,将其视为中部崛起的重要战略支点。2014 年 9 月,发布了《国务院关于依托黄金水道推动长江经济带发展的指导意见》,意见中重点强调了"优化提升武汉城市圈辐射带动功能,开展武汉市国家创新型城市试点,建设中部地区现代服务业中心"。目的是将武汉城市圈与长江经济带战略实现对接。同年 11 月,出台了《武汉城市圈"两型"社会建设综合配套改革试验行动方案》(2014~2015),为武汉城市圈"两型"社会的建设做出了进一步的规划。

(二)武汉城市圈"两型"社会建设进展

1. 总体概述

武汉城市圈自 2007 年被正式批准为"两型"社会综合配套改革试验区以来,其发展极为迅速。武汉城市圈的九个城市占地面积为 5.81 万平方千米。截至 2015 年底,武汉城市圈地区 GDP 达到 18535 亿元,占全省地区 GDP 的 63%,常住人口为 3120.62 万人,占全省人口的 53%,全社会固定资产投资总额为 16163.83 亿元,占全省的 57%,地方公共财政预算收入为 1779.17 亿元,占全省的 59%,社会消费品零售总额为 8736.83 亿元,占全省的 62%(见表 8-1、表 8-2)。可见,湖北省经济社会的发展主要归功于武汉城市圈的推动,因此在中部

表 8-1 2008~2015 年武汉城市圈 GDP

单位:亿元

年份	2008	2009	2010	2011	2012	2013	2014	2015
武汉	3960	4620	5566	6762	8004	9051	10069	10906
黄石	557	572	690	926	1041	1142	1219	1228
鄂州	270	324	395	491	560	631	687	730
孝感	593	673	801	958	1105	1239	1355	1457
黄冈	601	730	862	1045	1193	1333	1477	1589
咸宁	359	418	520	652	773	872	964	1030
仙桃	234	243	291	378	444	504	552	598
潜江	212	234	291	378	442	493	540	558
天门	187	187	219	275	321	365	402	440

资料来源:《湖北统计年鉴》(2009~2016)。

表 8-2　2015 年武汉城市圈主要经济指标

	湖北省	武汉	黄石	鄂州	孝感	黄冈	咸宁	仙桃	潜江	天门
土地面积（平方千米）	185900	8494	4586	1596	8910	17457	10049	2538	2004	2622
常住人口（万人）	5852	1061	246	106	489	629	250	116	96	129
GDP（亿元）	29550	10906	1228	730	1457	1589	1030	598	558	440
社会消费品零售总额（亿元）	14003	5102	582	262	797	881	401	266	186	259
地方公共财政预算收入	3006	1246	101	47	123	113	80	28	23	80
城镇人均可支配收入（元）	27051	36436	27536	24774	25753	22620	23505	24641	24721	22618
社会固定资产投资（亿元）	28250	7681	1351	806	1762	1958	1349	446	436	374
农民人均纯收入（元）	11844	17722	12004	13812	12655	10252	11940	14422	14076	13178
公路客运量（万人）	89996	11381	2310	2456	6856	8546	6755	1893	1881	2075
公路货运量（万吨）	121466	597	113	35	64	147	89	28	45	34

资料来源：《湖北统计年鉴》（2016）。

地区的战略地位举足轻重。武汉城市圈的基础优势突出，空间发展特征明显，经过多年的发展，形成了以下特点：

（1）核心地位突出，与外围地区经济发展差异大。自 2007 年底获批"两型"社会建设综合配套改革试验区以来，武汉市通过推进一系列相关政策，大胆创新，发展状况优于其他八个城市，核心—外围结构愈加明显。

武汉城市圈中经济要素在空间上向武汉市集中，圈域内城市的经济发展呈现出明显的"一城独大"，武汉市的土地面积占比为 15%，人口占比为 34%，国内生产总值占比为 59%。城市圈九个城市之间，武汉市的 GDP、进出口总额、城镇人均可支配收入、社会固定资产投资额等均大幅度超过其他八个城市，其余的周边八个城市之间的差异不大。大量产业项目和基础设施建设都在向武汉集中，凸显了武汉作为城市圈的核心，使得武汉与圈层的其他八个城市的经济发展状况形成了显著的差异。总之，九个城市的经济发展状况在空间分布上属于典型的"核心—外围"模式。

（2）交通区位优越，"点—轴"模式基本成型。2007 年以来，武汉城市圈各地区携手合作，推动了交通一体化的建设进程。目前，铁路、水运、公路和航空等基础设施建设逐渐完善，武汉将成为中西部地区最大的综合性交通枢纽。基于优越的交通基础设施，武汉城市圈呈现出明显的"点—轴"发展模式。南北走向上，主要沿 107 国道、京珠高速以及京广铁路、武广高速铁路等轴线渗透。咸宁和孝感作为南北的次中心，带动区域发展。东西走向上，主要沿 318 国道、汉宜高速以及沪蓉高速铁路等轴线扩散。同时在这个轴线上有两个小型城市群，其一是西部的仙桃、潜江、天门组团发展；其二是东部的黄冈、黄石、鄂州组团发展（见图8–1）。

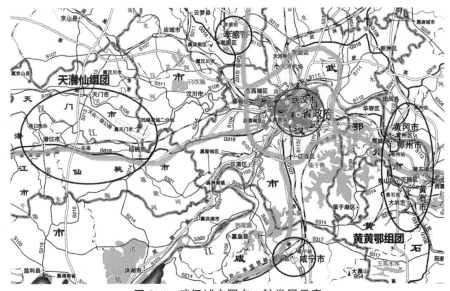

图 8–1　武汉城市圈点—轴发展示意

资料来源：湖北测试地理信息局。

（3）域面圈层结构明显。城镇化和产业化的视角。以武汉为中心城市，计算其对周边城镇地区产业吸引力的大小和辐射强度，将武汉城市圈划分为三个圈层：

80千米以内的核心圈：包括武汉市主城区、武汉主城区周边四区政府驻地、鄂州市、黄冈的黄州区、团风、黄石市区和大冶市区、孝感的孝南区以及汉川市。

80~150千米的紧密圈：包括核心圈以外的孝感、咸宁、黄冈所辖的大部分县（市），以及仙桃、潜江、天门三市。

150~300千米的辐射圈：以武汉为核心，西到宜昌、荆门，西北到随州、襄阳，北至信阳，南到岳阳、常德，东到安庆，东南到九江。

在距核心城市武汉80千米以内的圈层集中了60%以上的县级以上行政单元。整个圈层的节点分布由内到外，由密集逐渐变为稀疏。由核心城市至外围，各种生活方式、经济活动、用地方式都是有规律变化的，如土地利用性质、建筑密度、建筑式样、人口密度、土地等级、地租价格、职业构成、产业结构、道路密度、社会文化生活方式、公共服务设施等，都从中心向外围呈现出有规则的变化。

2. 资源利用与环境保护

2007 年以来，武汉城市圈实行了"资源节约和环境友好"的发展模式，在一定程度上有效地遏制了生态环境的恶化。

在资源节约方面，大力发展循环经济。2014 年，城市圈内人均耕地面积为 0.67 亩；工业用水重复利用率为 92.6%；工业固体废弃物综合利用率为 96.9%。"两型"社会试验区成立后，城市圈建立了"青山—阳逻—鄂州"大循环经济区发展模式和资源环境约束下重化工产业集群循环发展模式。截至 2013 年初，青山区形成了以钢铁、石化、环保等主导产业为基础的循环经济产业链，初步形成了多条共生耦合、闭路循环的、以工业固体废物为核心资源的循环式组合。阳逻开发区通过实施粉煤灰、脱硫石膏、余热、循环水等综合利用工程，年利用粉煤灰 80 万吨，利用率达到 97% 以上。东西湖区建立了以工程机械再造、都市生态农业和农产品加工为重点的 14 个循环经济示范点。黄石形成了利用铜冶炼形成的烟道灰、电解液、炉渣进行金、银、铋、铅、锌等贵金属提取的"三废"综合利用产业链。潜江市形成了盐化工循环经济模式和农业水田"虾稻连作"模式。

湖北省政府牵头成立了资源枯竭城市可持续发展工作领导小组及办公室，为了鼓励循环经济的发展，为其创造良好的环境，制定了一系列支持政策。在资金方面设立循环经济发展引导专项资金、设立循环经济产业投资基金，在硬件方面创办武汉循环经济发展研究院、设立专门的实验室。目前，在城市圈内已经初步形成了产业层次的循环经济发展模式，为资源节约型、环境友好型社会的建设奠定了良好的基础。

在环境友好方面，圈域内的各城市纷纷启动了污染治理和环境修复工程，投入了较多的人力、物力、财力用于环境的治理。多年来，湖北省环保厅根据环境治理情况制定下发了多个文件，对主要污染物的排放做出了一系列的规定。另外，各城市也在努力探索符合我国国情的碳减排、碳交易的体制机制。经过多年的努力，城市圈区域内的环境状况也取得了比较明显的进步（见表 8-3）。

表 8-3　2013~2014 年武汉城市圈环境指标

城市	工业废水排放量（万吨）		工业二氧化硫排放量（万吨）		工业烟（粉）尘排放量（万吨）		污水处理厂集中处理率（%）	
	2014 年	2013 年	2013 年	2014 年	2013 年	2014 年	2014 年	2013 年
武汉	17097	14700	8.5	9.76	2.16	1.82	93	92.5
黄石	5812	5037	6.6	8.24	4.33	2.48	90.6	90.4

续表

城市	工业废水排放量 （万吨）		工业二氧化硫排放量 （万吨）		工业烟（粉）尘排放量 （万吨）		污水处理厂集中处理率 （%）	
	2014 年	2013 年	2013 年	2014 年	2013 年	2014 年	2014 年	2013 年
鄂州	1710	2278	3.3	3.58	5	1.95	82	88.7
孝感	4900	5111	4	4.3	2.11	2.52	80.9	91
黄冈	3011	3045	1.5	1.74	2.31	2.49	85	56.9
咸宁	1918	2018	2.4	2.4	1.46	2.59	91	91
仙桃	—	—	0.6	0.62	—	—	88	86
潜江	1430.5	1489.85	1.31	1.17	0.81	0.69	88	52
天门	482.7	487.9	0.43	0.24	0.32	0.21	92	85

资料来源：《湖北统计年鉴》（2014~2015）、《中国城市统计年鉴》。

3. 社会发展

（1）城乡统筹方面。"两型"社会试验区成立以后，武汉城市圈就制定了科技、教育、文化、卫生、社保、体育、旅游、信息和宣传"九个联合体"的建设方案。从战略层面推进城乡规划全覆盖，公共服务实行城乡共建共享，推动城乡社会管理向一体化转变，推动整合公共资源，促进城乡、区域公共服务均等化。并且编制完成了《武汉城市圈城乡统筹专项改革实施方案》《武汉城市圈城镇布局规划》《武汉城市圈综合交通规划》，积极在城市圈域内开展城乡统筹试点工作，如在鄂州市大力推进长港城乡一体化垃圾和污水处理示范工程。建设"城乡一体化垃圾收运系统"，对重点区域长港示范区内的村庄和环梁子湖实施了环境连片整治。经过几年的试点，初步获得了良好成效，周边农村环境得到了较大改善。同时，在仙桃市开展了统筹城乡发展、发展现代农业、建设农村公共服务体系、建设农村经济合作组织等一系列改革试点工作。

（2）土地改革方面。积极探索土地改革方案，制定了节约集约用地考核标准、激励政策、评价工作。将土地集约利用绩效考核纳入地方政府目标责任考核体系，从项目实际投资额、投资强度、供地率、土地利用效率、违法用地五个方面对市县用地进行考核。武汉市挂牌成立了武汉农村综合产权交易所，履行产权交易鉴证职能，提供信息咨询、交易策划、委托管理、投融资等相关配套服务。截至 2015 年 9 月底，累计开展农村综合产权交易 9065 宗，交易金额 146.7 亿元。建立了土地股份合作社，为保护农民利益提供了一定的制度保障。2009 年，在黄冈试点探索以龙头企业为主体，县、乡、村三级搭建土地流转工作平台，整村整片推进土地流转，依托科研院校和专业合作社联手共建土地流转示范基地。

（3）新农村建设方面。继续深化国有农场改革，探索改革集体林权制度和农村集体资产产权制度。大力开展农村生态文明建设试点，扶持农村沼气工程，大力开展农村改水改厕工作，努力推进乡村清洁工程的建设，为农民营造良好的生活环境。建设农民工返乡创业园区，鼓励外出打工的农民工返乡创业。健全覆盖城乡居民的公共卫生服务体系、医疗服务体系、医疗保障体系和药品供应保障体系。

4. 管理制度创新

为加快"两型"社会建设的进程，城市圈内加大了行政管理制度改革力度，推动行政管理向服务型转变。

（1）探索体制改革。咸宁市将经济协作办等部门职能进行整合，设立区域发展和经济协作局。鄂州将水产、农业、林业等多个涉及农业的部门进行整合，建立了城乡统筹委员会。孝感和咸宁还将体育和新闻、文化出版进行职能整合，建立了文化体育和新闻出版局。经过一系列的改革之后，鄂州的市级政府部门由原来的 32 个精简为 27 个，区级党政群机构由原来的 32 个减少到 20 个，成为湖北省各市州中机构设置最少的市。武汉市青山区单独设置了循环经济工作办公室。黄石市已经撤销了街道办事处，将其社会职能移交给社区，行政职能划转到民政局等部门。

（2）创新社区管理体制。鄂州市实行城乡社区网格化管理，推动网格管理向农村延伸，着力提升城乡社区服务中心功能，以基层民主自治、政府基本公共服务下沉、社会管理综合治理三大平台有机融合为重点，搭建基层公共服务平台，建设社会管理综合信息系统，培育社会组织和社工队伍，引导社会组织和非公经济组织参与社会服务管理，实现了社区网格化、管理信息化和服务多元化。建立并逐步完善了"邻里互助组"工作机制，构建起社会矛盾化解立体化实时工作体系。

（3）试点事业单位分类改革。城市圈内各地按照规范、发展搞活的原则，将事业单位清理工作与事业单位分类改革、机构编制资源优化配置、社会事业发展有机结合起来。将经济社会效益差、工作任务严重不足的机构撤销，优先发展公共服务机构，特别是加强发展城镇居民医疗保险、血吸虫防治、动物防疫、新型农村养老保险和农村新型合作医疗等关系民生保障的社会事业。

5. 科技创新

在科技创新领域，加强技术创新服务平台建设，完善并落实股权等各类激励措施，推动科技创新向产业化转变。

（1）科技投融资体制改革。2008 年起，加快了科技与金融信贷结合和创业投资发展，加大财政科技投入引导力度。并由湖北省政府设立 1 亿元创业投资引导基金，由湖北省高新技术产业投资有限公司具体负责市场化运营。2010 年，成立"湖北省创业投资引导基金管理中心"，在武汉城市圈发起设立了三只新兴产业创业投资基金和"武汉科技创业投资天使基金"。武汉市设立的 14 家科技金融专营机构，创新了贷投联动等融资方式，形成了知识产权质押融资"武汉模式"，并且积极引导和支持科技型企业进入多层次资本市场，已有 30 多家科技型企业上市融资。2015 年 7 月 23 日，国务院正式批复了武汉城市圈科技金融创新改革专项方案，武汉城市圈成为全国首个科技金融改革创新试验区。2015 年 9 月发布的第七期"中国金融中心指数"，武汉市名列全国前十大区域性金融中心的第九位。

（2）股权激励与成果转化。开展以商标、专利、标准等知识产权作资入股创办高新技术企业试点。完善新三板股份转让系统试点前期准备工作，中小科技企业征信评级体系建设工作启动，科技金融创新不断深入。开展创新创业财政税收政策试点。东湖国家自主创新示范区实施高层次人才个人所得税奖励政策，2011 年兑现奖励资金 918 万元。2013 年，东湖国家自主创新示范区试行"三项先行先试财税政策"获得国务院批准。在各种政策的推动之下，一批重大科技成果落地转化，"快舟小型运载火箭"首创星箭一体化技术、"单模光纤超大容量光传输"一再刷新全国纪录、"广域实时精密定位关键技术"实现全国范围分米级及重点区域厘米级的定位服务、"高速铁路 500 米长焊接钢轨生产系统集成创新与应用"助力中国高铁跨越发展、全球首张"水稻全基因组育种芯片"大大提高育种效率、"可定位可控制高清胶囊内窥镜机器人系统"率先在全球实现商业化应用，北斗技术、现代种业、光电子等一批高科技产品走入"一带一路"国家。2016 年 5 月，武汉东湖新技术产业开发区被国务院确立为大众创业、万众创新示范基地。

（3）科技创新平台建设。在城市圈内加强对科技资源的整合，积极搭建大型科学仪器共享、科技成果交易、科技企业孵化器、农业科技信息等平台，为城市群科技创新活动提供良好的平台。落实农业科技创新体系建设工作，在武汉城市圈内建立了 46 个农业科技创新示范基地，确立了 81 家农业科技创新示范企业。

综上所述，武汉城市圈在"两型"社会建设的道路上已经取得了积极的成效，对湖北省社会经济发展起到了巨大的推动作用。

（三）武汉城市圈"两型"社会建设绩效综述

1.武汉城市圈联动发展

武汉城市圈九市联动发展势态良好，以武汉作为研发中心，周边城市生产的格局已经初步形成。武汉市总部经济发展迅速，据中国总部经济研究中心数据，2015 年武汉总部经济发展能力在全国 35 个主要城市中居第 8 位，稳居中西部之首，并在基础条件、商务设施、研发能力、专业服务、政府服务和开放程度等多项指标评价中得分靠前。在武汉市的带动辐射下，武汉、黄冈、孝感、潜江等市在汽车、纺织、化工、临空经济等产业上实现了有序的流动与转移，使得城市圈内的各个城市的金融、房地产、物流等现代服务业迅速发展。

城市圈交通运输一体化逐渐实现。"二纵二横一环"的高速公路网、"干支相连、通江达海"的航运体系已经形成，"以港兴城、港城互动"的成效在武汉新港已经显现。另外，武汉经鄂州至黄石、武汉至咸宁、武汉至黄冈、武汉至孝感四条城际铁路共同构成武汉城市圈城际铁路。2013~2016 年，规划建设武汉天河机场至黄陂前川城际铁路，东接天河机场，与武汉至孝感城际铁路相连，西至黄陂前川街道。2015~2017 年，将建设武汉至仙桃、潜江城际铁路；同期还将建设武汉至天门城际铁路，全长 116 千米，设站 10 个。另外，武汉通在公共交通领域已与孝感、仙桃、大冶、安陆、应城、汉川和鄂州等城市实现了互联互通。十堰公交卡辐射域内房县、竹山两县，并联通全国 72 个城市。宜昌市公交卡覆盖域内五峰、宜都两县市，实现了与旅游 IC 卡的互通。

城市圈农业产业一体化发展态势良好。各个城市因地制宜，生产特色鲜明的优势农产品，加工业也逐渐实现了一体化。截至 2013 年初，五家省级产业化园区农产品加工值达到 496 亿元，同比增长 69%，农产品加工转化率达到 80% 以上；市场流通实现了一体化，"品牌建设、招商引资、农超对接、市场带动"取得突破，武汉农博会已成为城市圈农产品走向市场的重要平台；科技信息实现了一体化。城市圈农业信息网和"12316'三农'热线"联动机制，实现了农业信息、热线号码、热线专家的共享；农产品质量监管实现了一体化。推行了农产品质量安全流动检测设备配置一体化、禁用农药品种统一化、交流培训常态化、检验检测结果互认和农产品质量安全信息共享等制度，农产品质量在全国名列前茅。

城市圈商业经营网络实现连锁化。截至 2013 年初，城市圈连锁经营网点达到 7000 家，各类区域性配送中心 109 个，商业网点城市覆盖率已达 100%，乡镇已达 95% 以上，基本形成市—市、市—县、市—县—乡（镇）多层次的生活必需品、农资、医药、家电等连锁经营市场体系。

武汉城市圈公共事业逐渐实现了一体化。建立了武汉城市圈人才一体化联席会议制度，加强了武汉城市圈人才一体化工作的沟通与协作，构建了城市圈统一的毕业生就业市场，教育资源共享加速，医疗卫生合作强化，武汉三级医疗机构与周边八市开展"双向转诊和院际会诊"，建立"一对一"对口协作机制，社会保险关系可实现转移接续。应急医疗救援工作实现了"六个一体化"（规划、制度、指挥、技术、形象、响应），建立了医疗急救协作新机制。农村居民健康"一卡通"，各项建设任务全面完成。组建了城市圈妇幼保健集团，提高了妇女儿童卫生保健服务水平。以结对共建为载体，促进了城市圈社区卫生服务体系协调发展。九市开通了武汉城市圈图书馆联盟网站，武汉市试点旅游景区"一票制"，城市圈探索"联票制"，一票遍览荆楚。

在资源节约和环境保护相关指标方面，均呈现逐年改善的趋势。作为武汉城市圈的核心，武汉在"两型"社会建设中取得了显著的成效。20 年来，武汉市单位 GDP 能耗显著下降，2010 年单位 GDP 能耗比 2005 下降 21.85%，2014 年单位 GDP 能耗比 2003 下降 2.88%，2015 年单位 GDP 能耗比 2004 下降 5.95%。与此同时，武汉城市圈的各项环保指标均出现逐年改善。

2. 武汉城市圈体制机制创新

以循环经济为重点，创新资源节约体制机制。青山—阳逻—鄂州大循环经济示范区建设成效显著，形成了集供水、供电、供热、供气为一体的公用工程。通过建设资源节约型企业、循环经济园区、绿色建筑小区、废弃物回收处理基地等示范工程，以及实施炼钢废钢渣综合利用、园区集中供热等重点项目，整体推进示范区的建设。同时，通过到北京、上海等地招商引资，引入社会资本，按照"产业互补"的原则，吸引一些重大项目落户示范区。

以水生态为重点，创新生态环境保护体制机制。率先开展排污权交易，率先实现排污费征管新体制。

以科技成果转化为重点，创新科技体制机制。利用武汉高校的科技创新资源，与高校合作建立了产学研创新平台。

以"两型"产业为重点，创新产业结构优化升级体制机制。建立了以武汉为中心，辐射带动周边城市发展的产业互动模式，淘汰了一批高耗能、高污染的产业，推进"两型"产业发展。

以提高土地利用效能为重点，创新节约集约用地体制机制。全面推进"基本农田标准化，基础工作规范化，保护责任社会化，监督管理信息化"，将土地平整、占补平衡、新农村建设、迁村腾地、农村集体建设用地流转、宅基地有偿退出与增减挂钩整体推进。

以城乡一体化为重点，创新统筹城乡发展体制机制。先后开展武汉市中心城区与新城区垃圾处理共建共享试点，"黄石市＋大冶市"、"孝感市＋云梦县"垃圾处理设施单建共享试点和鄂州市村镇垃圾收运处理城乡一体化试点。鄂州、咸宁、黄石等地探索开展了医疗保险城乡一体化管理工作。

以部省合作为突破口，创新财税金融、对内对外开放体制机制。通过部省合作，圈域争取了许多国家住建领域项目资金，推动了圈域住房和城乡建设进程。对于"两型"产业相关企业，城市圈给予了多种财税支持。积极推进了武汉城市圈九市设立海关机构。

以大部制为依托，创新行政管理机制体制改革。按照大部门体制的思路调整政府组织机构，加大机构整合力度，精简和规范各类议事协调机构及其办事机构，着力解决机构重叠、职责交叉、政出多门问题。

（四）武汉城市圈"两型"社会建设存在的问题

近年来，武汉城市圈进行了一系列的改革创新，在"两型"社会建设中取得了显著的成就。但是在发展过程中，仍然存在着诸多问题，第二产业所占比重大，资源利用粗放，导致大气污染和水污染问题日益严重，环境保护投入严重不足，未来的发展存在着巨大的压力。

在大气环境质量改善方面，主要制约因素：由于地理环境和气候条件的影响，污染物扩散过程缓慢；产业布局不合理，加剧了城区的空气污染；经济结构不合理，发展方式仍然粗放；能源结构仍然以煤为主，导致大气污染排放量直线上升；城市建设处于高峰期，导致扬尘污染日益严重；城市化进程加快，大气环境承载能力有限。

在水环境质量改善方面，主要制约因素：填埋湖库，侵占河道，水体自净能力下降；守法成本高、违法成本低导致环境违法事件频繁发生；跨境、跨区水体保护与管理缺位。

在土壤环境质量改善方面，主要制约因素：监管监测能力薄弱，土壤污染防治投入不足；土壤修复的科技支撑能力缺乏；土壤污染信息保密管理的做法亟待改变。

在农村环境质量改善方面，主要制约因素：农村环保监管体系不完善；农村环境保护方面的投入有限，农村环境基础设施建设滞后；农业面源污染日益突出，农村环保科技支撑薄弱。

在环境基础设施的建设及运行方面，主要制约因素：城市生活污水二级处理率较低；污水收集系统不完善，污水处理厂运行效率不高；污泥处理处置不符合规范；已关闭的简易垃圾填埋场修复难；个别垃圾处理设施超负荷运行；垃圾渗滤液不能稳定达标排放；无害化处理设施建设进度较慢。

综上所述，导致武汉城市圈环境问题的原因主要包括：经济发展与环境保护矛盾突出、经济结构不合理、发展方式粗放、产业布局不合理、能源结构以煤为主，经济增长基本上是建立在高消耗、高污染的传统发展模式上；政府环境保护职能缺失和环境科技动力不足，有效的政府公共管理机制在生态文明建设中尚未建立，缺乏促进资源节约的环境经济政策和鼓励节约的长效机制。环境科技自主创新不足，科技与经济结合不够紧密，转化水平不高；法制体系和政策体系不健全，环境司法制度不健全，量刑难、执行难的问题突出；社会生态观念意识淡薄。全民节约意识不强，一些企业法律意识淡薄，尚未真正落实防治污染的主体责任。

二、发展方式的转变

转变发展方式不仅是建设"两型"社会的必经之路，也是能否建好"两型"社会的重要衡量指标。转变经济发展方式就是要摒弃资源浪费、环境破坏型的发展方式，转变为资源节约型、环境友好型的发展方式。这是一项庞大的系统工程，涉及内容丰富、范围广泛。为了尽快从根本上转变发展方式，建设"两型"社会就必须找准重点和难点。因此，需要在转变发展观念、转变消费观念、完善制度体制和机制、调整经济结构、健全社会保障体系和重视环境保护这些方面深入思考，以建设"两型"社会为基点，转变发展方式。

（一）国外转变发展方式的经验及启示

1. 国外发展方式转变的经验

（1）美国发展方式的转变。

第一，强化结构调整。在 20 世纪 80 年代，美国以信息服务业为主导的第三产业发展战略巩固了高新技术产业的地位。信息服务业为大规模的兼并、收购、重组以及调整企业内部经营结构，优化资源配置，实现了产业组织合理化提供了基本技术支持。政府也及时通过企业政策、贸易政策、科技政策和工业政策来促进结构调整。

第二，鼓励科技创新。美国非常重视科技创新，成立了国家科学技术委员会。同时美国也非常重视科技成果在经济上的应用，大力支持企业与国家实验室、大学、科研院所的合作，共同促进科技成果的商业化。

第三，积累人力资本。高质量的人力资本推动了美国在科技创新方面取得了巨大的成就。美国主要依靠多层次的教育来优化人力资本。1993 年，美国开展了一场大规模的教育改革运动，目的是培养具有基础研究能力和较强创新精神的开拓型人才。美国在教育方面进行了大规模的投资，其教育投资的收益率也处于较高的水平，美国国民收入增长额的 1/3 是由教育投资带来的。

第四，完善激励政策。通过采取一些干预政策对转变发展方式起到了积极的作用。诸如税收优惠、价格保护、出资修建、直接经营、补助运营成本、支持研究与开发、制定规划、发布信息等政策发挥了较好的协调、引导效果，为经济增长方式转变创造了基础性条件。

（2）日本发展方式的转变。

第一，推进技术进步。20 世纪 50 年代开始，日本就大量引进先进技术，同时对引进的技术制定了严格的要求。不仅要求引进的技术符合日本的基本国情，还要求有利于提高企业和产业的国际竞争力，有利于加快技术装备现代步伐，拥有技术创新和改进的潜力。在重视技术之余，日本还重视前瞻性的技术研究，研发了很多尖端产品。在 20 世纪 90 年代中期，日本政府和企业的研发投入一直占国内生产总值的 3% 以上，位居发达国家前列。

第二，高度重视教育。日本重视高等职业教育的发展，鼓励高层次远程教育，提倡终身学习。日本还重视研发人才的培养，为提升企业职工的知识水平和训练水平，建立了人才成长评价制度。通过在教育方面的大力发展，日本为发展方式转变储备了大量的高质量人力资源。

第三，实施政府干预。日本政府通过制定产业政策对产业结构的调整，来对经济发展方式进行宏观调控。产业政策的调整优化了产业结构，提高了人民的生活质量，促进了发展方式的转变。

（3）东亚新兴工业国家（地区）发展方式的转变。自20世纪60年代以来，新加坡、韩国通过实施一系列措施，很好地实现了发展方式的转变，成为发展中国家的榜样。

第一，加速推动科技创新。通过引进先进的技术，对其消化、吸收和创新，迅速提升了本国的技术水平。

第二，不断优化产业结构。20世纪60年代，东亚地区建立了一批劳动密集型企业，随后在20世纪70年代，引进先进的设备构建钢铁、化工等基础工业，基本建成技术密集型产业。20世纪80年代，实现了从资本密集型产业向技术密集型产业转变。20世纪90年代，转向了以信息、电子、生物为代表的高新技术产业。

第三，加快推进经济国际化。20世纪50年代中后期，韩国先是选择内向型经济发展道路，之后从"进口替代"转向"出口替代"，积极引进外资和技术，扩大出口贸易，实现了经济从内向型向外向型的转变。20世纪60年代初，韩国开始利用劳动密集型产品推动经济增长，同时完成资本密集型的原材料工业产品的进口替代。20世纪60年代后半期到整个20世纪70年代，韩国从日本、美国引进外资，大力发展资本密集型重化工业，并逐渐取代劳动密集型产品的出口地位，实现产业结构高级化。20世纪80年代以后，韩国提出"科技立国"的口号，大幅度增加科技投资，重点发展知识技术密集型产业，其产品的出口份额不断得到提升，同时重点扶持优势产业、战略产业、新兴产业，并扩大海外直接投资。

2. 国外发展方式转变的启示

（1）发展方式转变，建设"两型"社会必须提高自主创新能力，走科教兴国之路。美国、韩国、日本都是凭借科学技术，发展高新技术产业来实现发展方式的转变。同时，应该加大教育投资，大力培养科技人才，提高劳动者的综合素质。

（2）发展方式转变，建设"两型"社会必须充分发挥政府的推动作用。转变发展方式更多的是依靠市场的引导，但是应该重视政府的作用。西方发达国家政府在财税、政策措施、规划制定实施、体制改革等方面都进行了宏观调控，实现了发展方式的转变。

（3）发展方式转变，建设"两型"社会必须大力推进体制机制创新。利用体制机制的创新来推动发展方式转变是国内外发达国家的重要经验。例如，在资源节约和环境保护方面，完善资源有偿使用机制和价格形成机制，建立相应的奖惩机制。

（4）发展方式转变，建设"两型"社会必须坚持从实际出发。国外经验表明，经济的发展在由粗放型经济增长向集约型经济增长转变时需要经历一系列的经济条件的积累。发展方式的转变具有渐进性、长期性和复杂性，不能急于求成。

（二）发展方式转变的基本思路

1. "两型"社会建设所达成的共识

（1）人与自然可持续发展。传统的经济发展强调的是征服自然，以经济总量增长为目标。我们需要的是人与自然和谐相处的可持续发展观，来实现整个人类社会的进步与发展。我国现在是发展中国家，还处于社会主义初级阶段，因此我们必须根据当前国情，走可持续发展道路，实现代际补偿、人与自然和谐发展。

（2）经济与生态和谐发展。近年来，经济的快速发展对生态环境造成了严重的破坏，无节制使用资源，如煤矿和森林等，使生态与环境不协调的问题日益突出，严重背离了生态文明理念中追求自然和经济和谐发展的"双赢"理念。生态约束可能对经济发展产生一定的影响，二者之间并非绝对对立，二者的和谐发展对于人类社会的可持续发展是有很重要的意义的。对于建设"两型"社会的武汉城市圈而言，实现生态化生产方式和生活是非常必要的。

（3）科学合理的生态环境保护与治理方式方法。环境恶化最大的体现就是经济结构出现问题。因此，制定合理、科学的生态环境保护方法是非常重要的。首先，处理好城乡二元经济社会结构，科学技术是其主要的实现手段。其次，要大力提倡"预防性"的环保方法，我们要认识到传统的"先污染、后治理"模式处理的不及时性，这种"补救性"环保政策是不可取的，因为人类已经受到了自然的惩罚。通过产业结构调整，转变不合理的生产和生活消费模式，通过科技创新来发展生产力，对实现生态文明建设举足轻重。

2. 推进发展方式转变的路径选择

（1）以可持续发展观为指导思想，深化思想认识。转变发展方式首先必须树立可持续发展观念。要实现经济社会又好又快发展，必须转变人的思想观念，深化人们对转变发展方式，促进"两型"社会建设的认识。要上下统一思想，秉承着以发展为核心，坚持以人为本，满足当代和后代人类的利益要求，人与自然和谐发展的可持续发展观，加快转变发展方式，促进武汉城市圈"两型"社会建设。

首先，转变消费观念，提倡消费模式生态化。一直以来，我国主要依靠出口和投资来拉动经济，消费尚未成为拉动经济发展的主要动力之一。近年来，政府逐步将消费视为拉动经济增长的根本途径，但是传统的消费模式消耗了大量的资源，给生态环境造成了巨大的破坏。因此，面对当前的经济发展形势，我们既要充分发挥消费对经济增长的拉动作用，又要转变传统的消费模式，提倡绿色消费。这就需要重视对消费者的教育。

其次，加深对转变发展方式，建设"两型"社会重要性的认识。传统的社会经济发展方式是以资源的高投入、高消耗、高污染、低效率为特征，迫切需要将这种粗放型的经济增长方式转化为集约型。建设"两型"社会不仅是转变发展方式的重要着力点，而且是实现可持续发展的根本道路。

最后，深刻认识转变发展方式与建设"两型"社会的辩证关系。建设"两型"社会是转变发展方式的重要着力点，"两型"社会建设的关键在于转变发展方式，二者之间是辩证统一的。这个过程中关键在于发展循环经济、调整和优化产业结构、科技创新和体制机制改革等方面。

（2）深化体制机制改革，加强重点领域的体制机制创新。探索建立促进循环经济发展的政策体系，寻求循环经济发展的新模式。一是建立促进环保产业发展的引导机制。将环保型产业发展作为武汉城市圈建立"两型"社会的主要政策目标，在财税金融产业方面实施差异化的引导政策。将生产要素市场和产品市场贯通起来，促进要素的自由流动。二是明确产业发展的重点领域，重点发展电子信息、生物、新材料、新能源等新兴的绿色产业，科技服务业和生态旅游业，打造创新型的产业集群。三是创新循环经济的发展模式。重点建设青阳鄂大循环经济示范区，探索重化工业集聚区循环经济发展的新模式，完成青山区国家级循环化改造示范工程和公共服务平台建设，武汉城市矿产交易新增二至三大类品牌。大力推进武汉市"全国绿色建筑研究试点城市"、"国家餐厨废弃物资源化利用和无害化处理试点城市"、"武汉东西湖循环经济示范区建设"，继续推进黄石创建国家级循环经济示范市工作，加大孝感高新技术产业开发区循环化改造力度，探索区域性循环经济发展模式。

建立水生态环保机制。建立健全最严格的水资源管理制度，推进最严格的水资源管理试点，建立健全市、县用水量和用水效率的控制，不断完善水功能区的水质达标控制指标体系，制定合理的考核标准。创建水权制度，建立水生态补偿机制，建立健全湿地生态补偿机制，推进重点湖泊流域的水生态修复与环境治理。

建立最严格的节约集约用地制度。优化建设用地格局，提倡土地立体开发利用。完善土地市场的建设，土地价格根据市场供需来决定，发挥市场在土地资源配置方面的作用。强化节约集约用地措施，完善土地批后的监管机制以及节约集约用地的评价机制。严格土地执法，落实最严格的耕地保护制度和节约用地制度，将土地资源的节约集约使用情况纳入政府工作的绩效考核体系中。

建立科技创新机制。完善面向需求的技术创新共享服务机制和项目组织机制，建立产学研相结合的科技创新体系，推进科技项目、科技人才评审和科研机构评估机制改革，建立科学分类和创新业绩导向的评价机制。加强科技成果转化服务体系建设，健全科研机构和高校技术转移制度和督导协调机制。加大科技资源共享平台建设力度。扩大共享仪器设备数量，改革共享设备补贴方式，加快武汉城市圈科技企业孵化器公共服务平台建设，力争每年培育科技中小企业2000家以上。

健全城乡发展一体化体制机制。探索建立现代化农业发展机制和农业规模经营体系，加快新型农业经营主体培育，大力支持家庭农场和种养大户的发展，建立农民合作社，力争家庭农场发展和农民合作社等新型农业经营主体总量逐年增长，创新"三农"发展金融服务机制，建立健全新型农业经营主体主办银行制度。

构建武汉临空经济区发展机制。建立加快建设武汉临空经济区的政策体系，建立武汉市东西湖区、黄陂区和孝感市孝南区"两市三区"的一体化发展机制，加强孝感大道三期工程等基础设施的建设、加快推进临空经济区交通一体化进程。

创新行政审批、财政金融，扩大开放体制机制。加强行政审批制度改革，加快政府职能转变，大力推进服务型政府建设。探索推进"两型"社会建设的财税金融政策，尽快完善现代市场体系，建立开放型的经济体制。

推进武汉城市圈大气污染防治区域协作。坚持开发与节约并举、节能优化的方针，大力推进工业、建筑、交通等重点领域节能降耗，提高能源利用效率，发展替代能源和可再生能源。强制推行重度污染行业改造，硬性规定废物、废水处理设施的建设和运行标准，狠抓危险废弃物和危险化学品的污染防治过程，控制农业污染范围。实施激励与惩罚并行的制度。扎实推进生态建设、改善生态环境。

以武汉市为主体，建立统一协调、联合执法、信息共享、区域预警的大气污染联防联控机制，制定大气污染防治联防联控政策措施。全面启动武汉城市圈危险废物物联网项目建设，构建武汉城市圈大气污染防治的立体网络。

（3）加强法制建设，形成法制保障。充分发挥法律制度的功能和作用，努力加强"两型"社会的建设立法，严格执法，加强法律监督的力度。

完善节约型法律制度，必须科学创建包含基本法、配套法的节约法律体系，充分发挥节约法律制度的指引、预测、评价、教育、警示功能。在制定新的法律制度的同时，修改现行的相关法律制度，对现有法律中与建设"两型"社会不相适应的规定进行变革，使之有利于促进发展方式转变，建设"两型"社会。

严格执法，确保节约型法律能及时正确地实施，充分发挥"两型"社会建设的相关法律制度的作用，保证相关机构以及工作人员廉洁奉公、依法行政，促使相关措施得以落实并产生现实的经济效益。

（4）优化调整经济结构，增强发展协调性和持续性。

①调整国民收入分配结构，增强消费能力，扩大内需。调整国民收入分配方面：一是通过政策支持健全农民各项补贴制度，发展劳务经济等方式多渠道增加农民收入，减小收入差距。二是在不影响企业和政府收入继续增长的同时，使职工的报酬在初次分配中的比重增加。完善职工收入的相关机制，提高最低工资标准。三是通过加快垄断行业改革，引入市场竞争机制，推进投资主体多元化，实施反垄断的分配调控政策。四是通过税收调整国民收入分配结构，使低收入人群的收入逐渐提升，中等收入者的比重扩大，促进发展的可持续性。

坚持扩大服务消费，积极发展拉动力强的新型消费业，在农村劳动力转移过程中，释放城乡消费潜力。加强基础消费设施建设，规范整顿市场秩序，稳定物价，保障食品安全，改善消费环境，增强居民的消费信心，使人们能够放心消费，稳定和引导居民的消费预期。通过扩大消费来实现内需的增加，使需求结构趋于合理化。

②调整城乡结构，加快城镇化进程。自然、经济和社会中的多种原因造成城乡和区域发展条件的差异。改善农村和欠发达地区生产条件的基本途径，一是大规模增加投入；二是促进人口外迁。在加快湖北城镇化进程的过程中，密切关注城乡间的人口流动，同时也要进一步促进农村间、区域间和阶层间的人口流动。

推动大村庄建设，促进农村间的人口流动。在条件较好的中心村，集约配置寄宿制学校、卫生院等公共服务设施，配套建设交通、通信、供水、供电等基础设施，吸引农民集中居住，降低公共服务成本。

（5）推进城市圈一体化发展。提升基础设施一体化水平。创新交通设施共享机制，加强铁水公空等交通基础设施建设，有序推进武汉主城区与周边市、其他八市之间的城际公交试点。完成天河机场交通中心，武汉—孝感城际铁路等重点工程建设，实现所有市县半小时上高速公路、相邻两市县半小时通达的目标，加快推进鄂黄一体化建设。

推进市场一体化发展。建立健全公平的市场准入制度，推进注册资本登记制度等五项改革，试行以电子营业执照为依托的网络登记服务新模式。继续推进武汉城市圈九市之间的通信资费一体化试点建设，争取实现全程资费一体化。

优化产业一体化布局。创新产业双向转移升级机制，制定重点行业兼并重组政策措施，编制发布工业转型升级投资指南，试行负面清单管理模式，推动产业一体化统筹发展。

提高金融一体化服务能力。创新金融发展机制，推进信贷市场、票据市场、支付结算、要素配置市场、金融信息服务等一体化，建设金融同城，拓展金融IC卡的应用服务领域，全面实现股份制银行或城市商业银行的分支机构、农村商业银行或农村合作银行及村镇银行、电话银行行政村"三个全覆盖"的目标。基本形成有效支持武汉城市圈两型社会和东湖国家自主创新示范区建设的科技金融服务体系，将东湖国家自主创新示范区初步建成实现股权资本化、智力资本化、资产证券化的资本特区，为湖北经济转型升级和构建促进中部崛起重要战略试点提供有力的金融支撑。

推进生态环保一体化。创新联防、联控、联治机制，加强火电、冶金等行业脱硝脱硫设施建设，加快圈城16个省控空气自动监测点设施升级改造。全面推进机动车污染防治，实现社会化的环保检验机构在市州级以上城市全面覆盖，基本淘汰2005年以前注册的营运黄标车。推进水泥窑协同处置废弃物项目建设与营运，研究拟订《湖北省城镇生活垃圾处理设施建设规划》。

加快社会事业一体化。创新公共服务均等化机制，推进科技、教育、卫生、文化、社会保障等服务平台建设，促进全程资源联动共享，提高公共服务均等化水平。开展"一卡通"应用试点，推进金融卡在城际铁路等应用。

（6）加快科技进步，提高自主创新力。科技创新是转变经济发展方式的中心环节，是调整经济结构的关键举措。武汉城市圈要落实国家重大科技专项，加大自主创新的投入，激发和增强创新动力，深入研究知识创新和技术创新工程，加强基础研究；推进原始创新、集成创新和引进、消化、吸收、再创新，突破制约经济社会发展的关键技术，促进创新能力的提升，推动多学科、多领域协调发展。

在以企业为主体，健全技术创新体系、搭建资源共享的区域创新平台和加大各类资金扶持的基础上，以新能源、新装备和新材料为重点，通过集约配置资源，整合产业结构、生产技术含量高和附加值高的优势特色产品。

通过加强市场调查和健全市场体系，提高需求创新能力。从被动地满足需求转变为积极地创造需求，为技术创新提供重要前提和有效动力。从武汉城市圈的经济发展需求看，加快转变经济发展方式，摆脱对原有自然资源和以自然资源开采、加工为主导产业的依赖，突破资源环境的瓶颈制约，将现有资源、产业进行再选择、再配置，对成长性好、竞争力强的产业进行培育，实现武汉城市圈的经济转型。

加强科技成果向实现生产力转化。科技成果转化强调已有科技成果的商品化、产业化生产和社会化普及，使科技与经济有效结合、科技与社会一体化发展。要坚持科技是为经济社会发展服务的理念，推动产业规模优势转化为创新能力优势。

组织实施重点科技成果转化项目，推进科技成果转化工程的建设，实施创新驱动战略。调动技术交易市场的积极性，扩展科技成果转化平台，增加对外吸引力。推进前沿技术产业园、产业基地发展，加快科技园、科技城的投入建设，大力发展军民结合产业。

建设创新型科技人才队伍，增强湖北省科研的整体实力。转变发展方式，高素质人才是关键，高度重视人才队伍建设。以建设创新湖北的实现需要条件做基准，加大智力投入和人才培养力度，通过事业发展，加强实践、机制激励和法制保障，培养造就创新型科技人才。要形成专门的创新型科技人才培养系统：建设有利于创新型科技人才生成的教育培养体系，形成培养创新型科技人才的有效机制，注重学生的创造性思维，重视理论与实践的结合。构建各种形式的新技术、新工艺、新产品研发平台和实验室，构建各种层次的产学研联盟。

（7）"以人为本"为中心，大力推进公共服务建设。面向时代要求谋划教育现代化发展。教育的现代化发展要符合我国当前国情，要努力改变现有的教育质量评价体系，从招生体制、考试方法等多方面入手进行综合改革。继续扩大教育规模，培养更多高素质劳动力，政府要继续加大对教育经费的投入。深入实施素质教育，完善各个年龄阶段的教育计划，推进义务教育均衡发展，拉动农村、边远、贫困、民族地区义务教育的质量，向城市靠近。调整教育结构，深化职业教育发展改革，将职业技术教育放在更重要的位置，使劳动者有更好的技能，满足经济发展转变的需要。提高教育质量，继续实施高等教育质量工程，发展创新型人才。重视教育与经济发展的联系，实现教育资源公平分配，切实改善办学条件，提高家庭经济困难学生资助水平。

扩大就业，实现多样化就业。处理好经济发展与扩大就业的关系，实施就业优先战略，要把经济结构调整与增加就业相结合，大力发展服务业、劳动和密集型产业，发展有利于增加就业量和开发利用人力资源的产业。采取积极的就业政策，把调整经济结构、产业结构，调整城乡结构，推进城镇化进程的过程，变为扩大就业的过程，增大新进人员的就业概率，避免出现"毕业＝就业"的现象。加大对再就业人员的职业培训力度，提高劳动者的整体素质，增加劳动者的就业机会和就业面，鼓励劳动者自主就业。实施就业保障政策，贯彻工资集体协商办法，维护职工特别是农民工的合法权益，努力构建和谐的劳动关系。

社会保障事业与公益性服务并举。政府要加大社会保障投入，增加财政性社会保障支出，加快完善社会保障体系的覆盖范围，扩大参保人数，加强社保基金监管。深化医疗改革，扩大医疗保障制度的覆盖面，扩大公共卫生和预防保健服务范围，保证公共医疗卫生的公益性。改进公共资源配置，促进阶层间的人口流动。拓展义务教育的范畴。把国有企业招工规范纳入公招范围，积极提供小额创业信用贷款，努力为各类移民和低收入阶层创造平等的竞争机会。加大公益性设施建设，丰富人民群众的精神文化生活，实现社会的协调发展。

（8）深化部省合作与中法国际合作。深化部省合作。积极争取一批先行先试政策和重大项目。争取在改革开放、经济社会发展以及武汉临空经济区建设等方面，国家能给予更多支持与倾斜。

进一步深化与中央企业的合作。加强签约项目的跟踪落实。加大服务力度，督导项目早日开工建设，协调解决项目的建设问题，争取早日发挥投资效益。加强组织协调，力争签约一批重大合作项目。借助央企推动武汉城市圈的"两型"

社会建设。

深化中法国际合作。推进中法生态示范城建设。加强中法生态示范城的选址、规划及合作模式、推进机制等前期工作。推进武汉城市圈各市围绕建筑节能、交通、城市规划、组织策划一批项目，与法国相关企业和机构开展合作，积极落实中法城市可持续发展的合作协议。

第二节　生态省建设与绿色发展

一、生态省建设现状及面临的问题

生态省是以省（自治区、直辖市）为单位开展生态环境保护的制度，是为解决生态环境的整体性与行政管理条块分割的矛盾而提出来的政策，是扭转"点上治理、面上破坏、整体恶化"趋势的战略思路。

生态省建设的具体内涵是利用可持续发展的理论和生态学、生态经济学原理，以促进经济增长方式的转变和改善环境质量为前提，以产业结构调整为抓手，充分发挥区域的生态和资源优势，通过统筹规划，综合推进环境保护、社会发展与经济建设，基本实现区域社会经济的可持续发展。实质上生态省就是在一个省域范围内，以科学发展观和可持续发展战略、环境保护基本国策统揽经济建设和社会发展全局，转变经济增长方式，提高环境质量，同时遵循"三大规律"（经济增长规律、社会发展规律、自然生态规律），推动整个社会走上生产发展、生活富裕、生态良好的文明发展道路。

（一）全国生态省建设历程

生态省建设是可持续发展观在省域范围内的具体实践，它的实质是改变传统的环境破坏和资源耗竭为代价的粗放型经济增长方式，实现生态环境和社会经济相协调为目标的可持续发展道路。

1999 年初，海南省二届人大二次会议做出了《关于建设生态省的决定》，是生态省建设的创举。生态省建设源于改革开放对地方自主权的扩大，生态省是我国改革开放的独创，起源于对传统经济发展模式不可持续性的反省，起源于对民主政治的弘扬以及自上而下的草根参与。目前，全国共有海南、吉林、黑龙江、福建、浙江、山东、安徽、江苏、河北、广西、四川、辽宁、天津、山西、河南、湖北16个省（区、市）开展了生态省建设。其中，东部省份8个、中部省份6个、西部省份2个。

近年来，湖北省在抓经济发展的同时，高度重视生态建设和环境保护，积极推进"两型"社会的建设，生态文明的建设取得了显著的成效。产业结构得到了调整，粮食产量逐年上升，新农村建设也取得了显著成效，"两型"社会建设加快了步伐，生态环境质量总体上保持稳定。2009年，湖北省委、省政府出台了《关于大力加强生态文明建设的意见》，在对各级党政干部工作的绩效考核中将环境质量和主要污染物总量减排等生态环境指标考虑在内。2012年，湖北省第十次党代会就明确提出了"生态立省"的战略。2014年初，湖北省委、省政府将生态省建设领导小组职能纳入省环委会之中，标志着生态省建设全面启动。2014年末，湖北省十二届人大常委会第十二次会议审议了《湖北生态省建设规划纲要（2014~2030)》，该纲要明确了湖北省生态省建设的目标，为湖北省勾勒出了未来的生态蓝图，是把湖北省建设成为中部崛起的绿色支点。2015年，湖北省"两会"政府报告，把"三维纲要"（市场决定取舍、绿色决定生死、民生决定目的）中的"绿色决定生死"提高到了首要位置，彰显出了湖北生态省建设的全新篇章。

（二）湖北开展生态省建设的基础优势

1. 经济发展态势良好

2015年，湖北省地区生产总值达29550.19亿元，占全国的4.37%，固定资产投资增长迅速，消费需求明显被拉动，消费对经济增长的贡献率达到47%。对外开放逐渐扩大，湖北省进出口贸易总额达到455.86亿美元，来湖北省投资的世界500强企业新增16家，达到228家，位居中部省份之首。实现了"十二五"中提出的"推进经济总量规模迈上新台阶"和"进一步提升湖北在全国的地位"两大目标。

2. 产业结构加快调整

2015年，湖北省工业增加值达到11532.63亿元，高新技术产业增加值突破4000亿元，占生产总值的比重达到16.3%。全省技术改造投资增长25.1%，增速居全国第一，一批传统产业在调整改造中焕发生机。以东湖国家自主创新示范区为抓手，引领推进全省创新发展。建立了"北斗"导航产业投资基金，全国首个北斗地基增强应用示范系统率先建成。优化国有资源配置，新组建中南设计集团、省铁投集团。提前一年完成"十二五"淘汰落后产能和"五小"企业关停目标任务，单位生产总值能耗下降 5% 左右，四项主要污染物排放量控制在国家下达任务之内。

3. 城乡区域统筹发展加速

2015 年，湖北省城镇化率达到 56.6%，较"十一五"末提升 7.13%，年均提高 1.43 个百分点，高于全国、领先中部。近年来仙洪新农村建设试验区、鄂州等七个市县城乡一体化、七个山区脱贫奔小康试点县、88 个新农村建设试点乡镇、竹房城镇带、大别山革命老区、武陵山少数民族地区经济社会发展试验区和荆门"中国农谷"试验区建设得到了加快推进，并且出台了《湖北省主体功能区规划》。

4. "两型"社会建设加快

近年来，湖北省加大节能减排工作力度，2015 年，城市污水处理率达到 90%，城市垃圾处理率达到 96%，均高于全国人均平均水平。人均道路和公园绿地面积分别达到 16.6 平方米和 11.1 平方米，同比增加 2.5 平方米和 1.5 平方米。排污费征收管理机制实行了改革，成立了湖北环境资源交易所，并且主要污染物排放权交易工作被列入了全国试点之内。循环经济快速发展，黄冈、宜昌两市的废物综合利用基地等园区和企业获批全国首批"双百工程"示范基地和骨干企业。谷城再生资源园区等 6 家园区、企业和城市被批准为国家循环经济重大示范试点。环境保护也取得了显著的成效，政府加大了对工业污染的防治工作，对约 2200 个行政村的环境进行了连片整治。绿化造林得到了稳步推进，政府还对武汉城市圈废旧电池回收网络进行建设。

5. 生态示范创建深入推进

湖北省 13 个市州、13 个县级市的国家环保模范城市创建工作全面启动，经过全省上下的共同努力，建成了 2 个国家级森林城市、7 个省级森林城市、12 个国家园林城市（县城）、31 个省级园林城市（县城）、1 个国家级生态旅游示范区、17 个省级生态旅游示范区；其中 37 个乡镇、22 个村、18 所学校、5 个社区分别被授予国家级生态乡镇、生态村、绿色学校、绿色社区；21 个乡镇、210 个村、403 所学校、57 个社区被授予省级称号。

6. 生态环境质量总体稳定

水环境质量保持良好，2015 年，主要河流水质符合Ⅰ~Ⅲ类标准的断面比例为 84.2%，同比下降 2.5 个百分点，水质为劣Ⅴ类的断面比例为 5.1%，同比持平，总体水质稳定在良好。重点城市集中式饮用水水源地水质达标率为 100%，同比持平。按照《环境空气质量标准》（GB 3095—2012）评价，湖北省 17 个重点城市空气质量均未达到二级标准。空气优良天数比例为 66.6%，其中达到优的天数比例为 11.4%，达到良的天数比例为 55.2%；二氧化硫、二氧化氮、可吸入颗粒物三项污染物年均浓度同比分别下降 35.7%、15.2%、3.9%。

（三）湖北生态省建设面临的主要问题

在当前的发展过程中，存在诸多因素制约着湖北省的生态省建设，突出表现为经济社会的快速发展与资源环境的承载有限之间的矛盾、公众对环境质量要求的日益提高与改善环境质量相对滞后之间的矛盾、经济转型升级缓慢与节能减排刚性要求之间的矛盾等。

1. 产业结构不尽合理

湖北省三次产业的比例为 11.2∶45.7∶43.1，第二产业比重略高，说明产业发展阶段相对滞后一些。工业结构仍然偏重，重工业占 62.2%；产品主要处于产业链前端和价值链中低端；产业链条不完善，配套能力和加工延伸不够；生产性服务业发展滞后。2015 年，全省 COD 排放强度 3.34 千克/万元 GDP，相比 2014年有所下降，低于生态省建设所提出的要求（COD 排放强度 5.0 千克/万元GDP），但距国家生态文明建设示范区初级阶段的要求（COD 排放强度 3.0 千克/万元 GDP）还有一定的差距。

2. 资源能源约束偏紧

湖北省目前 98% 的电煤、70% 的铁矿石、90% 的原油和天然气需要从外省调入或进口。湖北省的水电资源虽然较为丰富，但电力的支配权掌握在国家电网，电力是由国家统一调配的，从而导致了当前能源消费对外依赖性很强。从消费结构来看，用能方式与发达国家和国内其他省份有着显著的不同，煤炭主要在湖北终端能源消费中，工业锅炉和火力发电耗煤量大。2013 年，煤炭占能源消费总量的 53.7%，石油为 15.8%，天然气为 1.8%，水电为 11.8%。工业生产中对矿产、土地资源、能源的需求不断增加，矿产资源、土地和能源的供需矛盾日益显现。

3. 空间格局有待优化

湖北省内各地区社会经济发展水平在空间是分异的。武汉、宜昌、襄阳三市GDP占全省GDP的比例超过了50%，恩施、鄂州、随州、咸宁等城市的经济发展水平相对较低。中东部湿地生态系统、平原丘陵地区农田面积急剧减少。工矿生产占用生产空间偏多，生态空间偏少。一些地区对资源滥采滥用，"摊大饼"式发展城市规模，超过了当地的资源环境承载能力，造成了地面沉降、水资源严重短缺和环境污染等严重问题。

4. 部分地区生态系统破坏较严重

湖北省湖泊湿地萎缩问题突出，部分天然湿地向人工、半人工湿地方向演变，湖泊水体富营养化明显，一些地区生物多样性明显下降。森林生态系统结构较为单一，生态调节功能下降。水土流失、石漠化、沙化等问题突出，全省现有水土流失面积约36903平方千米，占全省面积的19.85%。城镇周边人口密集、林地面积小，绿地率及绿化覆盖率需进一步提升，生态屏障没有完全形成。

5. 城乡环境亟须改善

长江、汉江部分支流受到污染，三峡水库支流、汉江下游部分水域出现"水华"现象。2015年，主要河流监测断面中，Ⅰ类水质断面占2.5%，同比上升1.2个百分点；Ⅱ类占44.0%，同比上升2.3个百分点；Ⅲ类占37.7%，同比下降6.0个百分点；Ⅳ类占7.6%，同比上升0.6个百分点；Ⅴ类占3.1%，同比上升1.8个百分点；劣Ⅴ类占5.1%，同比持平。主要湖泊水库点位中，无Ⅰ类水域，同比下降3.2个百分点；Ⅱ类占38.7%，同比下降3.2个百分点；Ⅲ类占35.5%，同比上升3.2个百分点；Ⅳ类占12.8%，同比持平；Ⅴ类占6.5%，同比持平；劣Ⅴ类占6.5%，同比上升3.2个百分点。大气环境质量难以稳定达标，17个重点城市空气中90%以上的首要污染物为可吸入颗粒物。局部地区土壤污染问题严重，主要集中在十堰、荆州、黄石、江汉平原地区，有机物污染集中在江汉平原地区。工业污染向农村转移，规模化畜禽、水产养殖和种植业面源污染问题凸显，农村生活污水、生活垃圾收集处理等基础设施建设滞后，村镇人居环境亟待改善。

6. 生态文明体制机制尚不健全

生态环境治理相关的区域协调、生态补偿、排污权交易、绿水管理、绿色信贷、环境责任保险、环境信息公开、科技创新、公众参与、责任追究与环境损害赔偿、奖惩等体制机制的建设尚未健全。湖北虽然是科教大省，但科技资源优势并没有得到充分发挥，高新技术产业占国民经济的比重偏低，生态环境保护基础研究薄弱，科技创新能力偏低，没有成为经济社会发展的动力。

二、绿色发展

绿色发展是人们在继原始文明、农业文明和工业文明之后，重新审视原有的生产、生活方式而探索出的一种新的发展方式。绿色发展不仅是当前生态文明时代全新的经济形态与发展模式，而且是和谐社会的最佳经济形态与发展模式。绿色发展模式要求人们尽可能减少对资源的消耗和对环境的污染，鼓励人们对现有的自然资源储备进行投资。1989 年，英国环境经济学家大卫·皮尔斯在《绿色经济蓝图》中提出"绿色经济"的概念，并得到了广泛的认同。绿色经济将可持续发展理念贯穿于人类社会经济活动的全过程。绿色经济既要求降低污染排放、减少资源消耗和减轻生态环境压力，也要求经济实现可持续发展。2008 年爆发全球经济危机以来，人们清楚地认识到了通过绿色经济发展方式来制造新的发展空间和就业机会对于渡过经济危机、提升国家综合竞争力，并在未来占据全球制高点和领先地位的重要作用。绿色经济要求经济发展与资源承载力相互之间协调发展，它充分体现了以人为本、全面协调可持续发展的要求，它不仅是发展的手段，也是发展的目标。

由于历史的原因，湖北省传统的高耗能、高排放的粗放型经济增长方式还没有得到根本转变，环境污染严重、资源利用率低的现象没有从根本上得到解决，因此迫切需要转变为低消耗、低投入、低污染的绿色经济发展模式，才能实现经济的可持续发展。湖北省作为中部的一个生态大省，拥有大江、大湖、大山、大库，又是三峡工程坝区所在地和南水北调中线工程水源区，生态优势明显，生态地位重要，生态文明建设责任重大。同时，湖北省作为中部地区的一个经济大省，正处在新型工业化、信息化、城镇化、农业现代化加快发展的关键时期，资源环境约束趋紧，节能减排任务艰巨。一些地方生态系统退化，水体、大气、土壤等污染加重，迫切需要着力推动绿色发展，实现未来经济的繁荣以及奠定湖北省在中部地区的优势地位。因此，转变经济发展方式，实现绿色发展，这不仅是湖北省长远发展的战略性选择和必然需要，也是对中国可持续发展做出的积极贡献。

（一）国外绿色发展的经验及启示

1. 国外绿色发展的政策

（1）美国绿色发展的政策。美国政府注重长期开发投资，鼓励绿色创新技术的研发。部分进口银行制定了环评政策，对于向银行申请贷款的项目，根据评估结果发放贷款。美国还大力开发绿色建筑，通过使用清洁能源和清洁建筑材料，减少有害废弃物的排放，使用高资源利用率设备。此外，美国还大力建设绿色智能电网，来减少电能在传输过程中的损耗。总之，美国政府将绿色发展的理念渗透到了各个领域。人们在消费时也注重绿色环保产品的购买，食品加工厂也开始使用绿色包装，并使用对环境无害的物质。

（2）日本绿色发展的政策。2004年，日本的政策银行实施了促进环境友好型的融资业务，目的是减轻环境压力、促进企业环保科技投资。银行对申请环保贷款企业的环保业绩进行评分，根据评分结果，提供环保专项低息贷款给环保方面表现优异的企业。2006年初，日本还引进了新评分项"促进实现京都议定书目标"，对减排有望实现削减温室效应气体排放量达到8%以上的企业，可提供等同于环境评价最高级别对应的贷款优惠利率。2007年，政策银行又在环境省的支持下推出了环境评级贴息贷款业务。日本的环境友好型融资业务的实施，一方面以低息环保利率促进了企业在环保领域的投入，推动了绿色产业的发展；另一方面环保企业不仅获得了低息贷款，还获得了来自各方的奖励和荣誉，提升了企业形象，这也更加促进了企业向环保方向的发展，并且，日本通过环境友好型融资业务的实施，加强了和商业银行的合作，商业银行可以利用政策银行的环保评估系统，评估和监督各目标企业，来规避自身投资风险，从而更加有效地促进了商业银行绿色信贷的发展，总之，日本政策银行通过环境友好型融资业务的实施，很好地发挥了本身的政策导向作用，极大地促进了日本绿色经济的发展。

（3）欧洲绿色发展的政策。近年来，德国政府将绿色发展作为新的经济增长动力，以绿色能源技术革命为核心大力实施"绿色新政"，目的是建立一种以资源节约、生态保护和经济持续稳定增长为特色的新的"绿色经济"发展模式。德国政府增加了对环保技术创新的投资，并且鼓励私人投资。此外，德国政府对商品的集中采购政策也进行了调整，采购高能源利用率产品，同时制定了"绿色经济线路图"。

法国绿色发展的核心是发展核能和可再生能源。法国政府于2008年公布了旨在发展绿色可再生能源的计划，包括生物能源、太阳能、风能、地热能及水力发电等多个领域。除大力发展可再生能源之外，2009 年，法国政府还投资进行清洁能源汽车和"低碳汽车"的研发。法国发展绿色经济的另一个重点就是核能的开发利用，法国是核能利用大国，拥有阿海珐集团、法国电力集团两家全球领先企业。

英国主要集中在发展绿色能源，2009 年 7 月 15 日，英国发布了《低碳转型计划》战略书，这是迄今为止最为系统地应对气候变化的政府白皮书。同时发布的还有《低碳工业战略》、《可再生能源战略》和《低碳交通战略》三个配套方案。从 2009 年起，英国政府还设立了"碳预算"，并以此为根据安排相应预算，支持应对气候变化的活动。英国也是世界上第一个在政府预算框架之内特别设立碳排放管理计划的国家。

经过欧洲各国绿色经济政策的实施，欧洲区域现已成为世界上最大的碳市场。相关报告指出：2006 年，世界碳交易总额为 300 亿美元，其中欧洲排放权交易为 244 亿美元，占比为 81.3%。2009 年 3 月 9 日，欧盟委员会宣布正式启动绿色经济发展计划，根据此计划，在 2013 年以前投资 1050 亿美元支持欧盟地区绿色经济的发展，并以此来促进就业和经济增长，保持欧盟在环保经济领域的世界领先地位。

2. 国外绿色发展的启示

（1）政府方面要大力支持。国外相关经验表明，政府对于绿色发展的支持尤为重要，如政策扶持、资金支持和立法支持等。第一，政府和行业协会可以通过立法和行业规章制度来弥补法律体系有关环保法规的缺陷，引导工业企业在投资和生产过程中重视绿色产品的投资和产品生产绿色化。政府方面加强立法还可以明确环保监管部门和金融监管部门之间的责任关系。第二，政府资金的支持可以推动绿色发展。因此，在建设生态省的过程中，政府应该利用各种政策来激励绿色发展。例如，对绿色环保项目实行贷款优惠政策、征收"碳税"、对绿色环保产业提供财政补贴等政策支持，积极引导资金向绿色环保产业流动。

（2）金融机构积极进行产品创新。银行、基金公司和保险公司等金融机构应该积极发展创新绿色产品，开发绿色零售产品。相关金融机构可以开发绿色房屋低息贷款业务，建立将收益作为环保基金的绿色储蓄产品等。

（3）建立健全环境效益评价机制。建立健全环境效益评价机制对发挥金融工具的作用尤为重要。借鉴国外的评价机制,对企业的能耗情况、环境的影响情况进行严格的评价,保障市场公平竞争,促进绿色产业的发展。

(4)号召公众参与到绿色发展。湖北省在绿色发展、建设生态省的过程中,应该加大对绿色环保的宣传力度,引导大家形成绿色消费的观念,营造全民关注环保的氛围,形成"绿色文化",使全民都参与到绿色发展、努力建设生态省的过程中。

(二)湖北绿色发展的现状及问题

2016年1月5日,中共中央总书记习近平在重庆召开座谈会时强调:"要把修复长江生态环境摆在压倒性位置,共抓大保护,不搞大开发。"地处长江之"腰"的湖北,被视为促进长江经济带"上中下游协同发展、东中西部互动合作"的重要区域,生态优先、绿色发展的路径探索是湖北省发展战略的重点。

近年来,湖北省绿色资源较为丰富,绿色产业发展势头向好,绿色技术领先,具有比较明显的绿色发展优势。

1. 湖北省绿色发展的现状

(1)绿色生产发展方式势头向好。经过不断调整和优化经济结构,经济发展方式得到了一定的转变。绿色产业发展迅速,2015年粮食产量实现了"十二连增",油菜籽产量、淡水产品20年稳居全国第一。农产品加工产值达到1.4万亿元,农产品出口位居中部第一。新型工业化加快推进,"十二五"期间,湖北高新技术产业增加值年均增长17.3%,2015年突破5000亿元。现代服务业突破性发展,旅游、金融、文化、物流等产业成为新的增长点。旅游总收入达4250亿元,年均增长13.2%,湖北旅游发展速度竞争力居全国第四,金融业增加值年均增长20%以上,外资金融机构和上市公司数量居中部第一。

(2)节能减排成果显著。第一,节能降耗卓有成效。湖北省规模以上工业增加值能耗由2010年的2.09吨标准煤/万元降为2015年的1.37标准煤/万元,提前两年完成节能降耗目标。截至2015年底,淘汰炼钢产能824.8万吨,淘汰炼铁产能257.6万吨;淘汰水泥熟料777.2万吨、立窑线53条、旋窑线9条、粉磨机组68台(套);淘汰平板玻璃1105万重量箱。全面超额完成国家下达湖北省淘汰落后产能的目标任务。2015年,综合能源消费量下降10.3%,六大高耗能行业增加值占比降至26.8%,比2010年下降6.1个百分点。2015年,综合能源消费量下降10.3%,六大高耗能行业增加值占比降至26.8%,比2010年下降6.1个百分点。

第二，循环经济和清洁生产广泛开展。以节能降耗、清洁生产、循环经济、低碳技术为核心，强力推进城镇污水处理厂及配套管网建设、烟气脱硫脱硝建设等项目，加大新能源、可再生资源的开发力度，推广使用先进技术和节能产品。2015年，产值超5000万元的循环经济企业超过200家，再生资源回收利用多项指标跻身全国第一方阵。湖北省的碳排放交易所于2014年成立，全国七个试点中，湖北是第六个，截至2016年上半年，湖北碳排放市场总成交量占全国50%以上，成交额一直占40%以上，最高时占到70%以上。与全国其他试点省市相比，湖北碳排放交易创新步伐更快，特别是碳金融领先全国，在全世界，湖北碳市场规模仅次于欧盟和韩国。除了碳排放权，湖北省近年还积极推动排污权、水交易权的买卖交易。

（3）绿色生活方式逐步深入人心。近年来，在城市绿化、绿色交通、绿色生活垃圾分类回收、节水节电、绿色住宅、可再生建筑等方面都成效显著。截至2015年初，武汉市已基本建成东沙湖绿道、后官湖绿道、江滩绿道等，并有多条绿道正在规划或建设中。截至2015年底，湖北省累计通过绿色建筑评价标识认证的项目达190项，总建筑面积达1786.19平方米。

（4）绿色发展的相关政策相继出台。《湖北省优化经济发展环境条例》《湖北省湖泊保护条例》《湖北省主要污染物排污权交易试行办法》《湖北省人民政府关于发展低碳经济的若干意见》《关于大力推进绿色发展的决定》《湖北生态省建设规划纲要》《湖北汉江生态经济带开放开发总体规划》《清江流域绿色生态经济带发展规划》《江汉运河生态文化旅游带发展规划》《湖北长江经济带落实生态优先，推动绿色发展的对策建议》等法规文件先后出台，涉及公共交通、工业基地调整改造、现代农业、绿色建筑、水资源管理制度以及湖泊保护、重点流域水污染防治、低碳发展规划、优势传统产业调整改造转型升级、主要污染物总量减排目标完成情况、极端天气应急防范以及城乡生活垃圾处理等方面，合力推进湖北长江经济带绿色发展。

（5）"两圈"绿色发展示范效应显著。武汉城市圈在生态生活环境治理、资源节约、生态补偿等方面取得了一定成效。鄂西生态文化旅游圈建立了以奖代补与制度约束相结合的生态文化保护与发展机制、协同管理创新以及整合营销机制，在这些方面成效显著。2015年4月，武汉获批全国首批海绵城市建设试点，计划用三年时间，集中力量打造青山示范区和汉阳四新示范区，总面积 38.5 平方千米。截至 2015 年 10 月底，示范区已经基本实现全面开工。目前，青山港水环境综合整治工程、临江港湾社区等第一批海绵试点项目成效初现。

2. 湖北省绿色发展存在的问题

（1）产业结构偏重制约了绿色发展空间。湖北省绿色工业占工业的比例为 6.72%，绿色农业占农业的比例为 30%，加上建筑业和第三产业，湖北省绿色产业的比重仅为 50.18%，和其他的先进省市以及发达国家相比，形成了显著差异。节能减排压力较大，湖北省能源消耗占全国的 5%，工业占全国的 3.7%，单位产品能耗与国内先进水平存在差距。

（2）科技投入不足制约了绿色发展能力。当前，湖北省的科技力量主要集中在科研院所和高校，企业的科技创新能力严重不足。研发投入占主营收入的比重偏低，只有 0.94%，低于全国 1.28% 的平均水平。

（3）体制机制障碍束缚了绿色发展思路。部分经济相对落后的地区，高污染、高耗能资源性的项目仍然能得到很高的投资，"先污染，后治理"的观念仍然存在，由于体制机制的不健全，一些环评否决的项目仍然通过别的渠道得到了审批。

（4）法律法规与政策工具缺位弱化了绿色发展的制度支持。现行财政税收体制存在一定弊端，地方政府可以运用的财税手段有限。资源环境产权与价格机制存在障碍，生态补偿机制不够完善。"谁污染，谁治理"的问题没有在根本上得到解决。"违法成本低，守法成本高"的问题仍然存在，这些都制约着绿色发展。

（三）湖北省绿色发展战略路径

湖北省建设生态大省必须着力推进绿色发展。因此，必须对政策体系和制度设计进行全面规制，推进湖北省绿色发展走在中部的前列。力争在经济发展方式转变、资源节约型和环境友好型社会建设取得突破性的进展；主体功能区生产力优化布局基本形成，资源循环利用体系初步建立，能源生产和消费结构优化；主要污染物排放总量明显减少，全面超额完成国家下达的节能减排任务；生态系统稳定性增强，生态安全格局基本构建，环境质量明显改善，人与自然的关系更加和谐。

根据湖北生态省建设的要求，继续完善绿色发展系统制度框架的设计，确定湖北省绿色发展的战略体系。争取把武汉城市圈打造成全国绿色发展的示范区，把鄂西生态文化旅游圈打造成环境保护和绿色发展的示范区，创新驱动绿色发展，实现转变发展方式。在湖北省的绿色发展当中，着重强调"绿色创新"和"绿色转型"两大战略，通过一系列举措来构建绿色发展方式、打造公共政府、创新绿色发展体制机制、创新绿色发展技术的任务，通过一系列举措来推进湖北省的绿色发展进程。

（四）完善"主体功能区规划"，构建绿色经济新格局

全面落实主体功能区战略，根据湖北省的资源环境承载能力、当前的开发密度和发展潜力，科学构建湖北省生态安全、农业发展和城镇化战略格局。依据不同地区在生态环境结构、状态和功能上的差异，构建"分区管理、分级控制"的空间管控体系。将重要生态功能区、生态敏感区和脆弱区、禁止开发区划定为生态保护红线，对生态保护红线区域实施最严格的管控制度。构建"四屏两带一区"的生态安全格局，确保区域生态安全。合理布局优势农产品主产区，充分发挥"鱼米之乡"的传统农业优势。优化重点开发区域布局，实施"两圈两带一群"战略，推动重点区域发展方式绿色转型。

1. 构建环境友好型产业体系，提升绿色化发展水平

充分发挥湖北省科技大省的优势，强化科技创新驱动，综合提升产业发展质量。通过优化生态技术创新政策体系和完善生态技术创新体制来营造科技创新的新环境。通过加强关键技术的研发，搭建科技创新平台，培育引进创新人才来强化科技支撑能力。通过壮大高新技术产业和战略性产业规模、提升产业核心竞争力来加快发展高技术产业和战略性新兴产业。

大力推进节能减排，系统推动治污降耗。通过严格控制产能过快增长，推动传统产业改造升级来加快淘汰落后或者过剩的产能。通过推广普及天然气、合理发展水能、积极发展太阳能和加强生物质能利用来优化能源结构。强化重点用能单位节能管理、加强工业节能减排、促进农业节能减排和推动服务业节能减排。

推进产业结构调整和优化升级，形成内涵式增长模式。优先发展生产性服务业，积极发展生活性服务业，培育壮大新兴服务业，大力发展生态旅游产业。通过培育壮大优势支柱产业，深入推进信息化和工业化的融合，加快承接东部产业转移来推进工业转型升级。通过构建农业现代产业体系，发展农业产业化经营，推广循环生态农业模式，强化农产品质量安全保障来发展现代生态农业。

明确资源利用红线，不断提高资源集约节约利用水平。推行清洁生产，建设生态产业园区，通过实现三次产业循环发展，构建企业—园区—城市循环经济体

系，推动可再生资源产业来发展循环经济。

培育节能环保产业，促进产业绿色转型。提升环境治理技术水平，推进废弃资源综合利用，研发实用型节能产品。着重发展环保服务业，如推进污染治理专业化服务、开展综合环保服务试点和推进政府采购环保业务。营造有利的发展环境，如完善政策标准体系、构建多元融资渠道和建立部门协调机制。

2. 加强水资源保护和雾霾治理，促进生态环境建设

加强以水资源保护和雾霾治理为主的生态环境建设。着力打造水生态安全屏障，落实最严格的水资源管理制度。建立水土保持生态补偿机制、预防监督管理体系和水土流失动态监测网络。加大对重点生态区的保护，推进生态脆弱地区的水生态修复，实施小流域综合治理、坡耕地水土综合整治、淤地坝建设和生态自然修复。建立和完善严格监管所有污染物排放的环境保护管理制度，建立统筹的生态系统保护修复和污染防治区域联动机制，实行企事业单位污染物排放总量控制制度，严格实行生态环境损害的责任者赔偿制度。从根源入手，逐步割绝雾霾的生成机制，改变化石能源的主体能源地位，加速新能源替代的步伐。

3. 创新绿色发展文化理念

开展绿色发展教育与绿色创新宣传，提升全社会对绿色创新的认识。制订完善的产品绿色标准，推进金融手段进入绿色消费领域，鼓励企业生产和营销绿色产品，引导消费者绿色消费观念。完善并推动政府绿色采购制度，提高政府对绿色消费的推动力和影响力。

（五）湖北省绿色发展的战略举措

湖北肩负着绿色发展"建成支点、走在前列"的历史重任，作为科教大省，应充分发挥其优势，以科技创新为动力，把产业结构调整、推进节能减排、发展循环经济作为转变经济发展方式的重要手段。通过明确资源利用红线，不断提高资源集约节约利用水平。大力培育节能环保产业，全力打造长江和汉江生态经济带，构建环境友好型产业体系，推动湖北省绿色发展走在中部六省的前列，实现绿色崛起。

为了实现湖北省在转变发展方式上走在前列的目标，必须遵循绿色发展的战略路径，主要从以下方面着手：

1. 结合湖北省情，推进实施"绿色 GDP"考核

结合神农架"绿色 GDP"考核的政策效果，全面推动全省实施"绿色 GDP"

考核。切实把"绿色 GDP"作为"核心 GDP"纳入经济社会发展评价，纳入地方党委政府的绩效考核体系，完善现有的考核制度，把有质量、有效益、可持续的经济发展和民生改善、社会和谐进步、生态文明建设等作为考核评价的重要内容，从而形成推动绿色经济发展的长效机制。继续完善统计评估指标体系，如增加考核可吸入颗粒物（PM10）、细颗粒物（PM2.5）下降率，以及水环境质量达标率、森林覆盖率和森林蓄积量、单位 GDP 地耗降低率等生态环境指标，设计出即日起到 2020 年、2025 年和 2030 年三个阶段绿色发展的指标要求并实施。将绿色发展的体制目标和湖北省的行动路径统一在政策设计之中。将绿色发展建设任务完成情况考核结果作为财政转移支付、生态补偿等资金安排的重要依据。把绿色发展列为评价和使用干部的重要依据，建立健全绿色发展的工作责任制、问责制和科学考评体系。建立生态环境损害责任终身追究制度和环境污染事故追究制度，对造成生态环境损害的重大决策失误，实行问题追溯和责任追究。加快绿色立法进程，建立和完善区域绿色发展指标体系、检测体系和环境影响评价制度。

2. 打造绿色发展平台，建立全国性的绿色权益交易中心和科技创新中心

国务院批复同意的《长江中游城市群发展规划》要求充分发挥湖北国家低碳省试点的示范作用，明确"支持湖北碳排放权交易中心建设"。因此，在省级碳排放权交易平台的基础上，建立一批绿色发展技术展览交易平台和绿色产品交易中心，利用内陆市场中心区位优势和中国光谷技术优势，继而打造全国性的绿色平台。

（1）优化生态技术创新政策体系。加大引导企业开展环境友好型技术的创新投入政策，支持营造科技创新力度。完善环境友好型技术的知识产权保护机制，加强对相关知识产权的政策支持力度。完善环境友好型技术成果产业化与现有产业政策、投资政策、贸易政策、税收政策等的有效衔接，加快环境友好型技术的转移转化。

（2）完善生态技术创新机制。建立环境友好型技术创新投入的稳定增长机制。构建完善企业为主体、产学研结合的生态技术创新体系。完善技术评价和成果奖励的生态化导向机制。完善环境友好型技术的应用推广机制，构建一站式的成果转化服务体系。优化生态技术创新相关科技资源的共建共享机制，促进相关科研机构、企业、高校间人才流、信息流的高效共享。

（3）加强关键技术研发。积极通过国家科技支撑计划、"973"计划、自然科学基金等国家级项目引导生态相关重点领域及优先主题的基础技术、应用技术的研发。加大在生态领域的对外科技合作力度，加大生态领域技术的合作研发、技术引进力度。大力支持战略性新兴产业和高新技术产业的生态化技术研发，形成产业转型升级和绿色发展的原动力。

（4）搭建科技创新平台。以高校、科研院所组建的国家、省级重点实验室为主体，引导支持其开展生态基础技术研究。以企业组建的国家、省级工程技术研究中心等创新平台为主体，加大对生态型应用技术的研发支持力度，培育具有自主知识产权的原创性技术。以产业技术研究院、产业技术创新战略联盟为主体，大力支持其开展环境友好型产业共性技术开发，形成一批具有较强国际竞争力的产业创新基地。

（5）培育引进创新人才。着眼科技发展方向和全省发展战略需求，着力培养一批基础研究领域的优秀青年人才。实施湖北省自然科学基金计划、青年杰出人才项目计划和创新团队计划，吸引海内外优秀专家学者。构建规模适度、结构与布局合理的高素质基础研究人才队伍，形成一批具有较强原始创新能力、在国内外产生较大影响的知识创新团队。

（6）壮大高新技术产业和战略性新兴产业规模。以需求为导向，运用市场机制促进各类资源要素向高新技术产业和战略性新兴产业聚集。强化规划引导，编制高新技术产业和战略性新兴产业规划，组织实施一批重大创新产业化项目，努力实现优势领域、关键技术的重大突破。加快科技创新、制度创新和管理创新。促进新一代信息技术、高端装备制造、新材料等优势产业规模发展，显著提高核心竞争力；生物、节能环保等特色产业跨越发展，推动战略性新兴产业健康发展；新能源汽车等潜力产业超前发展，构建新的增长极。实现到2020年，打造10个产值过千亿元的高新技术产业链，战略性新兴产业总产值达到14000亿元。

（7）提升产业核心竞争力。以自主创新作为推动战略性新兴产业发展的主要动力，以集成创新和引进、消化、吸收、再创新为重点，加强技术集成和联合攻关，掌握一批关键核心技术及相关知识产权。推进光电信息材料、光电器件、激光装备、地球空间信息、数控机床、物联网、生物技术、节能环保等重点领域突破关键核心技术，力争在以智能制造、绿色能源、数字服务为特征的产业变革中走在前列。重点在光电、生物、新能源等领域组建一批产业技术研究院。将战略性新兴产业打造成为先导性、支柱性产业。

3. 提高绿色发展动力，对绿色产业实行财税激励

积极研究制定绿色投资政策，促进重点产业的绿色化。对资源性产品采取优惠激励政策，促进资源性产品的价格机制改革，建立相应的统计、跟踪和评价机制。将绿色发展政策与当前的"节能减排"、"循环经济"、"低碳发展"、"两型社会"等已有政策措施相互协调。重视引导财税资金，筹划绿色发展专项基金。建立健全资源环境产权交易市场，积极发展排污权、碳排放权、水权和节能量交易市场。探索绿色发展的生产机制、生态补偿机制、强制退出机制、跨区域污染防治联动协调机制和财税政策的激励与约束机制。开展减排项目贷款融资业务、排污权抵押融资业务试点工作。全面开放环境基础设施建设经营市场，推进污染治理设施专业化、社会化运营服务。环保部门对绿色技术发展给予一定的资金和政策扶持，促进绿色生产技术开发示范。

4. 加强污染监管，为绿色发展争取更大空间

组织修订生态省建设相关法律法规，研究出台建设绿色市场、引导绿色消费、促进绿色发展的具体政策和措施。湖北省各级人民政府在制定国民经济和社会发展总体规划时应将绿色经济发展纳入其中，进而完善城乡规划、能源规划、循环经济规划、节能减排规划、生态城市规划、主体功能区规划及产业发展规划，优化三类空间结构，形成科学合理的城镇化格局、产业发展格局、生态安全格局。监督、落实发展规划、行动方案的执行，充分发挥政府在绿色发展中的引导作用。制定绿色技术和产品标准、绿色建筑设计标准和绿色城市建设标准。完善环境行政执法与刑事司法衔接机制。对破坏生态环境的责任者严惩重罚，依法追究刑事责任。严格污染物排放许可和总量控制制度。建立企业环保"黑名单"和公开曝光制度。完善环境信息发布和重大项目公示、听证制度，健全公众参与机制。

创新政绩考核评价体系。严格执行湖北省《生态文明建设考核办法（试行）》，完善"党政同责、一岗双责"制度和领导干部日常考核机制，强化地方政府和领导干部环保指标考核及环保"一票否决"运用，充分发挥"绿色指挥棒"的作用。编制各市自然资源资产负债表，对领导干部实行自然资源资产离任审计。引入多元化的评估主体，增加生态环境考核权重。

5. 强化绿色发展的法制保障

要适应绿色发展的要求，抓紧制定、修改和完善生态建设、环境保护、清洁生产与发展循环经济等方面的地方性法规、单行条例和政府规章，增强立法的针对性、可操作性和有效性。要加强对绿色发展重大决策和相关法律法规实施情况的法律监督和工作监督，适时对绿色发展的重大事项和人民群众普遍关注的生态环境问题作出决议决定，确保绿色发展的法律法规有效实施及重大决策部署贯彻落实。各级人民政府要加大生态环境保护的投入力度、改革力度和监管力度，严格依法行政，严守生态保护红线和环境容量底线，严禁不符合生态环境法规政策的开发活动，严肃查处一切违反生态环境保护法律法规的行为。要及时公布绿色发展的信息，健全举报制度，鼓励和支持公民、法人、新闻媒体和其他组织对绿色发展、生态文明建设工作进行监督。各级司法机关要加强对环境资源、生态建设的司法保护，依法惩治污染环境、破坏生态建设的犯罪行为。

参考文献

[1] IUD 中国政务案例研究中心. 武汉城市圈绘就"两型"社会建设路线图 [J]. 领导决策信息，2015 (4).

[2] 曹成喜. 转变经济发展方式的国际经验及启示 [J]. 特区经济，2010 (5).

[3] 曹东，赵学涛，杨成杉. 中国绿色经济发展和机制政策创新研究 [J]. 中国人口·资源与环境，2012 (5).

[4] 傅智能. 湖北绿色发展对策研究 [N]. 企业导报，2014-10-01.

[5] 高春玲. 基于熵值法的湖北省绿色经济发展综合评价研究 [J]. 科技管理研究，2012 (19).

[6] 高红贵，刘忠超. 中国绿色经济发展模式构建研究 [J]. 科技进步与对策，2013 (24).

[7] 湖北省发展和改革委员会.省发改委关于印发《武汉城市圈"两型"社会建设综合配套改革试验行动方案（2014~2015 年）的通知》[Z]. 2014-11-11.

[8] 湖北省发展和改革委员会省推进武汉城市圈"两型"社会综合配套改革试验领导小组办公室.五年风雨铿锵路，九市融城梦渐圆 [N]. 湖北日报，2013-01-27 (12).

[9] 湖北省人大常委. 关于大力推进绿色发展的决定 [N]. 湖北日报，2014-03-28 (2).

[10] 华雯文. 走绿色发展之路是建设生态省的必然选择 [J]. 新长征，2014 (6).

[11] 蒋难，吴海峰. 武汉城市圈：中部崛起重要战略支点 [N]. 金融时报，2015-04-21 (9).

[12] 康达华. 转变经济发展方式与建设"两型"社会研究 [D]. 广州：中共广东省委党校，

2011.

[13] 赖梦君. 结合国内外经验浅谈我国绿色经济的发展 [J]. 劳动保障世界，2012（9）.

[14] 李春洋，邹春华，胡东刚. 武汉城市圈"两型"改革重点模式研究 [J]. 湖北职业技术学院学报，2012，15（3）.

[15] 李峻. 武汉城市圈"两型社会"建设研究 [D]. 沈阳：辽宁大学，2014.

[16] 李乐成. 以体制机制创新推动"两型"社会建设 [J]. 政策，2014（3）.

[17] 李雪松，夏怡冰. 基于层次分析的武汉城市圈"两型"社会建设绩效评价 [J]. 长江流域资源与环境，2012，21（7）.

[18] 省政府办公厅. 省人民政府办公厅关于印发湖北林业推进生态文明建设规划纲要（2014~2020 年）的通知 [Z]. 2014-07-14.

[19] 杨晶. 武汉城市圈发展物流业 SWOT 分析 [J]. 中国物流与采购，2008（3）.

[20] 叶学平，倪艳，傅智能. 以加快绿色发展力促转变发展方式走在前列 [J]. 政策，2015（3）.

[21] 余淘晶. 湖北建设生态省引领绿色发展 [N]. 中国环境报，2015-06-03（4）.

[22] 张望. 武汉城市圈耕地供求分析及占补平衡体系构建 [D]. 湖北：华中农业大学，2013.

[23] 中华人民共和国环境保护部. 湖北省人大通过《关于大力推进绿色发展的决定》强化绿色决定生死理念 [Z]. 2014-04-03.

[24] 钟世馨. 四川省转变经济发展方式实现可持续发展研究 [D]. 成都：成都理工大学，2013.

第九章　区域发展战略与展望

区域发展战略是基于对区域整体发展的分析判断而做出的重大的、具有全局意义的规划。它的核心在于解决区域在一定时期的基本发展目标和实现这一目标的途径。区域发展战略具有全局性、客观性、系统性和稳定性的特点。

第一节　湖北省区域发展战略历史考察

新中国成立之后，我国地区经济发展政策经历了三次战略性调整。第一次战略性调整是前 30 年实施的均衡发展战略，我国生产力布局的重点在内地。第二次战略性调整是改革开放以来的区域均衡发展战略转向非均衡发展战略，国家优先发展沿海地区，国家的政策重心向东部倾斜。第三次战略性调整是"九五"以来的非均衡发展战略转向区域协调发展战略，为了解决区域发展差距拉大的问题，我国将发展战略调整为区域协调发展战略。在不同历史时期，湖北发展战略形成的内外环境不一样，战略制定面临的机遇与挑战也不一样。湖北曾是国家实施工业化战略的重要基地，同时，湖北也曾面临被边缘化的危险。不同时期的全国性战略布局给湖北省带来发展契机的同时也带来相应的挑战，湖北省在不同历史时期扮演着不同角色。对湖北省区域发展战略进行历史考察是明确湖北省区域发展战略绩效的前提和基础。

一、区域均衡发展战略与湖北发展

1949~1978 年，我国的总体战略是区域均衡发展战略。区域均衡发展战略以平衡沿海和内地的关系为宗旨，是备战国防安全的需要。实施区域均衡发展战略是由新中国成立初期我国生产力布局形势决定的。此时，全国的生产力布局极为不合理，工业主要分布在东南沿海地区，内地工业基础薄弱。在区域均衡发展战略的指导下，国家重点发展内地，我国内地出现了"一五"时期（1953~1957年）和"三线建设"时期（1966~1975年）两次大规模的投资高潮。"一五"时期，内地基本建设投资占全国的比重为53.3%，"二五"时期上升至55.9%，"三五"和"四五"时期的比重高达64.8%。区域均衡发展战略极大地促进了内地工业化建设，推动了内地经济发展，内陆与沿海的差距迅速缩小，各区域逐渐形成独立完整的经济体系和经济结构，我国工业布局的基础格局在此时期形成。

在国家区域均衡发展战略的背景下，湖北凭借其独特的区位优势和资源优势成为国家实施工业化战略的重要基地。党和国家的战略布局有力地推动了湖北省工业尤其是重工业的发展。此时的湖北为中国的社会主义建设事业做出了很大贡献，在全国的经济发展格局中占有极其重要的战略地位。

（一）"一五"计划

1953~1957年是国家的第一个五年计划时期，国家确立了优先发展重工业的发展战略，加大了内地工业建设力度，在此期间，我国的工业化程度有了很大提高，不合理的工业布局状况也有了很大改善。作为"一五"计划的重要工业区之一，"一五"计划为湖北的发展提供了难得的历史性机遇，湖北省逐渐发展成为中国近代工业的发祥地之一。

1. 国家总体战略布局

"一五"时期，考虑到区域经济发展水平的差异性和一致性，中央政府将全国划分为沿海和内地两大区域。在旧中国，我国工业主要分布在东南沿海地区，为了破解旧中国工业布局不合理的难题，"一五"计划确立了如下指导思想：一方面合理利用东北、上海和其他城市已有的工业基础，加强原有老工业基地建设；另一方面大力推进西北、华北、华中等新工业区的建设。在此期间，国家共投产156个大型建设项目和694个大中型建设项目，在全国范围内形成了众多的工业区。这些工业基地有：以沈阳、鞍山为中心的东北工业基地；以京、津、唐为中心的华北工业区；以郑州为中心的郑、洛、汴工业区；以武汉为中心的湖北工业区；以兰州为中心的甘肃工业区；以太原为中心的山西工业区；以西安为中心的陕西工业区和以重庆为中心的川南工业区等。

作为"一五"计划的重要工业区之一，国家在"一五"期间将大批重点项目建在湖北，湖北省逐渐发展成为中国近代工业的发祥地之一。以毛泽东同志为核心的党的第一代领导集体，充分利用湖北的自然资源和地理优势，加大了对湖北工业的投资力度。根据交通便利、生产地接近原材料产地的生产力布局原则，国家计划将武汉建设成以机械、冶金、纺织工业为主的南方工业基地，实现"钢铁要过江"。"一五"期间，全国重工业布局发生了重大转移。在国家的总体战略布局之下，长江两岸的自然资源优势、江汉平原的农业优势、长江航运和京汉粤汉的交通运输优势得到了有效发挥。

2. 成就斐然的湖北

新中国成立之前，政局长期动荡，日本帝国主义在中国进行野蛮掠夺，国民党的统治极其腐败，这些都成为湖北省工业发展的重大阻碍。由于长期受到外国资本主义和本国封建主义的压迫和束缚，湖北省的工业发展步履维艰，工业化水平较低。到新中国成立之际，湖北工业发展比例严重失调，重工业比重过低，工业门类残缺不全，工业布局十分畸形等。因此，新中国成立初期，湖北省百废待兴。

"一五"计划时期是湖北省发展的难得机遇期，湖北省抓住了这个机会，工业建设成效显著，湖北社会主义工业化的初步基础在"一五"时期得到建立，极大地改变了湖北工业落后的面貌。"一五"计划完成后，湖北工业的所有制结构发生了根本性变化。通过社会主义三大改造，湖北省顺利实现公私合营和手工业合作化。在此期间，湖北省开展了有计划、大规模的经济建设，随着湖北省投资额尤其是重工业投资额的增大，国家直接安排在湖北的重点项目总体上按期完成，地方安排的项目也较好地完成，湖北的工业化程度有了很大提高，经济效益也不断上升。

"一五"时期，湖北基本建设投资总额达 22.37 亿元，其中 20.66 亿元属于国家预算内资金，1.71 亿元属于国家预算外投资。同时，湖北省新增固定资产17.74 亿元，固定资产的交付使用率为 79.3%。1957 年 10 月，万里长江第一桥——武汉长江大桥建成并通车。"一五"时期，国家布局在武汉的重点工程有青山热电厂、武汉钢铁公司、武汉造船厂、武汉重型机床厂、武汉肉类联合加工厂五个工业企业。随即，武汉锅炉厂、武汉热电厂、汉阳造纸厂、武汉热水瓶厂相继动工修建。同时，在黄石还新建了大冶有色金属冶炼厂、部分矿山工程和改造及扩建的华新水泥厂、源华煤矿。此外，上海内迁企业也陆续开工建设，其中主要的内迁企业有：江岸机车车辆工厂、武昌车辆厂、武汉冶金设备制造公司、武汉印刷厂、黄石橡胶厂、沙市第一针织厂、沙市热水瓶厂、武汉制药厂、汉口无线电厂等。

在地方工程建设上，"一五"计划期间，湖北地方工业基本建设投资总额达6.56亿元。其中工业投资1.33亿元，占地方投资总额的20.27%，"一五"时期，湖北省坚持服务国家重点工程建设、农业生产和城乡人民生活的"三大服务"方针，新建了规模大小不等的企业24个，包括武汉机床厂、湖北造纸公司、武汉冻肉加工厂、湖北省软木加工厂、武汉第三发电厂、武汉金属结构厂、黄石市砖瓦厂、阳新淀粉厂、阳新输变电站、武汉国棉一厂、鄂州通用机械厂等大中型项目。到1957年，湖北地方企业数达到8022个，地方工业总产值达到16.55亿元。

3. 湖北发展的局限性

"一五"计划在给湖北带来重大发展机遇的同时，也存在着一些发展问题。此时期湖北发展的局限性主要有以下两点：

一是形成了单一的公有制和高度集中的计划经济体制。社会主义改造完成之后，1956~1978年，私营企业的生产经营全部纳入国家计划管理，湖北形成了高度集中的计划经济体制，国家对企业管得过多过死，依靠行政办法管理经济，企业缺乏活力，阻碍了企业和广大职工群众积极性和主动性的发挥，不利于生产力的进一步提高。

二是"一五"期间，由于国家的指导思想是优先发展重工业，湖北省忽略了其他产业的协同发展，在一定程度上存在产业结构失调的问题。"一五"时期，湖北重工业发展速度较快，轻工业也获得了一定程度的发展，然而农业发展却很滞后。由于没有意识到产业结构协同发展的问题，湖北省忽略了农业的发展。湖北省对农业的投资很少，这导致其农业发展徘徊不前，产业结构失调。

（二）"大跃进"与经济调整

1958~1960年，是我国历史上的"大跃进"运动时期。"大跃进"运动不顾我国生产力落后的实际情况，决策严重脱离实际。运动中，以高指标、瞎指挥、浮夸风和共产风为主要标志的"左"倾错误严重泛滥，最终导致我国国民经济出现了严重困难。面临这种局面，1961~1965年，中共中央对我国国民经济进行了长达五年的经济调整。但是，此次经济调整仍旧存在一定的局限性，这主要表现在对国民经济比例失调的严重后果认识不足，调整工作是在肯定"大跃进"已有胜利的基础上进行的。1958~1965年，是新中国成立以来湖北发展史上的一个错综复杂的重要时期。在这一时期，湖北和全国其他省份一样，经历了"大跃进"运动带来的严重经济困难和长达五年的国民经济调整，我们需要辩证地看待"大跃进"与经济调整时期的湖北发展。

1. "大跃进"时期的喜与忧

"大跃进"时期，一方面，湖北工业规模进行了激烈扩张，工业布局开始由点到面扩展；另一方面，湖北各项社会事业遭到破坏，国民经济比例严重失调，湖北工业腾飞的大好机遇也因此受到延误。

在此期间，受基本建设规模急剧扩大的推动，湖北的工业布局发生了重大变化。在改扩建已有工业区的基础上，湖北省各地又修建了数量众多的新工业区。在武汉，开辟了关山、青山、葛店、石牌岭、易家墩、中北路、余家头、七里庙、唐家墩、鹦鹉洲等新兴工业区。此外，其他城市的工业区域也得到了一定程度的拓展。"大跃进"时期，湖北省各地手工业开始向机械化大生产转化；工业内部行业分类开始形成，传统行业的门类不断增多，并出现了化工、电子等新行业。在地域上，湖北工业一方面在工业相对较发达的鄂东地区（武汉、黄石等）大规模扩张；另一方面沿着长江、汉江向中等城市（沙市、宜昌等）延伸。"大跃进"时期的工业建设奠定了湖北工业此后近30年的工业布局，对湖北工业发展产生了重大影响，在一定程度上促进了湖北工业的发展。

虽然"大跃进"期间湖北省取得了一些建设性成果，但是湖北省因此付出了惨痛的代价。由于"浮夸风"、"瞎指挥风"、"强迫命令风"盛行，湖北省大计划、高指标现象非常严重，先后提出"大办农业"、"大办粮食"、"大办煤炭"、"大办机械"等一系列不切实际的"大办"。"大跃进"时期，中共湖北省委提出了农业一年翻一番，地方工业五年赶上农副业总产值的计划。三年的"大跃进"使国民经济受到极大破坏，工业与农业的比例、轻工业和重工业的比例、积累与消费的比例严重失调，城市人口迅速膨胀，职工人数急剧增加，加之自然灾害的影响，最终导致湖北国民经济陷入极大的困境之中。"大跃进"所带来的负面影响一直波及"大跃进"以后的许多年，直到经济调整结束的1965年，才大体上恢复元气。

第一，"大跃进"导致湖北工业内部比例关系严重失调。在"以钢为纲"的跃进方针指导下，湖北省突出发展重工业尤其是钢铁工业，不顾国民经济平衡发展的客观要求，超出了国民经济所能承受的范围，最终造成湖北省轻工业和重工业之间的比例关系严重失调。结果就是，轻工产品的供给远远低于人民群众的日常生活需求，城镇居民的日用工业品及生活必需品十分奇缺，这使本来就非常困难的经济生活变得更加困难（见表9-1）。

表 9-1　1958~1960 年湖北省重工业与轻工业基本建设投资对比

年份	湖北基本建设投资（亿元）	重工业基本建设投资		轻工业基本建设投资	
		数额（亿元）	比例（%）	数额（亿元）	比例（%）
1958	12.31	7.4	60.1	0.57	4.6
1959	16.03	9.25	57.7	0.79	4.9
1960	15.98	7.59	47.5	0.81	5.1

资料来源：《湖北工业史》第五编。

　　第二，"大跃进"造成各种社会资源的巨大浪费。在此期间，湖北工业经济的粗放经营和效率低下的现象非常严重，许多基本建设投资规模巨大，经济效益却十分低下，资源利用效率不高。在全面"大办"的过程中，湖北省基本建设投资恶性膨胀，由于人力、物力、财力有限，不少工程被迫中途下马，成为半拉子工程，造成了各种社会资源的巨大浪费。

　　第三，"大跃进"严重影响了人民的基本生活。为了实现"超英赶美"的目标，湖北和全国其他省份一样，不得不采用高积累的办法，将国民收入的相当一部分用于基本建设，人民的正常消费受到限制，积累与消费关系严重失调。同时，"大跃进"期间，城市人口的迅速膨胀和职工人数的急剧增加，加上农业生产的萎缩，轻工产品稀缺，市场商品供应不足，人民生活极度困难。

　　2. 经济调整中的湖北省

　　以中共中央八届九次全会精神和"调整、巩固、充实、提高"的经济调整方针为指导，湖北省于1961年开始经济调整工作，以农、轻、重的顺序安排国民经济。在经济调整中，湖北省把发展农业摆在首要地位，大力恢复农业生产；发展轻工业尤其是与人民生活密切相关的日用消费品工业，保证市场供给，改善人民生活；整顿、巩固文教卫生事业，关心群众生活；控制基本建设投资规模，对重工业生产进行适度调整和压缩。在此期间，湖北省还大力开展了增产节约运动，不断改善工农业生产经营管理、提高劳动生产率、降低成本、增加收入、节约支出。经过五年的经济调整，湖北基本上扭转了"大跃进"带来的困难局面。

工业经济得到全面恢复并有所发展，农业生产逐步回升，日用消费品的供给量迅速增长，国民经济的主要比例关系得到改善，经济效益不断提高，积累和消费均有增长，人民生活水平得到显著改善。

经过调整，到 1965 年，农业、轻工业、重工业之间的产值之比变为 46.7∶30.3∶23.0，国民经济发展比例趋于合理。经济调整期间，湖北省的农业生产逐渐恢复和发展，城镇农产品供应增多，摆脱了生活必需品供应不足的状态。粮食产量 1965 年为 248.27 亿斤，比 1961 年增产 101.4 亿斤，增幅为 69.04%；棉花产量 1965 年为 765.8 万担，比 1960 年增产 564.35 万担，增幅为 280.14%；油料产量 1965 年为 446.4 万担，比 1960 年增产 277.03 万担，增幅为 163.56%；生猪存栏 1965 年为 762.46 万头，比 1960 年增加 417.37 万头，增幅为 120.95%。在轻工业发展上，湖北轻工业快速发展，轻工业产值不断增加，1961 年，轻工业在工农业产值中的比重为 24.87%，1962 年上升为 30.87%，在五年的经济调整中，轻工业在工农业产值中的比例一直保持在 30% 以上。湖北省轻工业产值 1965 年为 26.99 亿元，与 1957 年相比，增幅为 66.09%，与 1960 年相比，增幅为 14.17%。在工业经济整体发展上，1961~1965 年，湖北省工业生产得到全面恢复并有所发展，基本上从"大跃进"带来的困境中走出来，不仅工业内部的比例关系得到了改善，而且工业经济效益有了很大提升。表 9-2 反映了湖北省调整期间工业经济效益的变化情况。

表 9-2　湖北省调整期间工业经济效益指标

种类	1961 年	1962 年	1963 年	1964 年	1965 年
百元固定资产提供的产值（元）	90	83	93	108	125
百元工业产值提供的利润（元）	3.76	5.45	11.5	14.38	14.55
百元固定产值占用的流动资金（元）	41.26	34.94	28.11	22.14	21.21
工业企业劳动生产率（元/人）	4609	6265	7973	9514	11790

资料来源：《湖北省经济大事记》。

（三）三线建设

三线建设是 20 世纪 60 年代中期，出于国防安全的需要，党和国家作出的一项重大战略决策。在当时紧张的国际形势下，国家根据不同区域国防战略位置的重要性，在区域经济发展和布局上将全国分为一线、二线、三线三类区域。三线地区是当时国家经济建设和工业布局的重点。三线建设是改变我国生产力布局的一次由东向西转移的战略大调整，是我国经济史上一次极大规模的工业迁移过程。

1. 快速发展的湖北省

根据中央的部署和安排，1964 年下半年，湖北省开始了长达 14 年的三线建设，到 1978 年基本完成。由于交通便捷，地理位置优越，工农业生产基础较好，在三线建设时期，湖北省成为国家投资建设的重点地区之一。按照党和国家的备战方针，湖北属于内地战略后方基地的重点建设地区，因此，在资金分配和项目施工时间等方面，国家都对湖北进行优先照顾和重点安排。湖北省抓住了三线建设的战略机遇，积极进行大小三线建设，"三五"时期湖北基本建设投资数额为 51.93 亿元，位居全国第四；"四五"时期投资额达到 102.44 亿元，位居全国第三。在此期间，湖北省完成了 200 多个我国大中型投资项目，其中包括第二汽车制造厂、江汉油田和葛洲坝水利枢纽工程等国家重点建设项目。这些项目规模大、历时长，为湖北工业发展注入了新鲜血液。三线建设时期，湖北省整体工业布局得到明显改善，经济实力显著提高。此外，由于国家在工业布局上的特殊要求，三线建设极大地促进了湖北省鄂西地区的工业发展，奠定了鄂西地区的现代工业基础，湖北省地方工业得到了长足的发展。

三线建设时期，湖北省取得的主要成就如下：

经济实力显著提高。经过长达 14 年的大规模工业建设，湖北省的经济实力迈上了一个新台阶，工业总产值迅猛增长，工业生产能力快速提高。从表 9-3 可以看到，1964~1978 年，湖北省工业总产值大幅增长，由 1964 年的 38.26 亿元发展到 1978 年的 161.98 亿元，大约增长了 4.2 倍。虽然在此期间受"文化大革命"的影响，湖北省工业总产值出现了三次短暂性的倒退，但是湖北省工业总产值整体依然呈现强烈的上升势头，三线建设极大地促进了湖北工业的发展。

表 9-3　湖北省工业总产值（1964~1978 年）

年份	工业总产值（亿元）	年份	工业总产值（亿元）
1964	38.26	1972	92.87
1965	47.54	1973	107.23
1966	59.04	1974	96.57
1967	52.56	1975	125.47
1968	38.76	1976	110.38
1969	51.02	1977	134.13
1970	75.25	1978	161.98
1971	86.02		

资料来源：《湖北统计年鉴》（1984）。

五大产业基地形成。按照国家建立三线战略后方基地的战略布局，湖北省开展了钢铁、汽车、石油、电力、化肥五大会战。通过这五大会战，湖北省形成了全省五大产业基地。钢铁会战促进了湖北冶金工业的迅速发展，武汉、鄂州、黄石一带成为湖北冶金工业的中心地带，有"鄂东冶金走廊"之称。汽车会战使汽车工业发展成为湖北省的支柱产业之一，湖北省形成了以十堰为中心的汽车工业基地。通过在江汉地区开展石油会战，由地质勘探、油田开发、石油炼制、石油机械制造等单位构成的综合石油基地初步形成。此外，三线建设时期以丹江输变电线路为骨架的湖北统一电网基本建成。化肥会战使湖北农用化工工业获得了长足的发展。

鄂西、鄂西北工业基地开始形成。三线建设期间，湖北省在加强原有鄂东南工业区建设的同时，加大了对鄂西、鄂西北地区的工业建设力度。一批大中型工业企业和先进的工业设备布局在工业落后的湖北西部山区，大规模的工业、交通建设深刻地改变着湖北西部山区落后的工业面貌，以宜昌、十堰为中心的鄂西、鄂西北工业基地开始形成。在此期间，众多国家重点建设项目和大小三线企业在鄂西地区动工修建，光学、电子、机械、化工、燃料等基础门类在鄂西地区逐步发展起来，湖北西部山区的工业基础设施也得到显著改善。三线建设改变了湖北省原有工业布局发展极不平衡的状况，湖北工业布局不再过于集聚在武汉等大中城市，为西部山区工业的快速发展提供了良好契机。

交通联系加强。三线建设时期湖北省进行了大规模的交通建设，交通联系不断加强，交通运输能力有了很大改善。铁路方面，湖北省开工建设了襄渝铁路、焦柳铁路和川汉铁路等国家重点交通建设项目，截至 1975 年末，湖北铁路通车里程已达 1260 千米。其中，焦柳铁路穿越豫西、鄂西、湘西、桂西等三线地区，号称"第二京广线"，拥有重要的战略地位。公路方面，三线建设期间，湖北省大力修建和改建公路桥梁，解决沟巷河汉给公路运输带来的困难，公路变得更加畅通。在此期间，湖北省新建、改建线路 1600 余千米，到 1979 年，油路里程达 8400 千米，干线公路实现油路化。此外，1965~1972 年，湖北省还修建了公路桥梁 3469 座，总长 84 千米，其中 93% 属于永久性桥梁，干线桥梁永久化实现。在内河航运上，湖北省对长江干流的诸多港口实施了改扩建，沿江港口的吞吐能力有了明显改观。三线建设使湖北省的交通联系不断加强，客货运输量剧增与运输能力不足之间的状况有了很大改善。

2. 制约湖北三线建设的不利因素

三线建设受到"文化大革命"的冲击。虽然三线建设时期湖北省获得了快速发展，但是"文化大革命"仍然制约了三线建设战略绩效的提升，不利于社会生产力的发展。表现最明显的是在工业发展方面，十年"文化大革命"期间，湖北省工业发展出现了三次倒退。第一次倒退是在 1967~1968 年，此时"文化大革命"刚刚开始，工业战线随之受到冲击。第二次倒退出现在 1974 年，这是由"批林批孔"运动的开展所造成的。1976 年，"四人帮"越发猖獗，加之周恩来、毛泽东相继去世，社会混乱不堪，广大职工群众无心管理和生产，湖北工业出现第三次倒退。

部分建设项目缺乏科学性。考虑到备战的需要，一些"三线"企业布点在交通不便且距离城镇过远的山区，生活服务、公用事业均不能满足职工的需要，加上产品成本过高，这些建设项目存在很多后顾之忧，因而在从计划经济转向市场经济的过程中异常艰难。此外，在建设程序上，一些建设项目采取"边勘测，边设计，边施工"的办法，违背基本建设程序，急于求成，专业技术人员的意见遭到轻视和排斥，建设项目缺乏科学性。

三线建设资源利用效率不高。在大小"三线"建设过程中，盲目建厂以及重复建厂的现象很严重，在一定程度上造成了各种社会资源的浪费。一些工厂被迫中途停建，有的工厂建起来了却无法正常运转，造成了大量人力、财力、物力的浪费。同时，在一些军工单位，由于军品任务有限，工厂开工率偏低，设备和人力闲置的现象十分严重。

二、改革开放以来的国家战略与湖北发展

改革开放以来，在邓小平"两个大局"战略思想的指导下，我国的区域发展战略经历了区域非均衡发展战略和区域协调发展战略两个阶段。

随着国际国内形势的变化和中共十一届三中全会的召开，我国开始实施区域非均衡发展战略，把效率作为经济发展的首要目标，率先发展东部沿海地区，国家生产力布局的重心大幅度地向东部地区推进。在区域非均衡发展战略的指导下，东部沿海地区享受了各种优惠政策。国家先后在东部地区进行了大规模的经济特区、沿海开放城市、经济开放区的建设，逐步形成了沿海经济开放带。此外，国家决定开发开放上海浦东新区，进一步开放一批长江沿岸城市，形成了以

上海浦东为龙头的长江开放带。区域非均衡发展战略使我国经济实现了快速发展，同时也使东西部地区发展差距迅速拉大。

"九五计划"以来，我国开始实施区域协调发展战略，强调效率优先，兼顾公平。1996 年，《国民经济和社会发展"九五计划"和 2010 年远景目标纲要》明确提出要"坚持区域经济协调发展，逐步缩小地区发展差距"。此后，国家逐步增加了对中西部地区的投资建设，相继实施了西部大开发、中部崛起、振兴东北老工业基地等国家重大战略。在区域协调发展战略的指导下，我国逐步形成了东中西互动、优势互补、相互促进、协调发展的区域发展新格局。

随着国家区域非均衡发展战略的实施，国家投资重点逐渐东移，湖北省在全国的战略地位有所下降，国家对湖北省的投资力度减弱，湖北省的经济发展一度陷入窘境，从主要经济社会发展指标和经济效益指标看，湖北省降至全国平均水平线以下。1990 年，占全国人口 1/4 的豫、皖、赣、湘、鄂五省对外贸易总额只占全国的 6.4%，实际利用外资额仅占全国的 6.3%。其中绝大部分是对外借款，外商投资部分只占全国的 0.23%。"九五计划"以来，在区域协调发展战略方针的指导下，国家加大了对中西部地区扶持的力度，这种新的战略格局为湖北省提供了重要的发展契机。目前，国家正在推进长江经济带战略，依托长三角城市群、长江中游城市群和成渝城市群，把全流域打造成黄金水道，长江流域将成为国家经济发展新的发动机，新的春风又吹向了荆楚大地。

（一）改革开放以来国家战略评述

改革开放以来，根据不同地区的实际情况，国家先后在不同地区实施了不同的区域发展战略。在这些区域发展战略中，与湖北省息息相关的战略有：长江沿江开发开放战略、西部大开发战略、中部崛起战略和长江经济带发展战略。

1. 长江沿江开发开放战略与湖北

1992 年，邓小平同志"南方谈话"以后，长江沿江开发开放战略逐步实施，我国的开发开放由沿海向沿江逐渐拓展。长江沿江开发开放战略以上海浦东为龙头，以三峡工程为契机，以长江干流为主轴，以沪、宁、汉、渝等中心城市为支撑点，涉及上海、浙江、江苏、安徽、江西、湖北、湖南、四川八个省市，横贯东西，辐射南北。长江沿江开发开放战略对整个长江流域的繁荣发展意义重大，是长江流域各省市新的发展契机。

在长江沿江开发开放战略的指导下，根据自身的特点，湖北省作出了《关于加快改革、扩大开放，促进湖北经济上新台阶的决定》，同时，湖北省委、省政府决定以武汉为龙头，以湖北长江经济带的开放开发为重点，搞好两江（汉江、清江）、两线（京广线、焦枝线）的开放开发，尽快把武汉、鄂东、荆沙、宜昌、孝感、襄阳、十堰等地建设成为各具特色的开放发达的经济区域，从而形成了湖北全方位开发开放战略部署。1994年，湖北将武汉、黄石、宜昌列为对外开放城市；将三峡库区的宜昌、兴山、秭归、巴东四县列入长江三峡开放区。在这一时期，湖北省加快了对外开放的步伐，对外合作的领域和规模均有所扩大，政治、经济、文化以及各项社会事业均获得了一定程度的进步。最为突出的是：规模宏伟的长江三峡水利枢纽工程，雄跨湖北省宜昌市，极大地促进了湖北省沿江经济带的发展。

在国家实施长江沿江开发开放战略的历史时期，湖北省并未很好地把握住这一战略契机，发展速度逐渐放缓。在此期间，湖北省的开发开放存在诸多问题，主要表现在以下几个方面：

一是湖北省整体开放水平不高。就经济外向度来说，2000年，江苏和上海经济外向度分别为25%、46%，而湖北的经济外向度仅为3.7%，这说明湖北的经济与国际经济联系不紧密，开放程度不高。湖北省企业参与国际市场竞争的意识不强，很少直接参与国际市场竞争，对国内市场依赖程度高，面向国际市场的大中型企业较少，对国际市场和国际资源的利用不够。在产品出口上，湖北省的出口产品技术含量低、加工程度低，缺乏高附加值、高技术含量的出口产品。在利用外资方面，20世纪90年代，湖北省外商投资主要集中在劳动密集型项目，外商对资金和技术密集型项目投资较少，外资利用结构不合理。同时，湖北省的外商投资主要集中在武汉市、宜昌市、襄阳市等地，其他地区对外资的利用很少，外资利用地区分布不合理，这不利于湖北省对外开放整体水平的提高。

二是在长江沿江开发开放省市中，湖北省发展速度相对较慢。1992年以来，湖北省综合经济实力不断增强，社会事业全面进步，人民生活逐渐改善，但是在长江沿江开发开放省市中，湖北省经济总量偏低、发展速度不快，与江苏、浙江、上海等省市差距较大。1993~2000年，江苏、浙江、上海、四川四个省市的地区生产总值一直高于湖北省（见表9-4）。江苏、浙江、上海、四川的地区生产总值增长迅速，湖北省增长速度相对缓慢。上海、江苏、浙江境内目的地和货源地进出口总额持续上升且远远高于湖北省，八年间，湖北省的境内目的地和货

源地进出口总额变动幅度不大（见表9-5）。湖北省的全社会固定资产投资规模
位于江苏、上海、浙江之后（见表9-6）。

表9-4 长江沿江开发开放省市地区生产总值（1993~2000年）

单位：亿元

地区＼年份	1993	1994	1995	1996	1997	1998	1999	2000
上海	1519.23	1990.86	2499.43	2957.55	3438.79	3801.09	4188.73	4771.17
江苏	2998.16	4057.39	5155.25	6004.21	6680.34	7199.95	7697.82	8553.69
浙江	1925.91	2689.28	3557.55	4188.53	4686.11	5052.62	5443.92	6141.03
安徽	1037.14	1320.43	1810.66	2093.30	2347.32	2542.96	2712.34	2902.09
江西	723.04	948.16	1169.73	1409.74	1605.77	1719.87	1853.65	2003.07
湖北	1325.83	1700.92	2109.38	2499.77	2856.47	3114.02	3229.29	3545.39
湖南	1244.71	1650.02	2132.13	2540.13	2849.27	3025.53	3214.54	3551.49
四川	1486.08	2001.41	2443.21	2871.65	3241.47	3474.09	3649.12	3928.20

资料来源：国家统计局。

表9-5 长江沿江开发开放省市境内目的地和货源地进出口总额（1993~2000年）

单位：千美元

地区＼年份	1993	1994	1995	1996	1997	1998	1999	2000
上海	17548560	20154430	25897500	27892380	30364640	31202020	38052790	54703360
江苏	11963850	13242790	18030550	22277040	25369610	28069250	32859530	49194370
浙江	7978380	9786120	12733350	14427460	16251100	16746390	20262350	31521700
安徽	1851660	1718430	2160330	2389260	2636590	2539870	2814960	3689830
江西	1372020	1350040	1467500	1193550	1228080	1479650	1507920	2052060
湖北	2776950	3077900	3747860	3099230	3207560	3193390	3074950	3892640
湖南	1795150	1971170	2341510	1996270	2053090	2026370	2233710	2992260
四川	2798920	3766800	3948380	3921660	2161270	2391500	2732380	2777520

资料来源：国家统计局。

表9-6 长江沿江开发开放省市全社会固定资产投资（1993~2000年）

单位：亿元

地区＼年份	1993	1994	1995	1996	1997	1998	1999	2000
上海	653.91	1123.29	1601.79	1952.05	1977.59	1966.38	1855.76	1869.38
江苏	1144.20	1331.13	1680.17	1949.53	2203.09	2450.37	2441.88	2569.97
浙江	683.83	1006.39	1357.90	1617.54	1694.57	1801.74	1958.05	2349.95
安徽	321.04	399.54	532.54	614.29	687.30	722.61	703.45	803.97
江西	185.50	237.45	284.18	355.85	384.30	400.60	454.44	516.08

续表

年份 地区	1993	1994	1995	1996	1997	1998	1999	2000
湖北	383.18	593.07	826.50	984.38	1083.60	1156.76	1239.14	1339.20
湖南	320.24	420.89	524.01	678.33	700.73	796.89	883.94	1012.24
四川	459.40	573.43	677.34	803.79	949.30	1145.33	1224.40	1418.04

资料来源：国家统计局。

　　三是与东部沿海省市相比，湖北省被远远甩在身后。在改革开放之后，珠三角、长三角以及环渤海等经济区域蓬勃发展，而湖北省发展速度缓慢，湖北省与沿海省市之间的差距迅速拉大。在开放的深度和广度上，湖北省与沿海先进省份均存在很大差距。改革开放之前，湖北省的经济基础与沿海其他省份相差不大，但改革开放20年后，湖北省却远远落后于山东、广东等沿海省份。在20世纪80年代中期，当时的广东经济总量与湖北旗鼓相当。2000年，广东省的地区生产总值为10741.25亿元，湖北省的仅为3545.39亿元。2000年，湖北省完成外商直接投资10.6亿美元，广东省完成122亿美元，是湖北省的11倍。

　　四是内陆意识阻碍湖北开发开放。在思想观念层面上，湖北省的内陆封闭意识较强，开放竞争意识较匮乏，这是20世纪90年代湖北省错失发展机遇的重要原因。湖北是国家计划经济的宠儿，在计划经济时代，湖北省风光无限，然而长期的计划经济体制使湖北省对商品和市场的敏感性丧失，官本位思想浓厚，社会心态趋于保守，因此，在改革开放的大潮中，湖北省发展滞后。此外，湖北省的内陆意识还与长期以来的农耕文明、小农经济、小商品经济有关，改革迈不开步子、小富即安、小进即满的现象时有发生。湖北省安于现状，甘居中游，不利于开放、竞争和创新。

　　2. 西部大开发战略与湖北

　　1999年，为了促进西部地区的经济发展、缩小东西部之间的经济差距，国家提出要实施西部大开发战略，2000年，西部大开发战略全面启动。西部大开发战略是中国的区域经济发展从第一个"大局"转向第二个"大局"的转折点。西部大开发包括西部12个省、自治区、直辖市和湖北省恩施土家族苗族自治州、湖南省湘西土家族苗族自治州以及吉林省延边朝鲜族自治州。

　　恩施土家族苗族自治州是湖北省唯一纳入国家西部大开发的地区，享受国家西部大开发的优惠政策和待遇。作为中西部地区的结合部，恩施州既是湖北省参与西部大开发的切入点，也是湖北省实施西部大开发的重点。西部大开发给恩施州的发展带来了前所未有的机遇。西部大开发十多年来，恩施州走上了经济社会发展的快车道，综合实力显著增强，人民生活日新月异，城乡面貌明显改观。

经济发展提质增效，产业结构不断优化。10 多年来，恩施州坚持走"特色开发、绿色繁荣、可持续发展"的发展道路，因地制宜，大力发展特色农业、资源型新型工业和生态文化旅游业，经济发展迈上了新台阶，产业结构不断优化。2000 年，恩施州全州生产总值为 118.36 亿元，第一、第二、第三产业比重为 44.1∶24.9∶31.0。经过十多年的发展，2015 年全州生产总值增加到 670.81 亿元，是 2000 年的 5.67 倍，第一、第二、第三产业比重调整为 21.4∶36.4∶42.2，第一产业比重下降，第二、第三产业比重显著提高（见表 9-7）。目前，恩施州拥有湖北省最大的烟叶、茶叶和高山蔬菜基地，恩施州还是全国重要的商品药材基地，药用资源品种多达 2080 余种，当归、黄连、天麻、厚朴、党参等名贵中药材远近闻名。在工业发展方面，恩施州形成了食品、烟草、能源、药化、建材、矿产六大产业为支柱的新型工业体系。此外，恩施州大力发展生态文化旅游业，恩施土司城、巴东神农溪、利川腾龙洞、恩施大峡谷、咸丰坪坝营、建始野三河、恩施梭布垭石林、利川福宝山等品牌景区中外知名。

表 9-7　2000 年和 2015 年恩施州 GDP 三次产业的构成

单位：%

年份	第一产业	第二产业	第三产业
2000	44.1	24.9	31.0
2015	21.4	36.4	42.2

资料来源：《崛起之路湖北辉煌 60 年》、《2015 年恩施州国民经济和社会发展统计公报》。

基础设施建设新突破，恩施州区位条件新发展。西部大开发以来，恩施州加快了基础设施建设的步伐。恩施州相继完成了宜万铁路、渝利铁路、沪渝高速公路、宜巴高速公路的修建和恩施机场二期改扩建工程，2014 年 7 月 1 日通往恩施州的动车开通，交通供给能力大幅度提升，对外开放程度也随之提升。正在建设的还有黔张常铁路、宜巴高速、利万高速、恩建高速等高速公路和铁路。同时，恩施州还加快了城市基础设施和公共服务设施建设步伐，公共服务供给能力不断提高。截至 2015 年，恩施州城镇化率达到 39.98%，城镇功能逐步完善，城市承载力显著增强。

生态文明建设成效显著，美丽恩施宜居宜游宜业。多年来，恩施州大力实施生态环境综合防治、天然林保护、退耕还林、三峡库区地质灾害治理等重点生态建设项目。2015 年，恩施州森林覆盖率达到 63.1%，成为长江中下游重要的生态屏障。全州县市城区空气质量优良天数平均在 300 天以上，素有"鄂西林海"、"天然氧吧"等美称，山青、水秀、天蓝、地净、人与自然和谐，被联合国教科文组织评定为中国"最适合人类居住的三大后花园之一"。同时，恩施州积极推进以"五改三建"为主要内容的生态家园文明新村建设，使广大农户用上了洁净能源。以沼气池为重点的生态家园建设成为全国新农村建设的重要典范，被总结为"恩施模式"予以推广。恩施州还在湖北省率先实现了县县建成污水处理厂和垃圾处理场的发展目标。此外，恩施州大力发展循环经济，资源利用效率得到了显著提高。

3. 中部崛起战略与湖北

中部地区有着极其重要的战略地位，素有"得中原者得天下"之说。与此同时，随着沿海发展战略、西部大开发、振兴东北老工业基地等国家重大战略的出台，东部沿海经济向高水平迈进，西部地区迅猛发展，东北地区加速振兴，在国家的区域发展战略中，中部地区不断被边缘化，发展速度日渐滞后，"中部塌陷"问题越来越凸显。在此背景下，为了促进中部地区经济社会的快速发展，2004年 12 月 5 日，中央经济工作会议正式提出了中部崛起战略。中部崛起战略涉及湖北、湖南、河南、山西、江西、安徽六省。中部地区是我国重要的粮食生产基地、能源原材料基地、装备制造业基地和综合交通运输枢纽。

在中部崛起战略中，湖北省因其自身特有的地理优势、资源优势、科教文化优势和产业优势，得到了党和国家的高度关注和政策支持。胡锦涛同志曾两次提出要把湖北建设成为中部地区崛起的重要战略支点。习近平同志视察湖北时进一步强调努力把湖北建设成为中部崛起的重要战略支点。

纵向来看，2004~2015 年湖北省经济社会发展迅速，各项事业稳步前进。十年来，湖北省地区生产总值、对外贸易进出口总额、城镇化率和全社会固定资产投资额均有很大提高。湖北省地区生产总值持续上升，2015 年的地区生产总值是 2004 年的 5.25 倍，经济总量不断扩大。与 2004 年相比，2015 年的湖北省对外贸易进出口总额增加为 3882019 万美元，对外贸易发展速度明显加快，规模逐步扩大（见表 9-8）。

表9-8 2004~2015年湖北省主要经济数据

年份	地区生产总值（亿元）	对外贸易进出口总额（万美元）	城镇化率（%）	全社会固定资产投资额（亿元）
2004	5633.24	676581	42.6	2356.38
2005	6590.19	905475	43.2	2834.75
2006	7617.47	1176219	43.8	3572.69
2007	9333.40	1489647	44.3	4534.14
2008	11328.92	2070567	45.2	5798.56
2009	12961.10	1725102	46.0	8211.85
2010	15967.61	2593211	49.7	10802.69
2011	19632.26	3358693	51.83	12935.02
2012	22250.45	3196409	53.5	16504.17
2013	24668.49	3638928	54.51	20753.91
2014	27367.04	4306400	55.67	24303.05
2015	29550.19	4558600	56.85	28250.48

资料来源：《湖北统计年鉴》（2016）、《湖北省国民经济和社会发展统计公报》（2015）。

10多年来，湖北省对外开放程度有了很大提高。就城镇化率来说，由2004年的42.6%提高到56.85%，城乡结构不断优化，城镇化水平稳步提高。在全社会固定资产投资额上，2015年相对于2004年的增幅为1099%，湖北省固定资产投资力度明显加大，基础设施、基础产业建设蓬勃发展。

横向来看，在中部六省中，湖北省具有自身的显著优势，但要保持领先优势仍需进一步加快发展。2015年，湖北省人均GDP、城镇化率均位于中部第一，且优势明显。具体来看，人均GDP高出山西省1.579万元，城镇化率高出河南省10%。但是，湖北省的GDP总量低于河南省，同比GDP增速低于江西省，位居中部第二，进出口总额低于河南和安徽两省，位居中部第三，湖北省仍需进一步加快经济发展，提高对外开放水平（见表9-9）。要使湖北省成为中部崛起的重要战略支点，发挥其在中部地区的辐射引领带动作用，湖北省需要继续加快发展，不断释放发展能量，提升发展实力，赢得发展优势。

表9-9 2015年中部六省相关统计数据

省份	GDP总量（亿元）	人均GDP（万元）	同比GDP增速（%）	城镇化率（%）	进出口总额（亿美元）
湖北	29550.19	5.0808	8.9	56.85	455.9
湖南	29047.20	4.2968	8.6	50.89	293.7
河南	37010.25	3.9222	8.3	46.85	738.0
山西	12802.60	3.5018	3.1	55.03	147.2

省份	GDP 总量（亿元）	人均 GDP（万元）	同比 GDP 增速（%）	城镇化率（%）	进出口总额（亿美元）
江西	16723.80	3.6724	9.1	51.62	424.0
安徽	22005.60	3.5997	8.7	50.50	488.1

资料来源：《2015 年中部六省国民经济和社会发展统计公报》、《2016 年中部六省统计年鉴》。

自中部崛起战略实施以来，中部各省实现了较快发展，经济、社会等各方面发生了重要转变，但同时也存在着一些矛盾和问题，区域发展不和谐的现象也逐渐凸显出来。这些矛盾和问题不仅影响了中部崛起的整体战略绩效，也制约了中部各省的经济社会发展。

第一，中部各省缺乏内聚力，中部的崛起只是地理关联的中部不是经济关联的中部。中部六省之间受行政区划、地方利益和政绩考核等方面的影响，区域内耗严重，中部六省发展不协调，制约了中部崛起战略的实施效果。湖北、河南抢当中部龙头老大，其他四省在区域发展上表现出明显的"去中部化"。在中部六省中，由于湖北和河南各有自身的独特优势，两省在确定中部地区的中心城市上竞争非常激烈。此外，湖南省积极融入珠三角地区，不断向"泛珠三角"靠拢；江西紧盯长三角和珠三角，提出了"对接长珠闽，联结港澳台，融入全球化"的发展战略；安徽也把视野聚焦在长三角地区，制定了"东向发展，融入长三角"的东向战略；山西重视与环渤海经济区的合作，积极融入京津冀经济圈。因此，中部六省虽然在地理上相互关联，但是地方利益分化现象严重，各省之间的合作较少，缺乏相应的经济联系，不利于中部崛起。中部崛起战略实施 10 多年来，中部六省没有实现"抱团发展"，缺乏区域经济发展的合力。

第二，中部六省之间缺乏宏观层面上的区域协调机构和有效联动机制。协调机构和协调机制的缺失是中部六省各自为政的重要原因，由于没有宏观政策层面上的总体战略布局，中部各省均只注重维护本省的基本利益而没有全局观念。这不仅影响了中部崛起的整体战略绩效，也影响了中部各省的经济社会发展。区域协调是中部崛起战略中的薄弱环节，中部地区要实现跨越式发展，必须打破行政区划限制，建立起相关的联动机制，改善当下各自为政的局面，从而促进利益对话和生产要素的合理流动，最终实现区域共同发展。

第三，"三农"问题制约中部崛起。中部地区既是全国重要的商品粮生产基地，也是全国"三农"问题最为集中的地区。除山西省以外，中部地区的其他五个省份都是传统的农业大省，因而"三农"问题是制约中部崛起的重要因素。虽然国家一直高度关注"三农"问题，但是中部地区的农业基础地位依然薄弱，农业基础设施建设投入不足，农民收入水平不高，农业发展后劲不足，中部地区需要进一步提高农业产业化程度和市场化程度。同时，随着社会的发展，在新的历史条件下，"新三农"问题日益凸显，"失地农民、农民工和空心村"等问题逐渐成为制约中部崛起的新瓶颈和障碍。

第四，中部地区人才大量外流，中部崛起缺乏智力支撑。中部地区高校云集，知名高校数量众多，拥有武汉大学、华中科技大学、湖南大学、中南大学、中国科学技术大学等知名学府。中部地区培养了大量的高素质人才，但只是"为他人作嫁衣"，中部的高素质人才大规模地流向上海、北京、天津、深圳、广州等发达城市。因而，真正能为中部崛起出力的高素质人才相对较少，中部地区的高素质人才依然稀缺。中部地区应改善相关的体制机制，实施人才集聚战略，充分利用人才资源优势，为中部崛起提供智力支持，促进中部地区快速发展。

4. 长江经济带发展战略与湖北

长江经济带横跨我国东部、中部、西部三大区域，包括上海、江苏、浙江、安徽、江西、湖北、湖南、重庆、四川、云南、贵州九省二市，面积超过200万平方千米。长江经济带战略以沿江综合运输大通道为轴线，以长江三角洲、长江中游和成渝三大跨区域城市群为主体，致力于将全流域打造成黄金水道。长江经济带从提出到确定为国家战略，经历了近30年的时间。20世纪80年代，"七五"计划开始提出要加快长江中游沿岸地区的开发。2005年，长江沿线七省二市签订了《长江经济带合作协议》，但该协议实施效果不大。2014年3月5日，李克强总理在政府工作报告中首次提出，要依托黄金水道，建设长江经济带，自此，长江经济带被确定为国家战略。2014年4月28日，李克强总理在重庆召开座谈会，贵州和浙江两省被纳入长江经济带战略实施区域。

湖北长江经济带西起恩施州巴东县，东至黄冈市黄梅县，范围涉及武汉、鄂州、黄冈、黄石、荆州、宜昌、咸宁、恩施八个市州的48个县市区，长度在沿江各省市中位居第一。长江经济带是带动中国经济腾飞的一条巨龙，以长三角地区为龙首，成渝地区为龙尾，以湖北长江经济带为代表的长江中游地区为龙腰。腰杆挺不起来，整条龙就舞不起来、活不起来。湖北在长江流域中处于中心地带，在长江经济带战略中拥有举足轻重的战略地位，地缘优势不言而喻。随着长江经济带战略的实施，湖北省迎来了崭新的发展机遇，面临着更大、更广阔的发展空间。长江经济带战略给湖北省带来的机遇是全新的、全方位的，对湖北省的新型城镇化建设、区域一体化发展和全方位深化改革开放等均具有重大意义。

首先，长江经济带战略与中部崛起战略、西部大开发战略等重大历史机遇相互叠加，共同孕育着湖北省未来的"黄金十年"。上述国家重大发展战略为湖北省快速发展提供了有力支撑，是湖北经济社会全面进步的强大推动力。未来的十年将是湖北省的重要战略机遇期，是湖北省跨越式发展的黄金增长期。

其次，长江经济带战略有利于湖北经济新跨越。黄金水道催生黄金效应。长江经济带把长江沿线各省市天然连接在一起，有利于沿海地区与中西部地区的良性互动，推动产业梯度转移，促进沿线各省市经济结构优化升级。此外，长江经济带战略推动东中西统一市场的形成，有利于沿线各省市资源要素自由流动，提高经济关联度，从而顺利实现东中西部的经济合作，培育出新的经济增长点。在长江经济带战略的实施过程中，湖北省经济发展方式将取得突破性进展，产业核心竞争力和综合经济实力也将获得大幅度提升。

再次，长江经济带战略促进湖北省对外开放水平的提高。长江经济带贯穿东部、中部、西部三大经济带，覆盖面积约205万平方千米，人口和生产总值均超过全国的40%。长江经济带战略的实施将带动长江沿线地区新一轮开发开放，促进东部、中部、西部互动合作、协调发展。目前，湖北省外贸依存度不高，对外开放程度有待进一步提升。长江经济带战略是湖北省扩大对外开放的重要战略契机，该战略有利于加快湖北省对外开放步伐，推动湖北对内对外开放向纵深发展。

最后，长江经济带战略推动湖北新型城镇化建设。城镇化是长江经济带新一轮开放开发的战略重点之一，长江经济带战略明确指出，要打造涵盖长三角城市群、长江中游城市群和成渝城市群的长江黄金水道。其中，作为贯彻落实长江经济带战略的重要举措，以武汉为核心的长江中游城市群建设将极大地推动湖北省新型城镇化发展。目前，湖北省正处于城镇化加速发展期和全面建成小康社会的关键期，长江经济带战略将极大地推动湖北省城镇化经济功能和社会功能的提升，加快湖北新型城镇化进程，提高湖北省城镇化质量。随着立体交通等基础设施建设步伐的加快，在长江沿线，依托港口、铁路等站点聚居和中心城市辐射带动的卫星城市、中心集镇正在加速兴起，它们和原有城市群一起构成了多层次新型城镇化发展格局。

虽然长江经济带战略给湖北省带来了重大发展机遇，但是在长江经济带建设过程中，湖北也面临着一些不容忽视的问题。主要表现在以下几个方面：

一是面临区域间竞争与合作的问题。长江经济带腹地广阔，贯穿九省二市，在长江经济带建设过程中不可避免地要面临区域间的竞争与合作问题。各省市在做相关规划时，缺乏整体概念，制定的相关对接措施大多局限于本省，在与其他省市的互联、互通、互动方面考量较少。这一方面需要国家形成宏观层面的协调发展体制机制，建立科学合理的利益分配机制，组织协调沿江各省市区；另一方面也需要各省市具备全局意识，增强互利互信，不断强化区域合作。

二是生态环境保护问题。长江作为黄金水道，水和生态是其根本，生态与经济协调发展是长江经济带科学发展的必然要求。沿江地区分布了不少高耗能、高污染工业项目，这些工业项目不利于长江经济带的生态环境保护，在一定程度上存在环境污染现象。同时，随着长江流域经济的快速发展以及人口的快速增加，流域内出现了一系列环境问题，例如，水质恶化、泥沙含量增加、珍稀水生生物逐渐减少、湿地面积缩减、森林覆盖率下降等。湖北长江经济带的长度在沿江各省市中位居第一，为了实现生态与经济协调发展，湖北省应开展流域生态系统管理工作，逐步解决日趋严重的资源环境问题。

三是资源整合不够，综合利用效率偏低。长江湖北段岸线资源丰富，但与上海、江苏等省市相比，湖北省的资源利用效率明显偏低。由于缺乏统筹规划协调，湖北省岸线资源配置不合理，资源整合不够，在一定程度上存在资源浪费现象。例如，在旅游资源开发利用方面，湖北省内各区域以自我为中心制定发展规划，各地旅游产品缺乏必要的衔接和整合，从而无法在整体上形成湖北省的旅游品牌效应。最终的结果就是，虽然资源丰富，但是无法形成合力，区域竞争力依然偏弱。在湖北长江经济带建设过程中，湖北省应进一步加大资源的整合力度，不断提高资源利用效率。

（二）湖北战略承接与绩效

改革开放以来，国家先后出台了一系列区域发展战略。在国家重大发展战略的指导下，从自身实际出发，湖北省确立了一元多层次战略体系。一元多层次战略体系是引领湖北发展的总战略。

1. 湖北省一元多层次战略体系

湖北省的一元多层次战略体系，就是以构建促进中部地区崛起重要战略支点为统领，全面实施"两圈两带"总体战略、"四基地一枢纽"产业发展战略和"一主两副"中心城市带动战略，积极打造东湖国家自主创新示范区、大别山革命老区和武陵山少数民族地区经济社会发展试验区等一系列重要载体，将各市州关系全局的发展战略纳入省级战略体系，形成区域全覆盖、各级全统筹、多载体支撑、多平台推进的战略体系。

2008年12月，湖北省形成"两圈一带"发展战略。随后，湖北省委、省政府不断完善和发展湖北省区域发展战略，2012年6月9日，湖北省第十次党代会上，最终形成了覆盖全省的一元多层次战略体系。2014年，湖北省发展格局由"两圈一带"升级为"两圈两带"。"一元"即建成支点、走在前列，"建成支点"是根本目标，"走在前列"是建成支点的根本路径。"两圈两带"战略是指武汉城市圈"两型"社会综合配套改革试验区建设、鄂西生态文化旅游圈建设、湖北长江经济带新一轮开放开发和汉江生态经济带开放开发，这是覆盖湖北省的整体战略。"四基地一枢纽"是指建设全国重要的先进制造业基地、高新技术产业基地、优质农产品生产加工基地和现代物流基地并打造综合交通运输枢纽。"一主两副"是指以武汉为中心城市、宜昌和襄阳为省域副中心城市的发展战略。

2. 一元多层次战略体系的实施成效

一元多层次战略体系的实施使得湖北省政治、经济、文化以及各项社会事业都获得了一定程度的发展。一元多层次战略体系的实施成效主要表现在以下几个方面：

湖北经济保持平稳增长。在全国经济普遍放缓的大背景下，湖北省经济"稳中有进、进中向好"。2015年，湖北省全社会固定资产投资达28250.48亿元，与2014年相比，增幅为16.2%。2015年，社会消费品零售总额38.37亿元，国内旅游收入4206.02亿元，国际旅游外汇收入16.72亿美元，金融机构新增贷款4217.02亿元。同时，大众消费不断增长，电子商务、网络零售等新业态快速发展。湖北省农业基础稳固，物价和就业保持稳定。2007~2014年，湖北经济总量连续跃上1万亿元、2万亿元台阶，主要经济增长指标在中部保持领先地位。

简政放权，政务服务效率不断提升。近年来，湖北省政府深化行政审批制度改革，切实转变政府职能，营造了良好的政务环境。2014年3月，湖北省人民政府向社会公开省级行政审批事项清单，锁定省政府各部门行政审批项目。紧接着，湖北省人民政府继续简政放权，再取消、调整行政审批项目89项，优化行政审批流程。其中，全部取消 8 项，部分取消 1 项，全部下放 3 项，部分下放 25 项，合并 9 项，新增 36 项，名称调整 7 项。湖北省的政策制度环境得到很大改善，企业交易成本大大降低，进一步激发了市场主体的活力，市场在资源配置中的决定性作用得到很好发挥。

基础设施建设迈上新台阶。近年来，湖北省出台各项政策，推动基础设施建设，全面提升湖北省基础设施建设水平。开工建设武汉至西安铁路客运专线，加快汉江生态经济带开放开发，深入推进"一元多层次"战略体系。建设武汉长江中游航运中心，充分发挥长江水运优势，推进武汉城市圈和长江经济带建设。同时，湖北省出台物联网发展专项行动计划，提升社会管理和公共服务水平。此外，湖北省加快推进通信网络工程建设，提高网络的覆盖范围和服务水平，完善物流配送服务体系，完善电子商务信用、认证、标准体系。截至 2014 年，湖北省铁路营运里程达 4060 千米，高速公路通车里程达 5106 千米。

民生福祉得到很大改善。湖北省各项社会事业不断进步，发展成果惠及湖北人民。在教育体制改革上，全面实现了城乡免费义务教育，并建立健全了家庭经济困难学生资助体系；同时吸引高素质的大学毕业生进入农村教师队伍，建立了农村义务教育教师补充新机制，不断改善农村教育设施，使农村孩子能够平等享受教育资源。在增加就业方面，湖北省千方百计增加就业和居民收入，促进湖北创业带动就业工作；并实施了积极的就业政策，出台鼓励高校毕业生就业创业相关政策措施，就业创业环境得到显著改善。在社会保障体系建设方面，湖北省不断完善社会保障体系，初步构筑了覆盖城乡的立体社保网，社会救助体系基本形成，社会福利体系不断完善。同时，湖北省的医疗卫生事业也快速发展，医疗卫生体制改革逐步进行，积极支持优抚救济和保障性安居工程建设，并开展小额担保贷款贴息，保障离退休人员的基本生活和医疗。

3. 一元多层次战略体系面临的"困局"

湖北省快速发展的同时，其一元多层次战略体系也存在不足。为了实现未来"黄金十年"的发展目标，湖北省需要不断完善、充实自身的区域发展战略。

第一，一元多层次战略体系覆盖全省，缺乏必要的重点和突破口。一元多层次战略体系是区域全覆盖、各级全统筹、多载体支撑、多平台推进的战略体系，覆盖面广，涉及产业众多。在制定区域发展战略时，需要根据特定区域的客观条件和客观基础确定相应的重点和突破口，以点带面，从而通过重点区域的发展逐步带动全局的发展，如果过分均衡，就会发展缓慢，不利于战略目标的顺利实现。同时，发展战略还具有阶段性，一般可分为战略起步阶段、高速发展阶段和战略收尾阶段三个阶段。在不同的发展阶段，发展目标、战略模式均不同。因而，湖北省的一元多层次战略体系有待于进一步充实和完善。

第二，武汉一家独大，其回波效应大于扩散效应，其他市州的发展速度远远低于武汉。武汉对周边城市和其他次级城市产生的主导效应是回波效应。周边城市和次级城市的各种生产要素和稀缺资源源源不断向武汉集聚，一些重大的政府工程也往往集中在武汉，致使周边城市的发展受阻，最终导致其他市州的发展速度远远落后于武汉。2015 年，湖北省三种专利授权数合计为 38781 项，武汉市数量最多，达到 21679 项，比重为 55.9%；除神农架林区外，天门市数量最少，仅有 276 项，比重为 0.71%，分布不均。2015 年，湖北省基本建设投资 18842.05 亿元，武汉市占 4032.8 亿元，比重高达 21.4%；仙桃市份额除神农架林区外最少，仅为 89.31 亿元，仅占 0.47%。由此可见，湖北省生产要素分布极为不均，武汉作为省会城市所占的比重很高，而其他城市所占的比重很低。湖北需要采取相关措施，优化资源配置，统筹区域发展，充分发挥武汉的扩散效应，从而使武汉的发展带动周边城市发展，最终促进武汉与各市州协调发展。

第三，湖北省区域要素流动性不强，制约了战略绩效的提升。区域要素流动分为区域内要素流动和区际要素流动，区域内各要素为了追求效率而产生流动，从而促进区域经济和社会的发展；区际之间的要素流动通过对流、传导和辐射作用促进区域之间的有机互动。要实现湖北一元多层次战略体系的战略目标，必然需要区域生产要素的自由流动。只有实现基础设施建设、产业布局、区域市场以及城市建设等相关领域的一体化，总体战略绩效才能不断提升。"两圈两带"战略和"一主两副"中心城市带动战略强调组团发展和中心城市带动，如果没有要素的合理流动，就不可能实现区域之间的有机互动，也就无法持续快速健康发展。然而，目前受行政体制机制的影响以及思想观念的束缚，湖北省区域要素流动性不强，这不利于一元多层次战略体系整体战略绩效的提升。

第二节 新常态背景下湖北省发展战略选择与展望

2014年5月，习近平在河南考察时首次提及"新常态"。习近平说道："中国发展仍处于重要战略机遇期，我们要增强信心，从当前中国经济发展的阶段性特征出发，适应新常态，保持战略上的平常心态。"新常态是中国高层对当前经济时局作出的准确判断，中国经济进入新常态，已成为中国政策制定者与经济学界的共识。所谓中国经济新常态，就是指中国经济进入高效率、低成本、可持续的中高速增长阶段。经济新常态有以下四个主要特征：经济增速的新常态，即从高速增长向中高速增长转换；结构调整的新常态，即从结构失衡到结构优化再平衡；增长动力的新常态，即由要素驱动向创新驱动转换；宏观政策的新常态，即由刺激增长向区间调控、定向调控转换。中国经济新常态的提出，对中国经济的未来走向，具有重要的指导意义。对湖北来说，中国经济新常态为湖北实现科学发展、跨越式发展提供了重大历史机遇。湖北需要积极主动地适应经济新常态，并引领新常态。

一、新常态背景下湖北省发展战略选择的依据和本质

(一) 新常态下战略选择的本质

第一，创新驱动发展。随着经济新常态的提出，创新驱动日益成为我国经济发展的重要取向，创新驱动在经济发展中的作用越来越凸显。目前，仅仅依靠要素驱动已难以实现经济快速健康发展，创新正在逐渐成为驱动经济增长的新动力，要实现经济发展方式的转变必须依靠创新驱动。创新驱动的根本在于自主创新，即通过提高科技进步对经济的贡献率来支撑和引领经济社会发展。然而，目前湖北省的创新能力不高，科技成果转化能力较弱，产业创新活动水平较低，创新合作网络有待进一步完善，湖北省的创新优势没有充分发挥。创新驱动发展是湖北省破解发展过程中的各种变化和挑战的重要途径。因而，在经济新常态背景下，湖北省需要充分利用自身的创新优势，以开阔的视野谋划和推动自主创新，并出台相关促进创新的体制机制，从而增强发展动能，最终推动新的经济发展方

式的形成。

第二，科学包容发展。当前我国经济增长已经进入换挡期，中国经济进入新常态是经济发展规律的体现，不以人的意志为转移。经济发展到一定程度之后，其发展形态会在速度、结构、质量等方面发生全方位的转换。遵循规律，顺势而为，才能实现科学发展。习近平在主持召开经济形势专家座谈会时强调：发展是必须遵循经济规律的科学发展，必须是遵循自然规律的可持续发展，必须是遵循社会规律的包容性发展。经济新常态的本质之一就是实现科学包容发展。在经济新常态背景下，湖北要实现跨越式发展，就必然要坚持科学包容的发展原则。湖北需要不断转变经济发展方式、调整经济结构、清除体制机制障碍、处理好政府和市场的关系，从而实现经济发展速度、质量、效益的有机统一。

第三，绿色可持续发展。在我国，随着经济的快速增长，资源、环境问题也逐渐暴露出来，我国面临日益严峻的环境污染问题和资源瓶颈制约，通过牺牲资源环境换取经济快速增长的粗放型增长方式难以实现可持续发展。这种全国性的资源环境问题在湖北省同样存在。绿色可持续发展是实现经济新常态的重要途径，只有不断转变发展方式，才能实现经济新常态。在经济发展的同时必须要充分考虑生态、资源、环境的承载力，只有坚持发展循环经济，保护生态环境，不断推动资源节约型、环境友好型社会建设，才能实现经济发展与人口资源环境相协调。生态文明关系人民福祉、关系湖北的未来，保护生态环境就是保护生产力，改善生态环境就是发展生产力，推进绿色可持续发展具有极大的重要性和紧迫性。完善发展模式是湖北省发展的当务之急，湖北省迫切需要形成节约能源资源和保护生态环境的增长方式、产业结构和消费模式，走出一条符合时代潮流、具有湖北特色的绿色发展和可持续发展之路。

第四，释放改革红利。随着中国经济步入新常态，人口红利逐渐消失，释放改革红利是中国经济实现由高速增长向中高速增长转变目标的重要途径。要实现经济新常态的高效率、低成本、可持续的增长目标，必然需要改革。只有不断变革，才能不断发展；只有不断变革，才能适应新常态；只有不断变革，才能引领新常态。湖北要完成做大经济规模和推进发展方式转变的双重任务，就要不断深化改革，不断推进各领域的改革，使发展成果惠及人民。通过改革破除制约生产要素优化配置和生产力发展的体制机制，降低交易成本，解放生产力，促进生产效率的提高和物质财富的增长。通过全面深化改革，充分释放改革红利，从而促进经济提质增效。从制约经济发展的突出问题入手，向改革要利益、要效益，不断创新发展方式，释放经济增长潜力，使改革成为推动社会发展的强大动力。不断推进科技和教育体制改革、行政体制改革、财税体制改革、金融体制改革、收入分配和社会保障制度改革等一系列重大改革，通过创新体制、机制来释放活力，推动重要领域改革取得新突破。

（二）新常态背景下湖北省发展战略选择的依据

人类社会在否定之否定中发展，这是社会发展的普遍规律。从常态到非常态再到新常态是社会发展必经的过程。新常态是人类发展在肯定、否定、否定之否定中波浪式前进的成果。新常态是经过一段不正常状态后重新恢复正常状态，是不同于以往的、相对稳定的状态。当前，中国经济已经进入与过去30多年高速增长不同的新阶段，正确认识当前经济发展的阶段性特征是制定区域发展战略的重要依据。科学认识当前形势和准确研判未来走势是实现湖北省跨越式发展的根本和前提。准确把握新常态，就是把握社会发展的客观规律，这是湖北省发展战略选择的首要前提。

未来的十年是湖北省的重要战略机遇期，众多国家重大战略惠及湖北省，湖北省发展具备多重利好因素，因而，湖北省的政策制定者和众多专家学者将湖北省未来十年称为"黄金十年"。叠加的战略机遇是湖北省跨越式发展的强大动力源泉，也是新常态背景下湖北省发展战略选择的重要依据。目前，湖北省享有长江经济带战略、中部崛起战略、西部大开发战略等重大国家战略的优惠政策，还享有东湖国家自主创新示范区建设、长江中游城市集群建设、湖北自贸区建设等一系列政策优惠。这些政策措施相互叠加，为湖北省的发展开辟了新领域、拓展了发展空间，是湖北省又好又快发展的有力支撑。湖北省面临的发展机遇众多，在全国发展格局中的战略地位日益凸显。

湖北省在产业、科教、区位、交通、生态等方面具有明显的综合优势。作为中国近代工业的发祥地，湖北是近代中国制造业的重要聚集区，以汽车、化工、冶金、电力、机械、建材、轻纺、电子信息为支柱的门类较齐全的现代工业体系已经形成。拥有长江流域最大的平原——江汉平原，自然条件优越，湖北是农业大省，是全国重要的商品粮棉油生产基地和最大的淡水产品生产基地。高等学校数量多且规模大，湖北是教育大省，科教文化实力位居全国前列。作为中国中部最大的综合交通通信枢纽，湖北省"九省通衢"、通江达海，区位优势得天独厚。

湖北生物资源、矿产资源、水能资源、旅游资源丰富，是经济社会发展的重要基础支撑。上述的各种优势既是湖北省发展的基础支撑，也是新常态背景下湖北省发展战略选择的重要依据。

改革开放 30 多年来，湖北人民砥砺奋进，锐意改革，经济社会发展取得了显著成就。湖北省已成为在全国有重要地位的生产、流通、科技和教育基地，荆楚大地生机勃勃。随着工业化、城镇化、农业现代化的快速推进，湖北省发展态势强劲，中气十足。改革开放以来，湖北省经济保持较快增长，经济总量不断迈上新台阶，产业结构持续优化。近年来，外企、央企、民企纷纷在湖北落地，一大批重点项目和工程相继开工建设，湖北省发展后劲显著增强，跨越式发展态势已经形成。在城乡市场取向探索上，湖北省走在全国前列，城乡建设快速发展，城乡居民收入持续上升。在社会民生方面，切实关注民生、保障民生、改善民生，湖北省各项社会事业不断进步。此外，在新的历史条件下，湖北省全面推进生态省建设工作，生态文明建设工作正逐步展开，全力将湖北省打造成"美丽中国省级示范区"。这种良好的发展态势是新常态背景下湖北省跨越式发展的强大动力。

二、新常态背景下湖北省发展战略的重点和突破口

区域发展战略必须有相应的重点和突破口，这是区域发展战略得以有效运行的关键。没有重点和突破口，就不可能形成优势和特色，也就难以实现高速协调发展。根据新常态的本质以及湖北省的客观基础，新常态背景下湖北省发展战略的重点和突破口主要有以下几点：

（一）加快经济转型升级

速度换挡、结构优化和动力转换是经济新常态的重要特征，湖北省需要不断加快经济转型升级以实现经济新常态。体制转型和结构转型是经济转型升级的重要内容。体制转型要求相关体制机制的创新；结构转型要求产业结构、技术结构、区域布局结构等一系列结构调整。经济转型升级不仅能够促使经济实现高质量、可持续发展，而且能够创造和培育新的经济增长点。湖北省新兴产业发展相对不足，传统产业比重大，经济转型升级的任务艰巨。因而，经济转型升级是新常态背景下湖北省发展战略的重点。

湖北省需要不断改革创新，从而推动经济结构调整、产业优化升级和重点产

业快速发展。一方面，调整改造石化、建材、冶金、纺织等传统产业，提升其技术水平，推动传统产业升级；另一方面，不断壮大新兴产业，建立完善的技术创新体系，促进电子信息产业等新兴产业的形成和发展，不断培育新的经济增长点。同时，加快推进农业现代化，促进农业科技创新，转变农业发展方式，实现农业与第二、第三产业的融合发展。此外，经济新常态的一个重要特征是由工业主导走向服务业主导，大力发展现代服务业、提高现代服务业的发展水平是实现经济新常态的必然要求。

（二）突出生态文明建设

在资源环境约束加剧的背景下，保护和修复生态环境、发展环境友好型产业、发展循环经济和低碳技术是湖北省科学发展的必然选择。把生态文明建设放在突出地位，降低能耗和物耗，使经济社会发展与自然相协调，努力建设美丽湖北，实现永续发展。2014 年，湖北生态省建设工作开始逐步展开。根据《湖北生态省建设规划纲要》，湖北生态省建设的总目标是：2014~2030 年，力争用 17 年左右的时间，使湖北在转变经济发展方式上走在全国前列，经济社会发展的生态化水平显著提升，全社会生态文明意识显著增强，全省生态环境质量总体稳定并逐步改善，保障人民群众在"天蓝、地绿、水清"的环境中生产生活，基本建成空间布局合理、经济生态高效、城乡环境宜居、资源节约利用、绿色生活普及、生态制度健全的"美丽中国示范区"。

以生态文明理念引领经济社会发展，是湖北省绿色可持续发展的需要，也是建设美丽湖北的需要。湖北省正处于工业化中后期，经济发展方式粗放，经济发展与环境保护之间的矛盾突出，与部分经济发达省份相比，湖北省的生态文明建设水平还有很大的上升空间。生态省建设是实现新常态的必然要求，有利于湖北省实现绿色可持续发展。生态省建设将是未来湖北省区域发展的战略重点，具有极其重要的战略意义。

（三）促进科技成果转化

湖北省高等院校和科研院所众多，拥有大量科技人才，科教文化优势是湖北省的突出优势。截至 2015 年，湖北省拥有"985"工程大学两所，"211"工程院校七所。截至 2015 年，湖北省的科技活动人员数达到 378828 人，R&D 人员达220977 人，专利批准量达 38781 项。发挥优势，顺势而为，把科教优势转化为发展优势，促进科技成果转化，这是湖北省实现跨越式发展的重要途径。

通过不断加快科技成果使用、处置、收益管理改革和进一步落实湖北省"科技成果转化十条"政策，不断调动科研机构和科技人员的主动性和创造性，提高科技进步对经济的贡献率。同时，积极探索促进科技成果转化的有效体制机制，赋予科技人员、科研机构等对科技成果使用、处置的自主权，允许科技人员离岗或在岗转化科技成果，鼓励相关科研主体以适当形式创新创业。加强科技计划绩效评估体系和监督管理工作，设立有利于科技成果转化的岗位管理制度和奖励制度，建立面向科技成果转化的科技项目组织机制，带动社会资本参与科技成果转化。同时，设立相关推进科技成果转化的引导基金，为科技成果转化提供资金支撑，加快科技成果转化。此外，充分发挥科技中介服务市场在科技成果转化中的促进作用，培育一批熟悉科技政策、了解行业发展、具备专业技能、把握市场动态的科技中介服务机构，有力推动科技成果转化。

（四）积极拓展发展空间

目前，众多国家战略惠及湖北省，加之经济新常态所带来的发展机遇，湖北省发展潜力无限。在此背景之下，湖北需要抢抓战略机遇，积极协调谋划，充分利用各项优惠政策，积极拓展发展空间，实现湖北发展新跨越。

湖北应积极主动对接长江经济带、"一带一路"等重大国家战略，加强区域间经贸合作机制和平台建设，进一步开拓与相关地区的经贸和投资合作，不断开辟发展新领域，在新常态下加快推进湖北创新发展、转型发展。促进湖北省与其他省份的良性互动，加快湖北省与周边省市融合发展，逐步提高对外开放程度，将湖北省打造成内陆开放高地，充分发挥湖北省连南通北、东西互济的优势。同时，湖北应积极拓展重要战略支点的定位，即从中部崛起战略支点拓展到长江中游城市群战略支点、国内市场体系战略支点等，扩展发展新空间，为经济社会发展注入新动力、增添新活力，促进社会经济的大发展。此外，湖北省应依托自身的比较优势，全面拓展湖北发展空间，进一步发挥产业、区位、交通等各方面的优势，加快培育竞争新优势。加快产业基地建设，提升产业层次；加快市场体系建设，建立竞争有序、统一开放的商品市场体系；促进交通枢纽建设，增强区域辐射带动能力，为湖北发展提供有力支撑。

（五）推进新型城镇化建设

传统城镇化偏重数量规模的增加，而新型城镇化注重城镇化质量内涵的提升。新型城镇化通过促进大中小城市、小城镇、新型农村社区的良性互动和协调发展，不断打破城乡二元结构，实现城乡一体化发展。2015 年 4 月 5 日，《长江中游城市群发展规划》获批，这必将对湖北省新型城镇化建设产生巨大影响。新常态背景下，湖北省应以长江中游城市群建设为契机，推动新型城镇化建设，全面提升湖北省城镇化质量和水平。

城镇化的发展促使城镇消费群体不断扩大，推动消费结构不断升级，从而有利于激发新的投资需求和消费需求，推动经济增长。这主要表现在：在城镇化的过程中，随着相关公共服务设施、公用基础设施和住宅建设需求的增加，新的投资需求产生，为经济发展提供持续动力；随着城市人口的增加，农民消费转变为市民消费，新的消费需求产生。同时，推进新型城镇化有利于创新要素集聚、激发创新活力，从而促进产业结构优化升级，促进生产要素的优化配置，推动传统产业升级和新兴产业发展。在新型城镇化建设过程中，应注重民生改善，注重城镇文化、公共服务和承载能力的提升，不断提升城镇化建设的质量内涵。在经济新常态背景下，湖北省应以新型城镇化建设为突破口，促进新型城镇化与新型工业化、农业现代化之间的良性互动，以城镇化带动经济社会全面发展。

三、未来湖北省区域发展战略格局与态势

新形势下，湖北省正阔步前进，谱写着改革开放、转型发展的新篇章。未来的湖北，是快速发展的湖北；未来的湖北，是锐意进取的湖北。湖北省发展潜力无限，创新驱动、多极带动、重点突出、各具特色的区域发展新格局正在不断形成，未来的荆楚大地必将生机勃勃。

（一）经济步入新常态

认识新常态，适应新常态，引领新常态，既是今后一段时期内湖北经济发展的重要方向，也是全面推进湖北经济持续、健康、发展的重要途径。随着湖北省"五个湖北"和创新驱动战略等一系列发展战略的实施，湖北省改革创新的力度不断加大，改革红利持续释放，经济步入新常态是大势所趋。未来的湖北省，自主创新能力显著增强，经济发展方式转型升级，产业结构持续优化，经济实现又好又快发展。开放型经济新体制逐步建立，经济发展质量不断提升，经济发展后劲增强，经济获得平稳健康发展。经济增长方式由资源依赖型、投资驱动型向创新驱动型转变，由粗放型向集约型和质量型转变，产业结构和产品结构由中低端向中高端转变。传统产业转型升级、新兴产业不断形成，不断出现新的经济增长

点。束缚发展的体制机制障碍得到清除，政府职能切实转变，市场在资源配置中起决定性作用，发展的内生动力和活力充分激发。经过多年的发展，湖北将逐渐发展成为全国重要的经济增长极之一，经济社会发展走在中西部前列。随着长江和汉江两条生态经济带开放开发的进一步推进，不仅湖北省的经济获得发展，城乡、人口、资源、环境也将获得全面提升，具有中国特色的流域生态经济体系将在湖北形成。

（二）科技文化大繁荣

湖北省人文历史资源得天独厚，是楚文化的重要发源地，荆楚大地文化底蕴深厚，光辉灿烂的荆楚文化是中华民族文化的重要组成部分；湖北科教文化优势突出，高等学校数量多且规模大，培养了大量的高素质人才。同时，湖北省大力推进文化产业发展，湖北人民积极进行文化创新，文化与科技不断融合，湖北省正走在由文化大省向文化强省转变的路上，未来的湖北省将实现科技文化大发展、大繁荣，文化软实力不断增强。在文化发展上，文化创意产业不断发展，公共文化服务体系建设持续推进，公共文化服务网络不断完善，公共文化产品供给能力大幅提升，文化管理体制和文化产品生产经营充满活力。在科技进步上，伴随科学技术的不断创新、科技成果的持续增长，科技进步对经济的贡献率持续增强，科技成果转化为现实生产力的能力不断提高，科研人员创新创造活力逐步释放，高新技术产业快速增长。科技对经济发展及社会环境影响力的增强，科技对社会生产和人民生活的方方面面均产生巨大而深刻的影响。在文化与科技的融合上，文化样式不断创新，文化企业的装备水平上升、文化产品的科技含量提高、文化产品的艺术感染力增强，各种新的文化业态不断形成，电子文化产品丰富多彩。

（三）生态文明大发展

随着湖北生态省建设工作的不断推进，湖北省生态文明将获得大发展。具有时代特征和湖北特色的生态文化体系逐渐形成。城乡人居环境持续改善，生态宜居城镇和美丽乡村建设逐步推进，人与自然、人与人、人与社会和谐共生，社会全面发展、持续繁荣，"大美湖北"实现永续发展。在体制机制上，生态文明保障机制不断健全，生态文明的领导体制和工作机制也逐步健全，覆盖全社会的资源循环利用机制逐步建立，节约能源资源和保护生态环境的法律法规体系不断完善。在环境治理与风险防范上，土壤污染、大气污染、重金属污染、有毒有害化学品污染和持久性有机污染物污染得到有效控制；生物多样性保护功能、水土保持功能、水源涵养功能、洪水调蓄功能均得到提升。在公众参与方面，生态文明意识和绿色生活理念得到弘扬；绿色、低碳、循环的生活方式和消费模式深入人心，尊重自然、顺应自然、保护自然的生态文明理念得到广泛传播，节能减排、绿色生活成为广大群众的自觉行动。此外，生态理念融入现代产业转型升级之中，相关节能环保产业形成，节能减排工作取得突破性进展，资源产出效率提高，生态工业、生态农业和生态服务业快速发展，高污染、高能耗、经济贡献率小的落后产能不断减少。

（四）各市州协调共进

武汉市作为湖北省省会所在地，是全省经济、政治、文化交流中心，享有优越的地理位置和发达的交通运输网。目前，武汉市在政治、经济、文化等众多方面优于湖北省其他市州，享有绝对优势，其他市州的发展速度远远落后于武汉。只有实现区域协调发展，湖北才能实现跨越式发展。湖北省已经实施了一系列的战略举措，谋划区域发展新棋局，打造湖北发展新引擎，通过中心城市带动、抱团发展等途径，促进湖北省其他各市州的发展。在未来，省内资金、人才、信息不断流动，各市州分工合作机制不断完善，城市间的政治、经济、文化等各方面的联系更加紧密。地区联动增强，各市州互相取长补短、互通有无，区域内的生产要素流动性加强，湖北发展充满活力。武汉市将发挥其扩散效应，辐射和带动全省经济发展，武汉市与其他市州的联系加强，逐渐形成"你中有我、我中有你"的局面。其他市州获得更多发展资源，加速发展，与武汉市的发展差距逐步缩小，最终逐步赶上武汉地区。湖北省不再是武汉"一枝独秀"，而是各市州"协调共进"，武汉市与各市州的空间关联强度不断增强。

（五）建成内陆开放高地

湖北省的区位优势在于地利，北靠河南，东连安徽，南接江西、湖南，西邻四川，西北与陕西毗邻，万里长江横穿湖北省。新形势下，湖北省享有各方面的重大战略机遇和有利条件，今后一段时期将是湖北省发展的黄金时期。通过融入长江经济带、"一带一路"等重大国家战略，打造中部崛起支点、长江中游城市群支点，不断实现湖北省与其他省份的良性互动。随着湖北省改革开放的深入推进，对内对外开放力度不断扩大，湖北将发展成为内陆对外开放的高地。在对外开放的过程中，行政区划等体制障碍得到破除，开放平台不断扩大、开放触角不断延展，湖北对外开放向更全、更深领域推进，面向更多、更远的国家和地区，逐渐形成内陆开放的新路径和新模式。湖北省的开放程度、开放水平、开放能力得到明显改善，对外开放的总量和质量均得到提高，湖北对内对外开放空间加速拓展。要素市场、产业布局、交通设施和创新体系等一体化进程加快，逐步形成内外融合的开放型经济，外贸外资外经获得跨越式发展。

参考文献

[1] 崔功豪等.区域分析与规划 [M].北京：高等教育出版社，2003.

[2] 何郝炬，何仁仲，向嘉贵.三线建设与西部大开发 [M].北京：当代中国出版社，2003.

[3] 徐凯希.湖北三线建设的回顾与启示 [J].湖北社会科学，2003.

[4] 陈文科.论90年代中国开放的江海一体大战略 [J].江西社会科学，1993.

[5] 喻新安，杨兰桥等.中部崛起战略实施十年的成效、经验与未来取向[J].中州学刊，2014，213（9）.

[6] 中共湖北省委政策研究室."两圈一带"展宏图 [M].武汉：湖北人民出版社，2009.

[7] 邓宏兵.区域经济学 [M].北京：科学出版社，2008.

[8] 童力冲.以积极心态适应中国经济新常态 [J].宝鸡社会科学，2015（1）.

[9] 赵凌云，辜娜.中国经济新常态与湖北发展新机遇[J].湖北社会科学，2014（10）.

后　记

自从《中国经济地理》系列第一套丛书（1988年）出版，已经历经了近30个年头，培养了大批的经济地理人才，并为制定区域发展政策提供了科学依据。时至今日，中国经济空间和城市体系发生了巨大的变化，急需对中国经济地理重新审视和系统研究，呼唤新的《中国经济地理》丛书诞生。

在全国经济地理研究会统一组织下，我们编写了此书，作为《中国经济地理》丛书之湖北篇，对认识湖北省情，促进湖北省创新、协调、绿色、共享、开放发展具有一定的参考价值。

湖北位于长江流域中心位置，是长江中游城市群的重要载体。通过对湖北经济地理的重新认识和梳理，有利于发挥其区位优势，提升湖北在长江经济带建设中的枢纽和聚焦功能；有利于实施创新驱动发展战略，促进经济结构转型，打造湖北经济升级版，有利于丰富和完善"一元多层次"战略体系，加快实现"建设支点、走在前列"目标。

本书由邓宏兵教授负责框架总体设计，洪水峰、白永亮、李金滟等负责组织编写。各章节编写人员具体分工如下：第一章（郭珊、郑悠、白永亮），第二章（郭珊、郑悠），第三章（郑悠、郭珊、白永亮），第四章（孙园园、申小羚、洪水峰），第五章（李泽宇、李超、李金滟），第六章（杨雅心、孙园园、洪水峰），第七章（马静、邓宏兵），第八章（石磊、白永亮），第九章（袁孟、邓宏兵）。

在本书即将交付之际，特别感谢孙久文教授、付晓东教授、成金华教授、杨树旺教授等给予的建设性意见。2016年12月，在新疆财经大学召开的《中国经济地理》丛书编写第四次会议，根据会议的总体安排和阶段性要求，编写组对书稿进行了相应的修改，力争使数据、资料和相关结论具有时效性。

由于时间和水平的限制，书中难免存在不足和缺憾，因此恳请读者见谅，并欢迎提出宝贵的批评意见。在撰写过程中，引证、参考和借用了相关的报纸、书籍和文章中的素材，除注释和参考文献外，无法做到一一署名，在表达歉意的同时，也一并表示深深的谢意！同时要感谢经济管理出版社申桂萍主任及出版社编辑和校对人员，再次对你们的辛勤工作和认真负责的态度表示衷心的感谢！

邓宏兵等

2017 年 1 月